U0102826

凯里学院马克思主义理论一流学科建设项目资助

| 光明社科文库 |

道家思想的偏离与回归

从魏晋玄学到隋唐重玄学

梁辉成◎著

光明日报出版社

图书在版编目（CIP）数据

道家思想的偏离与回归：从魏晋玄学到隋唐重玄学 /
梁辉成著 . -- 北京：光明日报出版社，2022.3
ISBN 978 - 7 - 5194 - 6592 - 6

Ⅰ.①道… Ⅱ.①梁… Ⅲ.①道家—哲学思想—研究
Ⅳ.①B223.05

中国版本图书馆 CIP 数据核字（2022）第 073342 号

道家思想的偏离与回归：从魏晋玄学到隋唐重玄学

DAOJIA SIXIANG DE PIANLI YU HUIGUI：CONG WEIJIN XUANXUE DAO
SUITANG CHONGXUANXUE

著　　者：梁辉成

责任编辑：梁永春　　　　　　　　　责任校对：杨　茹　张彩霞
封面设计：中联华文　　　　　　　　责任印制：曹　净

出版发行：光明日报出版社
地　　址：北京市西城区永安路 106 号，100050
电　　话：010-63169890（咨询），010-63131930（邮购）
传　　真：010 - 63131930
网　　址：http：// book. gmw. cn
E - mail：gmrbcbs@ gmw. cn
法律顾问：北京市兰台律师事务所龚柳方律师

印　　刷：三河市华东印刷有限公司
装　　订：三河市华东印刷有限公司

本书如有破损、缺页、装订错误，请与本社联系调换，电话：010 - 63131930

开　　本：170mm×240mm
字　　数：223 千字　　　　　　　　印　　张：14.5
版　　次：2023 年 8 月第 1 版　　　　印　　次：2023 年 8 月第 1 次印刷
书　　号：ISBN 978 - 7 - 5194 - 6592 - 6
定　　价：95.00 元

版权所有　　翻印必究

目 录
CONTENTS

引 言

西方人总是在不断地回顾希腊，英国哲学家怀特海就指出："全部西方哲学史不过是为柏拉图的思想做注脚。"① 罗素则进一步认为："严格地说，全部西方哲学就是希腊哲学。"② 同样，中国人也总是对先秦充满着眷恋。

德国的卡尔·雅斯贝尔斯提出了"轴心期"的概念，其中就包括中国的先秦时代。③ 而梁启超则更早提出了"全盛时代"的说法，特指春秋之末与战国时期："孔北老南，对垒互峙；九流十家，继轨并作。如春雷一声，万绿齐苗于广野；如火山乍裂，热石竞飞于天外。壮哉盛哉！非特中华学界之大观，抑亦世界史学之伟迹也。"④

我们可以毫不夸张地说，先秦哲学蕴含了后代哲学所要解决的各种问题的胚胎和萌芽。自秦汉以后，凡有影响力的学者无不是从先秦哲学中汲取营养。魏晋时期，形成了注解先秦经典的学术风潮。而其中对老庄思想的解读，对道家哲学的发展产生了深刻的影响，至隋唐时期达到了巅峰。

---

① 王彩波. 西方政治思想史：从柏拉图到约翰·密尔 [M]. 北京：中国社会科学出版社，2004：35.
② 伯特兰·罗素. 西方的智慧 [M]. 马家驹，贺霖，译. 北京：世界知识出版社，1992：15.
③ 卡尔·雅斯贝尔斯. 历史的起源与目标 [M]. 魏楚雄，俞新天，译. 北京：华夏出版社，1989：8.
④ 梁启超. 论中国学术思想变迁之大势 [M]. 上海：上海古籍出版社，2006：13.

一、先秦道源

老子是道家思想理论的奠基者：

> 道可道，非常道；名可名，非常名。无名，天地之始；有名，万物之母。故常无欲，以观其妙；常有欲，以观其徼。此两者，同出而异名。同谓之玄，玄之又玄，众妙之门。（《道德经》一章）

这是《道德经》五千言的引论，也是它全部思想理论的概括。这一章提出了"道""名""无""有""玄""妙"等重要哲学范畴，成为后代各种哲学思想的源泉。"道"是道家哲学的根本和标志，不管是"老庄""黄老"等流派，还是后来的"道教"，无不是沿着"以道为本"的原则发展下去的。

冯友兰认为哲学包含三大部分：宇宙论、人生论、知识论。其中宇宙论的目的是追求"对于世界之道理"，又可分为两部分："一、研究'存在'之本体及'真实'之要素，此是所谓'本体论'（Ontology）；二、研究世界之发生及其历史，其归宿者，此是所谓'宇宙论'（Cosmology）（狭义的）。"① 据此，对于"道生一，一生二，二生三，三生万物"②，冯友兰认为既可以作宇宙形成论的解释，又可以作本体论的解释。③ 汤一介也认为，老子是同时讨论宇宙论和本体论的。④ 我们是否可以这样理解，万物不是由"道"化生出来的，而是按照"道"的规律化生。从这种意义上我们可以说，老子有关"道"的理论是本体论而不是宇宙生成论。张岱年也认为道家开创了哲学本体论："老子的道论是中国哲学本体论的开始，这是确然无疑的。"⑤

有关老子"道"的意义，有学者认为："首先是作为天地万物的根源，其次是讲事物发展的规律，最后就是讲生活的准则，属于伦理道德的范

---

① 冯友兰. 三松堂全集：第 2 卷 [M]. 郑州：河南人民出版社，2001：246.
② 参见《道德经》四十二章。
③ 冯友兰. 三松堂全集：第 8 卷 [M]. 郑州：河南人民出版社，2001：290.
④ 汤一介. 郭象与魏晋玄学 [M]. 北京：北京大学出版社，2009：69.
⑤ 张岱年. 道家在中国哲学史上的地位 [M] //陈鼓应. 道家文化研究：第 6 辑. 上海：上海古籍出版社，1995：5.

围。"① 其实，这三方面归结起来就是一个，即"天地万物的根源"。这个"天地万物"应是广义的，既包括"事物发展的规律"，又包括"生活的准则"。也就是说，不论是事物发展的规律还是生活的准则，都是合乎"道"的。蒙培元指出："在老子哲学中，'道'实际上是生命的源泉和根本，是一种潜能或潜在性存在，'德'则是主体实现原则，是一个价值范畴，由修德而复道，则说明'道'也是一个价值本体。它不是实体意义上的本体，而是'潜在'意义上的本体。"②

老子虽然认为"道"是不可言说的，但还是给予了描绘：

有物混成，先天地生，寂兮寥兮，独立而不改，周行而不殆，可以为天地母。吾不知其名，字之曰道，强为之名曰大。大曰逝，逝曰远。远曰反。（《道德经》二十五章）

庄子对此予以了继承：

夫道有情有信，无为无形；可传而不可受，可得而不可见；自本自根，未有天地，自古以固存；神鬼神帝，生天生地；在太极之先而不为高，在六极之下而不为深，先天地生而不为久，长于上古而不为老。（《庄子·大宗师》）

同老子一样，庄子也认为"道"是"先天地生"，是天地万物的根源。

老子认为"道"是普遍存在的：

譬道之在天下，犹川谷之于江海。（《道德经》三十二章）

庄子继承并发挥了这一思想，这就是著名的"东郭子问道"：

东郭子问于庄子曰："所谓道，恶乎在？"庄子曰："无所不在。"东郭子曰："期而后可。"庄子曰："在蝼蚁。"曰："何其下邪？"曰："在稊稗。"曰："何其愈下邪？"曰："在瓦甓。"曰："何其愈甚邪？"曰："在屎溺。"东郭子不应。庄子曰："夫子之问也，固不及质。正获之问于监市履狶也，每下愈况。汝唯莫必，无乎逃物。至道若是，大言亦然。周遍咸三者，异名同实，其指一也。"（《庄子·知北游》）

庄子以此说明，"道"不是悬置于万物之上或之外的，而是普遍存在

---

① 熊铁基，马良怀，刘韶军. 中国老学史［M］. 福州：福建人民出版社，2005：29.

② 蒙培元. 心灵超越与境界［M］. 北京：人民出版社，1998：196.

于万物之中的。也就是说，没有离开万物的道，也没有不合乎道的物。

　　老子强调"道"是不可言说的，但人们总是喜欢用各种术语来予以界定，如"自然""无为""虚静""不争""和谐"等。其实，不管什么术语只能反映"道"某一方面的特征，纠缠于此反而更难以把握"道"，庄子也指出"夫道未始有封，言未始有常"①。

　　庄子在继承和发展老子思想的同时，更多地关注了天下苍生的命运。庄子生活于战国中期，此时各国间弱肉强食，战争连年不断。而最遭殃的是那些处于社会底层的老百姓，他们任人宰割而又无力反抗。庄子追求"齐物"，那是因为人世间太不平等；他向往"逍遥"，那是因为现实之中太不自由。为了解决这个问题，庄子首先想到的还是"道"。他认为能得"道"的人，必定也是"逍遥"的人。为此，庄子还提出了得"道"的方法，那就是"心斋"：

　　若一志，无听之以耳而听之以心；无听之以心而听之以气。听止于耳，心止于符。气也者，虚而待物者也。唯道集虚，虚者，心斋也。（《庄子·人间世》）

　　庄子又进一步提出了"坐忘"：

　　堕肢体，黜聪明，离形去智，同于大通，此谓坐忘。（《庄子·大宗师》）

　　然而，在现实生活中能得"道"的人毕竟是少数。因而庄子又提出了著名的"无用之用"②，希望世人能借此保全性命，但这也不能从根本上解决问题。最后，庄子构想了他心中的"至德之世"：

　　夫至德之世，同与禽兽居，族与万物并，恶乎知君子小人哉！同乎无知，其德不离，同乎无欲，是谓素朴。素朴而民性得矣。（《庄子·马蹄》）

　　这是庄子对老子"小国寡民"③思想的继承与发挥，"同与禽兽居，族与万物并"看似又回到了原始社会，其实不然。原始社会的人不得不与鸟兽同居，其关系是处于一种对立状态，实属无奈之举。而庄子所描绘的

①　参见《庄子·齐物论》。
②　参见《庄子·人间世》。
③　参见《道德经》八十章。

是人类最理想的生活状态，即人与自然的和谐相处，是在一种更高层次上的回归，只不过不能为常人所理解罢了。所以说，"庄子的理想社会的超俗、超人类性质，使他不仅与儒、墨的理想社会区别开来，而且与几乎所有的思想家的理想社会蓝图区别开来"①。

就这样，在老子思想的基础上，庄子构建了一个更为庞大的思想体系，完成了道家哲学的第一期发展。"老庄"并称虽在魏晋才盛行，② 但"老庄"哲学的形成却是在庄子哲学完成之时，也使"老庄"哲学成为道家哲学的源头。

虽然说"老庄"哲学被认为是道家思想的正宗，但是在秦汉时期占统治地位的道家思想却是"黄老之学"。"黄老之学"形成于先秦，据《史记》载：

申子之学，本于黄老而主刑名。

韩非者，韩之诸公子也。喜刑名法术之学，而其归本于黄老。非为人口吃，不能道说，而善著书。（《老子韩非列传》）

慎到，赵人。田骈、接子，齐人。环渊，楚人。皆学黄老道德之术，因发明序其指意。（《孟子荀卿列传》）

他们均是战国中后期人，这说明"黄老"作为一种学术思想，至少在战国中期就已经产生。③ 然而，在很长一段时间内，学术界普遍认为"黄老之学"产生并发展于汉初，直至 1973 年湖南长沙马王堆帛书的出土。其中就有《法经》《十大经》《称》《道原》四篇古佚书，据唐兰考证即为《汉书·艺文志》所列的《黄帝四经》。他认为，《黄帝四经》的成书年代应是战国前期之末到中期之初，即公元前 400 年前后。④

因而可以说，《黄帝四经》的产生标志着"黄老之学"的形成。儒家"祖述尧舜"是从孔子开始的，孔子以前，黄帝、尧、舜是并称的。之后

---

① 崔大华. 庄学研究 [M]. 北京：人民出版社，1992：259.
② "老庄"并称最早见于《淮南子·要略》："《道应》者，揽掇遂事之踪，追观往古之迹，察祸福利害之反，考验乎老庄之术，而以合得失之势者也。"
③ 丁原明. 黄老学论纲 [M]. 济南：山东大学出版社，1997：5.
④ 唐兰. 马王堆出土《老子》乙本卷前古佚书的研究：兼论其与汉初儒法斗争的关系 [J]. 考古学报，1975（1）：7-38.

就抛开了黄帝，把尧舜禹并称，成为儒家圣君的典范。① 而作为道家思想奠基者的老子，对这些前世圣贤只字未提，因为他认为圣人应该"处无为之事，行不言之教"。② 而当时儒墨并称"显学"，且相互斗争：

> 孔子、墨子俱道尧、舜，而取舍不同，皆自谓真尧、舜，尧、舜不复生，将谁使定儒、墨之诚乎？（《韩非子·显学》）

道家要想与儒墨抗争，已不可能再在尧舜上做文章了，于是他们搬出了比尧舜更为远古的黄帝。

综上可得，《黄帝四经》是先秦道家学者依托黄帝而作的，约成书于战国中期以前。③《黄帝四经》虽然依托黄帝，继承的却是老子的思想：

> 恒无之初，迥同大（太）虚。虚同为一，恒一而止。

> 万物得之以生，百事得之以成。人皆以之，莫知其名。人皆用之，莫见其刑（形）。

> 一者其号也，虚其舍也，无为其素也，和其用也。（《道原》）④

此处不但给"道"下了定义，还描绘了"道"的各种特质，这是对老子"道"的继承与发挥。老子强调"自然无为"，但在弱肉强食的战国时期这已不能为统治者所接受。因而《黄帝四经》引入了"法"的概念：

> 道生法。法者，引得失以绳，而明曲直者也。〔故〕执道者，生法而弗敢犯也，法立而弗敢废〔也〕。〔故〕能自引以绳，然后见知天下而不惑矣。（《经法·道法》）

这是对《道德经》第一章的发挥，"道"既能"生万物"，那么也就能产生"法"。这既没有违背作为道家根本的"道"，又为统治者提供了治

---

① 参见《中庸》："仲尼祖述尧舜，宪章文武，上律天时，下袭水土。"《论语》："子曰：'何事于仁，必也圣乎！尧、舜其犹病诸！夫仁者，己欲立而立人，己欲达而达人。能近取譬，可谓仁之方也已。'"（《雍也》）"修己以安百姓，尧、舜其犹病诸。"（《宪问》）"尧曰：'咨！尔舜！天之历数在尔躬，允执其中。四海困穷，天禄永终。'舜亦以命禹。"（《尧曰》）

② 参见《道德经》二章。

③ 关于《黄帝四经》的成书年代，大致有四种观点：第一，战国中期以前；第二，战国中期左右；第三，战国末期；第四，秦汉之际到西汉初年。本书采用第一种观点。

④ 陈鼓应. 黄帝四经今注今译［M］. 北京：商务印书馆，2007. 凡引《黄帝四经》原文均出自此书。

理天下的理论依据，为稷下"黄老之学"的兴起和汉初"黄老之学"的盛行奠定了理论基础。

《黄帝四经》产生以后，对《管子》《文子》《鹖冠子》《吕氏春秋》及《尹文子》和庄子后学都产生了深刻影响，它们从文字内容到思想上都有许多重出互见之处。汉初，"黄老之学"上升为官方哲学。"文景之治"可以说是得益于"黄老之学"，客观上又为黄老思想的发展提供了有利条件。淮南王刘安的《淮南子》完成了对西汉黄老思想的总结，也实现了道家哲学的第二期发展。

自《黄帝四经》完成之后，"黄帝"成为道家经典推崇的人物，司马迁站在道家立场上把"黄帝"置于"五帝"之首。所以王明总结说："千载以下，我国亿万同胞莫不认同炎黄子孙以为荣，焕发出中华民族的内在的无与伦比的凝聚力和创造力。这个黄帝历史的传述，主要是我国道家和道教学者的卓识和贡献，不能不标而出之，用为'中国根柢全在道教'这句名言的例证和诠释。"①

原始的"敬天法祖"思想，到先秦时期发展成为"阴阳家"和"神仙家"。"阴阳家"以"阴阳五行说"为宗旨，《管子》中将"阴阳"和"五行"予以融合，持"阴阳五行说"的代表人物是战国末期的邹衍。"神仙家"是先秦时期掌握方术、方技的人，又称"方士"。"神仙家"继承了"阴阳家"的思想，用"阴阳五行说"作为其方术的理论基础。从先秦到秦汉，方士凭借其方术也曾风光一时。但随着张敬向成帝上书，规劝他不要接近方士，而后谷永又揭露了方术的虚假性，故而方士逐渐没落。②但自汉武帝"罢黜百家、独尊儒术"之后，"黄老之学"同样也走入困境。"黄老之学"必然要寻找别的出路，而同样遭受冷遇的"方术"也在寻求新的理论支撑，二者的结合也就成了历史的必然，这也为道教的产生在理论与实践两个方面做了准备。中国哲学思潮经过先秦的"百家争鸣"之后，迎来了"两汉经学"与"魏晋玄学"。

---

① 王明.《道教通论——兼论道家学说》序：兼论黄帝在中华民族文化史上的地位和作用 [J]. 哲学研究，1991（7）：77-80.

② 参见《汉书·郊祀志》。

二、魏晋玄风

秦灭六国，统一天下，然二世即亡。陆贾①评论说：

秦非不欲治，然失之者，乃举措暴众而用刑太极故也。（《新语·无为》）

所以，他认为：

道莫大于无为，行莫大于谨敬。（《新语·无为》）

汉初统治者采用了他的建议，"黄老之学"随之兴盛，成为"显学"。

熊铁基认为"《新语》是汉初新道家的代表作"②，而丁原明却认为这种说法不准确，只能说"在陆贾的思想中渗入了黄老思想"③。陆贾劝谏刘邦应吸取秦朝灭亡的教训，应"行仁义、法先圣"。陆贾受命作《新语》，而且得到刘邦的赞赏。④ 陆贾首先倡导的还是儒家的仁义思想和圣人观念：

仁者道之纪，义者圣之学。

故杖圣者帝，杖贤者王，杖仁者霸，杖义者强，杖谗者灭，杖贼者亡。（《新语·辅政》）

是以君子居乱世，则合道德，采微善，绝纤恶，修父子之礼，以及君臣之序，乃天地之通道，圣人之所不失也。（《新语·慎微》）

我们可以看出，陆贾在《新语》里处处流露出儒家的仁义礼智观念，可以说是一个标准的儒士。他之所以倡导道家的"无为"，认为"无为者乃有为也"，是为矫秦朝之枉，⑤ 他原则上还是坚持"治以道德为上，行以仁义为本"⑥。

事实证明，汉初采取"黄老之学"的"无为而治"是正确的。统治者厉行节俭，倡导"以德化民"，从而促进了经济的发展，社会呈现一片繁

---

① 陆贾，西汉思想家、政治家、外交家，汉初楚国人。约生于公元前 240 年，卒于公元前 170 年。
② 熊铁基. 秦汉新道家略论稿 [M]. 上海：上海人民出版社，1984：69.
③ 丁原明. 黄老学论纲 [M]. 济南：山东大学出版社，1997：235.
④ 参见《史记·郦生陆贾列传》。
⑤ 参见《新语·无为》。
⑥ 参见《新语·本行》。

荣景象。到文帝、景帝时社会达到空前"盛世",史称"文景之治"。

等到汉武帝即位时,想采用儒家的思想来取代"黄老之学",但遭到窦太后的阻挠。至窦太后死后:

> 武安君田蚡为丞相,黜黄老、刑名百家之言,延文学儒者以百数,而公孙弘以治《春秋》为丞相,封侯,天下学士靡然乡风矣。(《汉书·儒林传》)

儒学的独尊地位就此形成,然而倡"黄老之学"者也不善罢甘休,双方的矛盾也愈加激化。

其实,自汉朝建立之初儒士们就开始了争夺正统地位的斗争。由于汉初许多大臣都是刘邦出生入死的兄弟,所以汉高祖感觉在臣子面前缺乏应有的尊严:

> 汉兴,拨乱反正,日不暇给,犹命叔孙通制礼仪,以正君臣之位。高祖说而叹曰:"吾乃今日知为天子之贵也!"以通为奉常,遂定仪法,未尽备而通终。(《汉书·礼乐志》)

刘邦也只是通过叔孙通制定的礼仪规范了解到皇帝应有的尊严,最终并未达到目的。所以到文帝时,贾谊又进谏说"宜定制度,兴礼乐"①,却遭到绛侯周勃、颍阴侯灌婴、东阳侯张相如、御史大夫冯敬等大臣的陷害,被贬为长沙王太傅。

又据《汉书·儒林传》载:

> 自武帝立五经博士,开弟子员,设科射策,劝以官禄,讫于元始,百有余年,传业者寖盛,支叶蕃滋,一经说至百余万言,大师众至千余人,盖禄利之路然也。

就这样,"经学"在汉朝的思想统治地位就确立了。此时的"经学"是以董仲舒为代表的"公羊学",而不是包括各种派别的"广义经学"。"广义经学"占据思想的统治地位,是在汉宣帝召开石渠阁会议之后。到汉衰帝时,"经学"又分化为"古文经学"和"今文经学"。王莽为了给自己当政找依据,有意抬高"古文经学"的地位,此时形成了"古文经学""今文经学"和"谶纬神学"三足鼎立的局面。所以说,"经学形式

---

① 参见《汉书·礼乐志》。

之所以为帝王服务并不是偶然的；而经学内部发生那种以异教徒来攻击的斗争，也不是偶然的。"①

历史迈入东汉时期，光武帝刘秀崇信谶纬，他能登上皇帝的宝座也是得益于此。而"经学"发展到东汉，其章句烦琐、说解杂乱的弊端已显露无遗。汉成帝力图解决但没有成功，汉章帝召开的白虎观会议还是为了解决这个问题。白虎观会议最重要的成果是《白虎通》，这是"古文经学""今文经学"和"谶纬神学"走向融合与统一的标志。两汉"经学"作为一个时代思潮，如果说董仲舒的《大人三策》是起点的话，《白虎通》则达到顶峰，也预示了"经学"的衰落。②

汉章帝之后，外戚、宦官结党营私，祸乱朝政。整个官宦集团已是腐烂透顶：

> 其官益大者罪益重，位益高者罪益深尔。（《潜夫论·本政》）

而盛极一时的"经学"也更加烦琐与虚妄，面临着危机。由此建立起来的封建伦理纲常也逐渐教条化，史称"名教"。"名教"观念的提出可追溯到孔子，孔子讲"举贤才"要先"正名"③。

董仲舒则把这些伦理纲常具体化：

> 君臣、父子、夫妇之义，皆取诸阴阳之道。君为阳，臣为阴；父为阳，子为阴；夫为阳，妻为阴。（《春秋繁露·基义》）

这就是"三纲"，为了与之相匹配，他又提出了"五常"：

> 夫仁、谊、礼、知、信五常之道，王者所当修饬也；五者修饬，故受天之晁，而享鬼神之灵，德施于方外，延及群生也。（《天人三策·对策三》）④

王者所推行的"五常"之道，是上天所赋予的，所以是受上天保佑的，这是为统治阶级的统治"正名"。所以东晋袁宏提出：

> 夫君臣父子，名教之本也。（《后汉纪·献帝纪》）

东汉末年，以黄巾军为代表的农民起义揭开了社会动荡的序幕。随之

---

① 杜国庠. 杜国庠文集 [M]. 北京：人民出版社，1962：30.
② 任继愈. 中国哲学发展史：秦汉卷 [M]. 北京：人民出版社，1985：458-474.
③ 参见《论语·子路》。
④ 参见《汉书·董仲舒传》。

各方诸侯逐鹿中原，连年战争使九州大地成了人间炼狱。公元 220 年，曹操死，曹丕废汉献帝建立魏王朝；公元 221 年刘备随之称帝，史称蜀；公元 222 年，孙权也建立吴政权，三国鼎立局面形成。尔后三国间相互征战不断，公元 263 年，魏灭蜀；公元 265 年，司马炎废曹髦称帝，西晋王朝开始；公元 286 年，晋灭吴，三国统一于晋。如此频繁的政权更替，传统的儒家"纲常"已难笼络人心，失去了其现实意义。加之人民流离失所，士大夫阶层也人人自危，这就使道家思想的回归具备了可能。所以说，"维护封建统治的纲常名教要继续下去，必须得到新的生命力，得到新的理论论证，在当时的条件下，发展老子的道家思想不仅为此提供了最大的可能性，因为这是当时历史发展的现实所需要的，而且对当时的统治者从其性格的某一方面来说也是最可取的。"①

传统经学的危机和黄老之学的兴起，使儒、道之间的矛盾在汉末又摆在了世人的面前。那么，这是不是历史的简单重复呢？冯契认为，全部哲学史可以看作一个否定之否定的过程，如果它是一个大的圆圈，那么这个大的圆圈又是由许多小的圆圈构成的。先秦时期的"天人""名实"关系问题，由荀子作了总结，这算是一个圆圈。秦汉以后，哲学上关于"有无""理气""形神""心物"等问题的争论，由王夫之作了正确和全面的总结，又是一个圆圈。② 他表示："这一个大的圆圈（螺旋）又是由若干小的圆圈（螺旋）组成的，这一章（两汉部分）可说是第一个小的圆圈。"③ 也就是说，由西汉初道家的无名论，到儒家的有名论，再到东汉末道家的无名论，不是一个简单的圆圈，而是一个螺旋上升的辩证发展过程。然而此时的军阀混战，已不可能再有汉初休养生息的环境。想利用"黄老之学"再形成"文景之治"的局面，只能是一种主观幻想而已。

挽救时代的重任，历史地落到了魏晋玄学家们的肩上。魏晋玄学是"本体之学，为本末有无之辨"④，即"指魏晋时期以老庄思想为骨架企图调和儒道，会通'自然'与'名教'的一种特定的哲学思潮，它所讨论的

① 汤一介. 郭象与魏晋玄学 [M]. 北京：北京大学出版社，2009：11.
② 冯契. 冯契文集：第 4 卷 [M]. 上海：华东师范大学出版社，1997：19.
③ 冯契. 冯契文集：第 5 卷 [M]. 上海：华东师范大学出版社，1997：14.
④ 汤用彤. 魏晋玄学论稿 [M]. 上海：上海古籍出版社，2001：43.

中心为'本末有无'问题，即运用思辨的方法来讨论有关天地万物存在的根据的问题，也就是说表现为远离'世务'和'事物'形而上学本体论的问题"①。魏晋玄学是由汉末魏初的"清议"和"清谈"演化而来的，"清议"是对具体人物的评论，表现为社会舆论；"清谈"探讨的是人生哲理和宇宙的规律，是士者名流间的辩论。"清谈"的具体对象是"三玄"，即《周易》《老子》和《庄子》。

魏晋玄学按时间顺序可分为正始、竹林、中朝和东晋四个时期。② 玄学家们以老庄思想为依托，目的是利用"自然"来挽救"名教"。因而，魏晋玄学虽然在客观上丰富了老庄哲学，但在具体思想上与老庄所代表的先秦道家思想是偏离的。如何纠正被魏晋玄学带偏的道家思想，这又成为隋唐道家与道教学者的时代课题。

三、隋唐重玄

通过前面的论述，我们可以看到，"道教"的产生与发展与"道家"是密不可分的。而其中包含两个重要的里程碑：一是"黄老之学"与"方仙道"结合变成"黄老道"，进而演变为早期道教。这是道教的产生，前面已有介绍，在此不予赘述。二是隋唐"道家重玄学"的产生，进而重玄思想道教化，促进了道教义理的提升与完善。这是道教发展的巅峰，同时

---

① 汤一介. 郭象与魏晋玄学 [M]. 北京：北京大学出版社，2009：10.
② 也有观点把魏晋玄学分为正始、竹林、中朝三个时期或三个流派，这种观点的依据是《世说新语·文学》注："宏以夏侯太初、何平叔、王辅嗣为正始名士，阮嗣宗、嵇叔夜、山巨源、向子期、刘伯伦、阮仲容、王濬仲为竹林名士，裴叔则、乐彦辅、王夷甫、庚子嵩、王安期、阮千里、卫叔宝、谢幼舆为中朝名士。"据此，汤用彤把魏晋玄学分为四个时期：一、正始时期；二、元康时期；三、永嘉时期；四、东晋时期。（汤用彤. 魏晋玄学论稿 [M]. 上海：上海古籍出版社，2001：120.）这与本书对魏晋玄学的分期在时间上是一致的，但在具体人物及思想界定上略有差异。冯友兰根据玄学家对"有无"关系的不同界定，把魏晋玄学分为三个阶段："第一阶段是贵无论，第二阶段是裴颜的崇有论，第三阶段是郭象的无无论。"（冯友兰. 三松堂全集：第 9 卷 [M]. 郑州：河南人民出版社，2001：351.）虽然冯友兰认为张湛主要是罗列别人的观点，无学术创新，但我们认为他作为魏晋玄学的总结者，其作用和地位还是不容忽略的。萧萐父、李锦全则依据玄学家对待"名教"与"自然"的态度不同，把魏晋玄学分为三期：一、正始玄学（名教本于自然）；二、嵇康、阮籍、裴颜（名教不合自然）；三、郭象（名教与自然一致）。

也促使了"道家"与"道教"的合而为一，这也是本文讨论的重点。

20世纪40年代，蒙文通在对道藏的研读中，发现一个现象："晚周以来之道家，虽不必为道教，当自魏晋以后，老、庄诸书入道教，后之道徒莫不宗之，而为道教哲学精义之所在，不亦可舍老、庄而言道教。顾道教在中国近二千年，注老、庄者亦蜂起猬集，一如历代儒家之宗仲尼而注《五经》，其间旨义之同异不可胜穷，而言道教史者每浑然不分，未能表见各宗各家之面目。"①

通过对各家老庄注疏的比较研究，蒙文通发现自魏晋至隋唐存在着一种"重玄"思潮。他在《校理〈老子成玄英疏〉叙录》中总结说："正始以还，玄风盛于江左，梁陈以降，清谈遂息，竟不可振者，正以重玄一倡，卑视魏晋，河公、辅嗣，并遭讥弹，孟、臧之宗既张，遂夺河、王之席，驾而上之也。此宗悉属羽流，前者并是白衣，道士一派，于是遂以完成。重玄之宗十一家，说义之可考者尚有七家，唐人自成玄英、李荣外，惟蔡子晃、车玄弼二家颇有佚文可见，李霖《取善集》取蔡说八事。"②

谈到"重玄学"，我们不能不提一桩悬而未决的公案，那就是"重玄学"的源头问题。成玄英③指出：

夫释义解经，宜识其宗致，然古今注疏，玄情各别，而严君平《旨归》，以玄虚为宗，顾征君《堂诰》以无为为宗，孟智周、臧玄静以道德为宗，梁武帝以非有非无为宗，晋世孙登云托重玄以寄宗。虽复众家不同，今以孙氏为正，以重玄为宗，无为为体。（《老子道德经义疏开题》）④

在各家老子注解之中，成玄英认为只有孙登以"重玄"解老最为

---

① 蒙文通. 古学甄微 [M]. 成都：巴蜀书社，1987：317.

② 蒙文通. 道书辑校十种 [M]. 成都：巴蜀书社，2001：367.

③ 成玄英，字子实，陕州人（今河南陕县），生卒不详，曾隐居东海。唐太宗贞观五年（631年）被召至京师，加号西华法师。唐高宗永徽中（650—655年），被流放郁州（今江苏连云港市东）。其主要著作有：《老子道德经义疏》《庄子疏》。另据考证："成玄英大约生于隋仁寿年间（601—604年），卒于武周天授元年（690年）或稍后。"（强昱. 成玄英评传 [M]. 南京：南京大学出版社，2006：22.）

④ 成玄英. 老子道德经义疏开题 [M] // 蒙文通. 道书辑校十种. 成都：巴蜀书社，2001. 凡引《老子道德经义疏开题》原文均出自此处。

正宗。

杜光庭①在《道德真经广圣义》② 中也谈到孙登：

孙登以重玄为宗。宗旨之中，孙氏为妙矣。（《释疏题明道德义》）

但他认为孙登是魏代的：

隐士孙登，字公和，魏文、明二帝时人。（《道德真经广圣义序》）

这和成玄英所说的晋世孙登在时代上是矛盾的，蒙文通判断说："重玄之学，倡于孙登，《陆序》'孙登《集注》二卷，字仲山，太原中都人，东晋尚书郎'。杜以孙登为隐士，字公和，魏文、明二帝时人，此涉与嵇、阮同时前一孙登而致误也。"③ 卢国龙支持蒙文通的观点，理由是："第一，隐士孙登未曾注《老子》，如《晋书·隐逸列传》只说他好《易》，隋唐诸史志也都未曾著录他有《老子注》，隐士孙登注解《老子》只是杜光庭一家的说法，前面没有根据，后面不见踪迹，所以不可信，以重玄解老的孙登显然不是这位隐士；第二，《晋书》说隐士孙登在魏晋交替之际就隐世不出，'不知所终'，当然也就不是成玄英所说的'晋世孙登'。"④

这个问题看似已经解决，但还是存在疑点的。我们再来看一下杜光庭的观点：

严君平以虚玄为宗，顾欢以无为为宗，孟智周、臧玄静以道德为宗，梁武帝以非有非无为宗，孙登以重玄为宗。（《道德真经广圣义·释疏题明道德义》）

我们可以看到，杜光庭的叙述和成玄英的叙述是何其相似。这有两种可能：第一，成玄英和杜光庭的观点都来自第三方，由于两人的判断不同而产生差异；第二，杜光庭的观点来自成玄英，只是在孙登的身份上进行了修正。

---

① 杜光庭，字宾至（一云字宾圣），自号东瀛子，处州缙云（今属浙江）人（一曰长安人，或云括苍人），唐末五代道士，生卒年不详，据说为公元850（或859）—公元933年。他一生著作广博，仅《正统道藏》就收录28种之多，反映其道教教义和哲学思想的著作主要是《道德真经广圣义》和《太上老君说常清静经注》。

② 《道德真经广圣义》，载《正统道藏》洞神部玉诀类。凡引《道德真经广圣义》原文均出自该处。

③ 蒙文通. 道书辑校十种 [M]. 成都：巴蜀书社，2001：363.

④ 卢国龙. 中国重玄学：理想与现实的殊途同归 [M]. 北京：人民中国出版社，1993：3.

魏代孙登和嵇康、阮籍交好，嵇康被司马昭杀害时孙登还健在。所以说，这个孙登生活在晋代也不是不可能。也就是说，成玄英所说的晋世孙登有可能就是这个孙登，那么成玄英与杜光庭所指的就是一个孙登。所以有学者表示，"嵇康和孙登都经过了魏晋两个时代。因此有的文献都把他们当作是晋时的人，'晋孙登隐此'，'晋嵇康尝居其下'。成玄英所说的'晋世孙登'，难道不可能指的是与嵇康交游的孙登吗？"①

晋世孙登最早记载于《隋书·经籍志》，而《隋书》成于唐贞观十年（636年），而成玄英的《老子道德经义疏开题》有可能完成于贞观五年，最晚不迟于贞观十年。② 这说明成玄英不可能以《隋书》有关孙登的记载为依据，而杜光庭却又对《隋书》的相关记载视而不见，这是需要我们去思考的。但有一点是确定的，那就是魏代孙登的影响力远大于晋世孙登。唐代吴筠③就曾作诗咏颂：

孙登好淳古，卉服从穴居。弹琴合天和，读易见象初。

终日无愠色，恬然在玄虚。贻言诚叔夜，超迹安所如。（《高士咏·孙公和》）

有关"重玄"一词的演进情况，有学者作了比较详细的考证。④ 但真正具有学理意义"重玄"的首次提出应是东晋的支道林⑤：

夫般若波罗蜜者，众妙之渊府，群智之玄宗，神王之所由，如来之照功。其为经也，至为空豁，廓然无物者也。无物之物，故能齐于物；无智于智，故能运于智。是故夷之脱于重玄，齐万物于空同，明诸佛之始有，尽群灵之本无，登十住之妙阶，趋天生之径路。何者？赖其至无，故能为用。（《大小品对比要钞序》）⑥

---

① 崔珍皙. 成玄英《庄子疏》研究 [M]. 成都：巴蜀书社，2010：165.

② 强昱. 成玄英评传 [M]. 南京：南京大学出版社，2006：19.

③ 吴筠，字贞节，《历代真先体道通鉴》（《正统道藏》洞真部记传类）作正节，华州华阴（今属陕西）人，唐朝著名道士，生年不详，卒于公元778年。

④ 强昱. 从魏晋玄学到初唐重玄学 [M]. 上海：上海文化出版社，2002：21-33.

⑤ 支遁，字道林，世称支公，也称林公，别称支硎，俗姓关。陈留（今河南开封市）人，或说河东林虑（今河南林县）人。生于西晋建兴二年（314年），卒于东晋太和元年（366年）。东晋高僧、佛学家、文学家。

⑥ 《大小品对比要钞序》出自《出三藏记集》，载大正藏第55册。凡相关引文均出自此处。

支道林在这里把老子的"玄之又玄"和庄子的"至无""无非无"等思想引入了般若性空学说，并把它们和"重玄"概念结合起来。当然，支道林提出"重玄"一词绝非为开创"重玄学"，也未对此做进一步的解释。但是，其对后来者却产生了重大的影响，导致了"重玄学"的产生。

对于"重玄学"，中外学者的称谓存在差异，重玄学的首倡者蒙文通称之为"重玄学派"。①卢国龙认为，重玄宗原于《老子》，打开了道教义学的新局面，成为盛唐以前道教义学的理论原则和基本精神，故他称之为"道教重玄学"②。李大华称之为"道教'重玄'哲学"③，詹石窗则称之为"老学重玄宗"④。砂山稔称之为"重玄派"，认为其是由太玄派、灵宝派联合而产生的一个道教学派。⑤何建明认为，中国历史上的这一重玄学术文化思潮，是以发挥老庄学和重玄思辨为主要特征的一种思想倾向，并没有形成一个独立自觉的宗派，它不仅存在于道教也存在于道家，将其界定为"道家重玄学"比较妥当。⑥

对此，董恩林总结说："'老学重玄学'是指《老子》一书及历代注解此书而形成的注疏体系所包含的重玄思想与重玄思维方法，'道教重玄'是指道教教理体系与义理阐释中的重玄思想与重玄思维方法，'道家重玄'是指道家学派理论体系中的重玄思想与重玄思维方法。蒙文通、汤一介、卢国龙等学者所论乃'老学重玄学'的源头，李大华所论乃'道教重玄'的源头，何建明所论乃'道家重玄'的源头。在同一属性界定范围内，除了李大华与卢国龙在'道教重玄'的源头问题上认识显然不同外，其余见解并不存在矛盾。'老学重玄''道教重玄''道家重玄'三者意蕴虽相互有所涵盖，但不可视为一体，混为一谈，应该说，作为'重玄之道'的不

① 蒙文通. 古学甄微 [M]. 成都：巴蜀书社，1987：343.
② 卢国龙. 中国重玄学：理想与现实的殊途同归 [M]. 北京：人民中国出版社，1993：绪论2-3.
③ 李大华. 道教"重玄"哲学论 [J]. 哲学研究，1994（9）：39-44.
④ 詹石窗. "老学重玄宗"简论 [J]. 世界宗教研究，1987（3）：18-23.
⑤ 福井康顺，田崎宏，木村英一，等. 道教：第2卷 [M]. 朱越利，徐远和，译. 上海：上海古籍出版社，1992：29.
⑥ 何建明. 道家思想的历史转折 [M]. 武汉：华中师范大学出版社，1997：31.

同外延，都有其存在的根据。"①

在卿希泰主编的《中国道教史》中称"重玄学"为"重玄宗"②，而在其主编的《中国道教思想史》中他却认为，近年来许多学者对隋唐这一道教思想流派称为"重玄学"是适用的③。那么怎样来界定"重玄学"呢？我们认为，"重玄学"是继"魏晋玄学"之后的又一学术思潮。它萌芽于魏晋，形成发展于隋至初唐，对整个唐代道教的发展产生了深远影响。故此，称其为"隋唐重玄学"更为恰当。

我们知道，"魏晋玄学"是通过"有无之辨"展开的，它的目的是利用"自然"来挽救"名教"。"隋唐重玄学"则通过"有无双遣"实现了对"魏晋玄学"的扬弃，建立了以"重玄之道"为核心的"重玄学"思想体系。它主观上是为了完善道教义理，客观上实现了道家主体思想的回归。我们可以说，如果没有"隋唐重玄学"，道教义理将失去一次提升与完善的机会，而道家思想也将湮没在历史的长河之中。

---

① 董恩林. 试论重玄学的内涵与源流 [J]. 华中师范大学学报：人文社会科学版，2002（3）：69-73.
② 卿希泰. 中国道教史：第 2 卷 [M]. 成都：四川人民出版社，1996：171.
③ 卿希泰. 中国道教思想史：第 2 卷 [M]. 北京：人民出版社，2009：7.

第一章

天人合一：先秦至汉初道家哲学的辉煌

老子著《道德经》五千言，奠定了道家哲学的基础。庄子的"洸洋自恣"十万言，确立了道家哲学在先秦学术中的地位。老子哲学与庄子哲学是先秦道家哲学的代表，故后世以"老庄"并称。到了汉初，黄老之学兴盛，为统治阶级"休养生息"政策的实施提供了坚实的理论基础和现实方法。

第一节　自然无为：道家哲学产生的基础

据《史记》载：

老子者，楚苦县厉乡曲仁里人也，姓李氏，名耳，字聃，周守藏室之史也。

老子修道德，其学以自隐无名为务。居周久之，见周之衰，乃遂去。至关，关令尹喜曰："子将隐矣，强为我著书。"于是老子乃著书上下篇，言道德之意五千余言而去，莫知其所终。（《史记·老子韩非列传》）

司马迁在这里介绍了老子的生平和著作。老子，楚国苦县厉乡曲仁里人，曾做过周朝管理藏书的官员，后辞官西出函谷关并著书五千言，这就是后世所称的《道德经》。①

提到老子的哲学思想，人们首先想到的是"道"，其整个思想体系也是围绕着"道"展开的。"道"在现实中体现为"德"，而"德"的最高境界是"善"。

一、道生万物：老子哲学思想的依据

"道"在《尚书》《诗经》《周易》等中就已出现，基本含义有道路、道理、规律等。与老子同时代的孔子对"道"也多有述及：

子曰："父在，观其志；父没，观其行；三年无改于父之道，可谓孝矣。"

子曰："君子食无求饱，居无求安，敏于事而慎于言，就有道而正焉，可谓好学也已。"（《论语·学而》）

子曰："射不主皮，为力不同科，古之道也。"（《论语·八佾》）

子曰："朝闻道，夕死可矣。"

子曰："士志于道，而耻恶衣恶食者，未足与议也。"

子曰："参乎！吾道一以贯之。"（《论语·里仁》）

子贡曰："夫子之文章，可得而闻也；夫子之言性与天道，不可得而闻也。"（《论语·公冶长》）

子曰："笃信好学，守死善道。危邦不入，乱邦不居。天下有道则见，无道则隐。邦有道，贫且贱焉，耻也；邦无道，富且贵焉，耻也。"（《论语·泰伯》）

子曰："君子谋道不谋食。耕也，馁在其中矣；学也，禄在其中矣。

---

① 关于老子其人其书历代争议颇多，就连距离老子年代不是很久远的司马迁也列出了三位人物（老子、老莱子、太史儋）。但可以明确的是，司马迁本人也是倾向于第一种观点，本文也采用这个观点。关于老子的生平事迹，许多学者从不同的角度予以了论述和考证，详情参见下列著作：陈鼓应，白奚. 老子评传［M］. 南京：南京大学出版社，2001：1-17. 孙以楷. 道家与中国哲学：先秦卷［M］. 北京：人民出版社，2004：38-56. 熊铁基，马良怀，刘韶军. 中国老学史［M］. 福州：福建人民出版社，2005：1-26. 詹剑峰. 老子其人其书及其道论［M］. 武汉：华中师范大学出版社，2006：13-67. 尹振环. 重识老子与《老子》：其人其书其术其演变［M］. 北京：商务印书馆，2008：15-58. 张松辉. 老子研究［M］. 北京：人民出版社，2009：1-53. 陆永品. 老庄新论［M］. 北京：中央编译出版社，2014：1-15.

君子忧道不忧贫。"（《论语·卫灵公》）

我们可以看到，"道"在《论语》中出现的频率也是很高的，但孔子的思想却是围绕"仁"展开的。而老子的思想是通过"道"来展开的，"仁"是一种修行的最高境界，那么何为"道"呢？

有物混成，先天地生，寂兮寥兮！独立而不改，周行而不殆，可以为天地母。吾不知其名，字之曰道，吾强为之名曰大。（《道德经》二十五章）

视之不见名曰夷，听之不闻名曰希，搏之不得名曰微。此三者不可致诘，故混而为一。其上不皦，其下不昧。绳绳不可名，复归于无物。是谓无状之状，无物之象，是谓惚恍。迎之不见其首，随之不见其后。执古之道，以御今之有。能知古始，是谓道纪。（《道德经》十四章）

老子用"夷""希""微"来界定"道"，认为其是感觉所不能把握的，只能通过生命去体验。① 但是，如果掌握了"道"的规律，就能驾驭万事万物。所以，老子认为"道"是万物之源：

道生一，一生二，二生三，三生万物。万物负阴而抱阳，冲气以为和。（《道德经》四十二章）

"道"是世间万物产生的根源，这一点为大家所公认，对于"道"究竟怎样产生"万物"却存在着很大的争议，但多采用汉以后的观点。如以"元气"解释"一"，以"天地"或"阴阳"解释"二"，用"和气"来解释"三"。但"元气""和气"都是汉人习用之词，"阴阳"则较早见于《庄子》，所以蒋锡昌认为"一"就是"道"，但"二"所指又众说不一。② 有学者认为，"道"产生"万物"，只是说"道"是"万物"产生的前提，而不是说"万物"是由"道"直接产生出来的。③ 所以说，"道生一"是指"一"遵循"道"的规律而生，而不是"道"产生了"一"。那么"一"到底是什么呢？我们认为，"一"并不是一个确切的数字，而是指"万物"生成的一个初始状态。同样，所谓的"二""三"也只是泛指"万物"产生的一个过程而已。

---

① "夷""希""微"为后来的道教所继承和发挥，成为一种修道成仙的重要理念。
② 陈鼓应. 老子今注今译［M］. 北京：商务印书馆，2003：234-235.
③ 张松辉. 老子研究［M］. 北京：人民出版社，2009：77-78.

"道"虽然超越了人们的感觉范围，却是独立运行不息的，这些又都是"自然"存在的：

太上，下知有之；其次，亲之誉之；其次，畏之；其次，侮之。信不足焉，有不信焉！悠其贵言。功成事遂，百姓皆谓我自然。(《道德经》十七章)

希言自然。故飘风不终朝，骤雨不终日。孰为此者？天地。天地尚不能久，而况于人乎？故从事于道者同于道；德者同于德；失者同于失。同于道者，道亦乐得之；同于德者，德亦乐得之；同于失者，失亦乐得之。(《道德经》二十三章)

人法地，地法天，天法道，道法自然。(《道德经》二十五章)

道生之，德畜之，物形之，势成之。是以万物莫不尊道而贵德。道之尊，德之贵，夫莫之命而常自然。(《道德经》五十一章)

为者败之，执者失之。是以圣人无为故无败；无执故无失。民之从事，常于几成而败之。不慎终也。慎终如始，则无败事。是以圣人欲不欲，不贵难得之货；学不学，复众人之所过，以辅万物之自然而不敢为。(《道德经》六十四章)

"道法自然"是说作为万物产生的总根源，它的存在是自然而然的。"道"虽是万物之本，但又同万物不可分，存在于万事万物的存在与生长过程中，这就是"自然"。

老子又把"道"与"万物"比作"母"与"子"：

天下有始，以为天下母。既得其母，以知其子；既知其子，复守其母。(《道德经》五十二章)

老子在此进一步表达了"道"为万物之源的思想，王弼把"母"注解为"本"，但王弼主张的是"以无为本"。① 现代学者有把"道"作为老子哲学思想的本体，有把"无"作为老子哲学思想的本体，也有观点认为"无"就是"道"，多源于此。

我们先来看看"道"与"无"的关系：

天下万物生于有，有生于无。(《道德经》四十章)

---

① 参见王弼《老子道德经注》四十章、五十二章。

有学者认为，这里的从"无"到"有"，亦即从"道"到世界万物。这样就把"无"等同于"道"，把"有"等同于"物"。① 也有学者认为老子这句话不是说先有"无"，后来生出了"有"。但如果我们分析事物的存在，能够称得上是"物"的必须先是"有"。"道"是"无名"，是"无"，是生成万物的源头，这也就是"有生于无"。② 这个问题老子在《道德经》开篇就给出了答案：

无名，天地之始；有名，万物之母。故常无欲，以观其妙；常有欲，以观其徼。此两者，同出而异名；同谓之玄，玄之又玄，众妙之门。(《道德经》一章)

老子认为"无"和"有"同出一源，这就是"道"。它们是为了天地万物而设定的两个词，也就是说根本就不存在所谓的"无"或"有"。所以说，"有""无"是《道德经》中的重要概念，而绝非核心范畴。"有""无"概念被后来的魏晋玄学家予以发挥，而魏晋玄学也是围绕"有无之辨"展开的。老子思想的核心范畴只有"道"和"德"，《道德经》之名也是由此而出。

二、上善若水："人道"思想的现实体现

"天人之辨"是先秦哲学的一个主题，子产就认为"天道远，人道迩，非所及也"③，把二者完全割裂开来。孔子主"仁"，墨子倡"兼爱"，虽有所不同，但都过多地强调了"人道"。④ 把"天道"与"人道"结合起来的是老子：

天地不仁，以万物为刍狗；圣人不仁，以百姓为刍狗。(《道德经》五章)

持而盈之，不如其已。揣而锐之，不可长保。金玉满堂，莫之能守；富贵而骄，自遗其咎。功遂身退，天之道也。(《道德经》九章)

天道无亲，常与善人。(《道德经》七十九章)

---

① 古棣，关桐. 老子十讲 [M]. 上海：上海人民出版社，2009：87.
② 冯友兰. 三松堂全集：第6卷 [M]. 郑州：河南人民出版社，2001：87.
③ 参见《春秋左氏传·昭公十八年》。
④ 冯契. 冯契文集：第5卷 [M]. 上海：华东师范大学出版社，1997：127.

老子认为"天道"是自然、无私的，任凭万物自由成长。所以，圣人也应无所偏爱，让百姓自己发展。能做到知足、知止、戒骄、收敛，这就是"人道"，也是符合"天道"的。

然而，"道"作为宇宙万物的总根源，应该是独一无二的，所以说也就不存在所谓的"天道"与"人道"，"道"就是"道"。因而，"所谓'人道'是指作为个体的'人'如何遵循'道'而得到永恒"①。"人道"在现实中就是"德"：

道生之，德畜之，物形之，势成之。是以万物莫不尊道而贵德。道之尊，德之贵，夫莫之爵而常自然。故道生之，德畜之，长之育之，亭之毒之，养之覆之。生而不有，为而不恃，长而不宰，是谓玄德。（《道德经》五十一章）

《管子·心术上》认为"虚无无形谓之道，化育万物谓之德""故德者得也"。"德"就是"得道"，是世间万物循"道"发展的具体原则。"德"即德性，德性是指万物的本性。②　"德"是"道"的实现，也是"道"的主体化。万物生灵要实现本身的价值，就要"蓄德"；如果没有"德"，人们也就很难把握"道"。③

老子五千言即称《道德经》，可见《道经》和《德经》都是老子哲学的有机组成部分。马王堆出土帛书《老子》甲乙本是《德经》在前、《道经》在后，《德经》是《道经》的前提和基础，只是在历史流传中发生了改变。④ 究竟如何排序现虽尚无定论，但足见"德"在老子思想中的重要性。

老子把"德"又界定为"孔德""常德""上德""下德""广德""建德""含德"⑤，而"德"的最高境界是"玄德"。"孔德"就是"大德"，本质上是合乎"道"的。既然"德"是"道"的主体化，那么有"常道"也就有"常德"。"上德"是指"君王之德"，"下德"是指"人

---

①　葛兆光. 中国思想史：第 1 卷 [M]. 上海：复旦大学出版社，2007：125.

②　朱晓鹏. 老子哲学研究 [M]. 北京：商务印书馆，2009：57-58.

③　蒙培元. 心灵超越与境界 [M]. 北京：人民出版社，1998：195-196.

④　张松如. 老子说解 [M]. 济南：齐鲁书社，1998：引言 2-3.

⑤　参见《道德经》二十一章、二十八章、三十八章、四十一章、五十五章。

民之德"。① "广德""建德"是"上德"的延展，都是对"德"的歌颂。"含德"就是养"德"，目的是"厚"。② "玄德"系老子专用术语，即"幽远之德"。"道"之于世间万物生之而不据为己有，成之而不恃以为"德"，引导之而不为主宰，这就是"玄德"。③

有学者把老子的"德"分为三类：一是"道"之"德"，亦即"道"的本性，这样的"德"与"道"同体，如"常德""玄德"。二是"物"之"德"，亦即"物"的本性，这样的"德"是"物"之所自得，可以名之为"物性"，如"孔德"。三是"人"之"德"，亦即"人"的本性，这样的"德"是"人"之所循以行者，如"上德""下德"。④ 这种分类是具有合理性的，但我们认为，如同"道"一样，"德"也只有一个，不存在不同的等级。所谓貌似不同的"德"，其实是"德"在不同之"物"，或同一"物"在不同境遇下本性的具体呈现而已。

"德"不像"道"那样显得"虚无缥缈"，更易于为人们所认识：

> 我恒有三宝，持而宝之。一曰慈，二曰俭，三曰不敢为天下先。慈故能勇；俭故能广；不敢为天下先，故能成器长。今舍慈且勇；舍俭且广；舍其后且先；则死矣！夫慈，以战则胜，以守则固。天将建之，以慈垣之。（《道德经》六十七章）

"慈"即因"慈"而"柔"，"柔弱胜刚强"⑤，所以能"勇"。"俭"即俭约，清静、自然、无为。⑥ "不敢为天下先"即上章"欲先民必以身

---

① 尹振环. 重识老子与《老子》：其人其书其术其演变 [M]. 北京：商务印书馆，2008：136-141. "上德""下德"出自《道德经》三十八章："上德不德，是以有德；下德不失德，是以无德。上德无为而无以为，下德为之而有以为。"对此段的含义理解存在不同，我们将其解释为："君王们不要自恃'有德'，这才是真正的'有德'；人民由于保持了淳朴的本性，所以无须用'德'来予以评判。如此一来，君王的统治就能'无为'而'无不为'，广大人民循'道'而为，这样天下就会太平了。"这也符合老子的本意："我无为，而民自化；我好静，而民自正；我无事，而民自富；我无欲，而民自朴。"（《道德经》五十七章）

② "含德之厚，比于赤子。"（《道德经》五十五章）"德"蓄养到一定的境界，就犹如初生的婴儿。初生的婴儿是自然、质朴的，也是合于"道"的。

③ 黄瑞云. 老子本原 [M]. 武汉：湖北人民出版社，2013：165.

④ 詹剑峰. 老子其人其书及其道论 [M]. 武汉：华中师范大学出版社，2006：261.

⑤ 参见《道德经》三十六章。

⑥ 任法融.《道德经》释义 [M]. 北京：东方出版社，2010：275.

后之"之意，因其无意为天下先，所以能成为民众之长。① 这些都是"德"的本性体现，也是合于"道"的。

在《道德经》中还有一个重要范畴，那就是"善"：

善行无辙迹；善言无瑕谪；善数不用筹策；善闭，无关键不可开；善结，无绳约而不可解。是以圣人常善救人，故无弃人；常善救物，而无弃物，是谓袭明。故善人者，不善人之师；不善人者，善人之资。不贵其师，不爱其资，虽智大迷，是谓要妙。（《道德经》二十七章）

这里所谓的"善"有无为、自然之意，以永恒之"善"救人，以永恒之"道"救人，也就"无弃人""无弃物"。② 既然人无弃人、物无弃物，那么"善人"与"不善人"都有其存在的道理，这也是"善"的本质所在。即：

善者，吾善之；不善者，吾亦善之；德善。（《道德经》四十九章）

世间万物都是由"道生""德蓄"，再经过"长之育之、亭之毒之、养之覆之"，就可"德善"。

老子认为"善"的最高境界是"上善"：

上善若水。水善利万物而不争。处众人之所恶，故几于道。居善地，心善渊，与善仁，言善信，政善治，事善能，动善时。夫唯不争，故无尤。（《道德经》八章）

水是生命之源，古人对水充满了敬畏之情。所以老子把"善"比作"水"，水滋润万物而无所求，最接近于道，可见"善"在老子思想中的重要性。

那现实社会是否都能"上善若水"呢？老子生活于一个"礼崩乐坏"的时代，孔子付出一生的努力去回复"周礼"。老子早就认识到了这一点：

居周久之，见周之衰，乃遂去。（《史记·老子韩非列传》）

老子没有像孔子那样用"仁义礼智"来治理这个世界，他认为一切都应是"自然"的。应关令尹喜而作书五千言，遂西出函谷关而去。

老子认为这已是一个与"道"相悖的社会：

大道废，有仁义；智慧出，有大伪；六亲不和，有孝慈；国家昏乱，

---

① 黄瑞云. 老子本原 [M]. 武汉：湖北人民出版社，2013：201.

② 黄瑞云. 老子本原 [M]. 武汉：湖北人民出版社，2013：106.

有忠臣。(《道德经》十八章)

据此有人认为,老子以"道治"反对"礼治",抨击儒家的仁义礼智。其实,在老子所处的时代,还没有儒家与道家明确的派别划分。直到司马谈在《论六家要旨》里,才明确将天下学派区分为儒、墨、法、名、道、阴阳六家。所以说,老子不可能专门提出针对儒家的反仁义礼智的观点。对此的理解应是:"鱼在水中,不觉得水的重要;天道兴隆,仁义行于其中,自然不觉得有倡导仁义的必要。等到崇尚仁义的时候,社会已经不纯厚了。"① 在民风淳朴的社会,人人都安分守己,谁还会记得仁义礼智这些行为标准呢,人们的行为已经不自觉地与仁义礼智合一了。而以法施治的社会,也不是什么先进的事物,而是社会不够发达的表现。

我们再来看老子的另一段话:

上德不德,是以有德;下德不失德,是以无德。上德为之而无以为,下德无为而有以为。上仁为之而无以为,上义为之而有以为。上礼为之而莫之应,则攘臂而仍之。故失道而后德,失德而后仁,失仁而后义,失义而后礼。夫礼者,忠信之薄而乱之首。(《道德经》三十八章)

我们知道,"仁"是孔子思想的核心,在这里老子给予"仁"很高的地位,即"上仁为之而无以为"。老子主张"道常无为",可见对"仁"是认可的。老子之所以提出上述观点,不是不要仁义礼智,而是认为这些已经包含在"道"中了。也就是说,只要人们的行为符合"道",自然也就符合"仁义礼智"了,而无须刻意地去追求。

孔子特别注意个人的修养:

德之不修,学之不讲,闻义不能徙,不善不能改,是吾忧也。(《论语·述而》)

《大学》也讲:

古之欲明明德于天下者,先治其国;欲治其国者,先齐其家;欲齐其家者,先修其身;欲修其身者,先正其心;欲正其心者,先诚其意;欲诚其意者,先致其知;致知在格物。物格而后知至,知至而后意诚,意诚而后心正,心正而后身修,身修而后家齐,家齐而后国治,国治而后天下

---

① 陈鼓应. 老子今注今译 [M]. 北京:商务印书馆,2003:146.

平。自天子以至于庶人，壹是皆以修身为本。

由此可见，个人的修养是何等的重要。修身是从事其他一切国事家事的前提，所以孔子也为之心忧。

同样，老子也主张：

修之身，其德乃真；修之家，其德乃余；修之乡，其德乃长；修之邦，其德乃丰；修之天下，其德乃普。故以身观身，以家观家，以乡观乡，以邦观邦，以天下观天下。吾何以知天下然哉？以此。（《道德经》五十四章）

老子强调了修身是万物之根。当然，这里所指的是修德，不同于儒家的仁义礼智。但是，老子的德也就是道，本然地含有仁义礼智的成分。能达到道或具有德的人，行为自然也符合仁义礼智的标准。

善良的人总是爱好和平的，所以老子认为：

夫兵者，不祥之器，物或恶之，故有道者不处。君子居则贵左，用兵则贵右。兵者不祥之器，非君子之器，不得已而用之，恬淡为上。胜而不美，而美之者，是乐杀人。夫乐杀人者，则不可得志于天下矣。吉事尚左，凶事尚右。偏将军居左，上将军居右。言以丧礼处之。杀人之众，以悲哀泣之；战胜以丧礼处之。（《道德经》三十一章）

战争是残酷的，军队所过之处便人烟灭绝、荆棘丛生。所以要"用兵则贵右"，即使胜利了也是"以丧礼处之"。但随着周王朝的衰落，天下的纷争亦不可避免，所以老子心中充满对"小国寡民"社会的向往。

三、圣人无为：天下太平的前提

《道德经》能作为经典流传几千年，主要体现为三个方面：

一是修身养性的方法，中国历代就有"显贵时诵孔孟、失意而读老庄"的传统，老庄思想成为文人士大夫慰藉心灵的一剂汤药。

二是道教，道教之"道"来自老子，《道德经》也成为道教的主要经典。至隋唐时期，道教徒发现唯一能与佛教义理相抗衡的道教经典只有《道德经》。

三是被统治者利用，成为一种统治理念和方法。《汉书》就认为道家思想为"君人南面之术"：

　　道家者流，盖出于史官，历记成败、存亡、祸福、古今之道，然后知秉要执本，清虚以自守，卑弱以自持，君人南面之术也。合于尧之克攘，《易》之嗛嗛，一谦而四益，此其所长也。（《汉书·艺文志》）

　　这里所谓的"道家"应为"黄老之学"，黄老道家的主体思想还是来自《道德经》。班固认为道家这个流派，是在史官记录历史的成败、存亡、祸福的古今之道基础上形成的。君王之道就是要抓住要点和根本，以清心淡泊、谦卑高洁来自守自持。这应合古时尧帝能谦让的美德，正如《易经》中说谦卦的四益①，就是教君主谦虚治埋之道。

　　据此，有学者认为《道德经》是一部阐明"人君南面术"的理论书。② 但是，从老子弃周而去来看，他对当时的社会已深感不满，主观上不可能再去为统治者出谋划策。然而，"这并不意味着道家就没有自己的政治目的、政治追求，如老子的思想及其创作，有一个基本的出发点或者可以说目的就是要表达其理想的政治追求（包括理想的政治秩序、政治目标和政治手段），老子思想的归结点还是要'治世'、要'无不为'"③。这些思想如能引起统治者的重视，定能起到积极的作用。

　　嬴政称始皇帝，以为万世基业，然"二世而亡"，"秦人致败之由，在严酷，尤其在其淫侈；用法刻深，拓土不量民力，皆可诿为施政之误"④。其实老子早已提出了忠告：

　　将欲歙之，必固张之；将欲弱之，必固强之；将欲废之，必固举之；将欲夺之，必固予之，是谓微明。柔弱胜刚强。鱼不可脱于渊，国之利器不可以示人。（《道德经》三十六章）

　　若民恒且不畏死，奈何以杀惧之也？若民恒且畏死，则为奇者，吾将得而杀之，夫孰敢矣？若民恒且必畏死，则恒有司杀者夫代司杀者杀，是代大匠斫也。夫代大匠斫者，希有不伤其手矣。（《道德经》七十四章）

　　鱼儿离开深渊就会遇到危险，国家的军队、权力、严刑峻法等"利

---

① "天道亏盈而益谦，地道变盈而流谦，鬼神害盈而福谦，人道恶盈而好谦。"（《易经·谦·彖》）

② 张舜徽. 周秦道论发微 [M]. 北京：中华书局，1982：93-95.

③ 朱晓鹏. 老子哲学研究 [M]. 北京：商务印书馆，2009：292-293.

④ 吕思勉. 秦汉史 [M]. 上海：上海古籍出版社，2005：14-18.

器"也不能轻易使用，当老百姓遭到威胁的时候必然要予以反击。因而，老子主张统治者应"无为"：

> 道常无为，而无不为。侯王若能守之，万物将自化。化而欲作，吾将镇之以无名之朴。无名之朴，夫亦将不欲。不欲以静，天下将自定。(《道德经》三十七章)

> 以正治国，以奇用兵，以无事取天下。吾何以知其然哉？天下多忌讳，而民弥叛；民多利器，国家滋昏；人多知而，奇物滋起；法令滋彰，盗贼多有。故圣人云："我无为，而民自化；我好静，而民自正；我无事，而民自富；我无欲，而民自朴。"(《道德经》五十七章)

"朴""不欲""静"都是"欲"的克星，即统治者如果能控制自己的欲望，天下自会安宁。老子所提倡的"无为"并非无的放矢，是针对当时的严刑峻法和战乱而提出的。他一方面力图消解统治集团的肆意妄为，另一方面又在激励人民的"有为"。这两章是相互呼应的，都体现了老子对"无为"理想社会的构想。①

老子希望国君治国能够遵循"无为"原则，让老百姓过上平安幸福的生活。《道德经》中的"无为"也确实大都是对"圣人"而言的，但"圣人"不等于"君人"。当然，老子也希望君王能够体"道"、循"道"，能够"无为"。老子所说的能够实行"无为"原则的"圣人"，多指理想中的体"道"之人。② 所以说，把老子的"无为"思想定位为某一方面是不恰当的。老子的"无为"学说，具体说来包含下面三个层次的含义：一是"无为"即"自然"；二是"无为"就"无事"；三是"无为"应"善为"。③

"道法自然"是对"道"而言的，因而"道"的存在状态就表现为万物的存在状态，是按照万物本来面目存在的，这就是"道"的"无为"。④ 所以说，"无为"本身就是一种"自然"的状态，对"物"来说是一种和

---

① 陈鼓应. 老子今注今译 [M]. 北京：商务印书馆，2003：282-283.
② 孙以楷. 道家与中国哲学：先秦卷 [M]. 北京：人民出版社，2004：115.
③ 朱晓鹏. 老子哲学研究 [M]. 北京：商务印书馆，2009：280-291.
④ 蒙培元. 论自然：道家哲学的基本概念 [M] //陈鼓应. 道家文化研究：第14辑. 北京：生活·读书·新知三联书店，1998：21.

谐，对"人"来说就是一种境界。

与"无事"相对的是"有事"：

> 为学日益，为道日损，损之又损，以至于无为。无为无不为。取天下常以无事，及其有事，不足以取天下。（《道德经》四十八章）

这里的"事"指国家苛政、征伐等与"道"相悖的行为①，"无事"就是"无为"，就能得到老百姓的拥护，客观上也就维护了自己的统治地位。这就如同体"道"一样，剔除杂念、欲望，就能达到"无为"的境界。而"无为"就能"无不为"，"无不为"就是"善为"：

> 古之善为士者，微妙玄通，深不可识。（《道德经》十五章）

> 古之为道者，非以明民，将以愚之。民之难治，以其智多。故以智治国，国之贼；不以智治国，国之福。知此两者亦稽式。常知稽式，是谓玄德。玄德深矣远矣，与物反矣，然后乃至大顺。（《道德经》六十五章）

> 善为士者不武，善战者不怒，善胜敌者弗与；善用人者，为之下。是谓不争之德，是谓用人之力，是谓配天古之极。（《道德经》六十八章）

"无不为"不能理解为"无所不为"，更不是好事坏事都可以干。"无不为"是以"无为"作为前提的，有了这个前提就不可能肆意妄为。"无不为"应是"善为"，"善为"更不是要阴谋和权术，表面一套、背后一套的阳奉阴违。②"善为"要循"道"而为，这样就能达到"无不为"的境界。

对统治者来说，"无为"首先要做到"愚"③，不要自以为聪明，这是天下的福分，也是君主的福分，所以老子警告统治者"爱民治国能无为乎"！④ 世间万物都是"道生""德畜"，"无为"它们就会"自化"，就能够实现老子心中的理想社会：

> 小国寡民。使有什伯人之器而不用；使民重死而不远徙；虽有舟舆，

---

① 徐梵澄. 老子臆解［M］. 北京：中华书局，1988：70.
② 张松辉. 老子研究［M］. 北京：人民出版社，2009：160.
③ 一些学者认为"愚"是对老百姓而言的，这种观点有待商榷。我们认为，"愚"是相对于"智"而言的，老子反对君主"以智治国"，这就要求统治者要做到"愚"。所以说，"愚"是对统治者而言的，不是要让人民"愚"。这里的"愚"是指纯朴、自然的意思，而不是指"愚昧"。
④ 参见《道德经》十章。

无所乘之，虽有甲兵，无所陈之；使民复结绳而用之。

甘其食，美其服，安其居，乐其俗。邻国相望，鸡犬之声相闻，民至老死，不相往来。（《道德经》八十章）

老子的"小国寡民"思想经常被理解为一种倒退的社会历史观，是想回到原始奴隶社会去。对此学界观点也有很多，主要有基本否定态度和半肯定半否定态度，还有的从精神境界和发展价值方面予以评判。① 老子看到了周王室的衰落，这是天下大乱纷争的开始。老子虽然选择了退隐，但还是为人们设想了一个"理想国"。

"有"而不用就是"无为"，"复结绳而用"就是"复归于朴"。"不相往来"是一种"无为"，而"甘其食，美其服，安其居，乐其俗"既是"无为"的行为，也是"无为"的结果。那么，老子为什么强调"小"和"寡"呢？老子还说过"治大国若烹小鲜"②，宣扬的还是"无为"。所以说，"'小国寡民'并不表示深刻的、独特的国家政治思想，它只不过是假设、条件而已。它的意思是指，'在国小民少的情况下'或'在小国少民的情况下'"③。按照这种观点，老子所描绘的理想社会是一个没有剥削、没有压迫、没有贫穷、没有战争，人民安居乐业的和谐社会，与国家的大小、人口的多少没有必然联系。老子所强调的只有"无为"，或许在国"小"民"寡"的情况下更容易做到"无为"。

老子是中国第一位以"道"为核心范畴建立思想体系的哲学家，对先秦各学派都产生了重大的影响，这种思想为庄子所继承和发扬光大。

---

① 张松辉. 老子研究 ［M］. 北京：人民出版社，2009：118-119.
② 参见《道德经》六十章.
③ 吴相武.《老子》"小国寡民"新解 ［M］//陈鼓应. 道家文化研究：第14辑. 北京：生活·读书·新知三联书店，1998：167.

第二节 圣人之道：道家哲学的建立

庄子为战国时期"蒙人"①，曾做过管理漆园的小史，其思想主要体现在《庄子》一书中。庄子不仅继承和发展了老子的哲学思想，也弘扬了道家忧国忧民的理念。面对理想与现实的矛盾，庄子将"想象中的过去、愿望中的现实和理想化了的未来糅合在一起，塑造他们心中的乌托邦——'至德之世'"②。

一、至道之极：对老子思想的继承和发展

庄子的思想源于老子，自司马迁以后为历代多数学者所认可，但也存在不同的观点。一是认为庄子承续自古代道家思想，依据出自《庄子》：

芴漠无形，变化无常，死与生与，天地并与，神明往与！芒乎何之，忽乎何适，万物毕罗，莫足以归，古之道术有在于是者，庄周闻其风而悦之。（《庄子·天下》）

这里的"古之道术有在于是者"没有具体所指，虽然有人将之远溯至黄帝及伊尹太公等，但也不能排除包含老子的可能。

二是指出庄子师承自孔门的思想，持此观点的主要有康有为和钱穆。

---

① 《史记·老子韩非列传》载庄子为"蒙人"，关于"蒙"属于宋国还是楚国，学术界一直存在争论。一般认为，庄子为宋国人，但主要生活在楚国。对于庄子的生平事迹，许多学者进行过详细考证，在此不赘述，详情参见下列著作：张恒寿. 庄子新探 [M]. 武汉：湖北人民出版社，1983：1-47. 崔大华. 庄学研究 [M]. 北京：人民出版社，1992：1-103. 颜世安. 庄子评传 [M]. 南京：南京大学出版社，1999：1-49. 孙以楷. 道家与中国哲学：先秦卷 [M]. 北京：人民出版社，2004：296-306. 方勇. 庄子学史 [M]. 北京：人民出版社，2008：36-83. 张松辉. 庄子研究 [M]. 北京：人民出版社，2009：1-40. 熊铁基. 中国庄学史：上 [M]. 福州：福建人民出版社，2013：1-24. 陆永品. 老庄新论 [M]. 北京：中央编译出版社，2014：107-113.

② 张军. 论《庄子》的"至德之世" [M] // 张松如，陈鼓应，赵明，等老庄论集. 济南：齐鲁书社，1987：249.

康有为在《孔子改制考》中指出，庄子之学出自田子方，而田子方为子夏弟子，所以庄生为子夏再传弟子，事实上就为孔子后学。钱穆通过研读《庄子》，认为庄子思想实乃延续孔门儒家，虽然有所改变，但仍能从中发现承续的痕迹。①

庄子作为一位天才的哲学家，"其学无所不窥""其言洸洋自恣以适己"②，对上古道学一定十分了解，对包括儒家在内的其他学派思想予以吸收借鉴也应是可能的。然而，《庄子》作为一本"言道之书"③，"道"才是其最为重要的思想范畴：

> 夫道有情有信，无为无形；可传而不可受，可得而不可见；自本自根，未有天地，自古以固存；神鬼神帝，生天生地；在太极之先而不为高，在六极之下而不为深，先天地生而不为久，长于上古而不为老。（《庄子·大宗师》）

庄子认为，"道"虽然"无为无形"，但却是真实存在的。它先于天地而生，进而产生万物，却又充满勃勃生机。学界多认为这是庄子有关"道"的最为经典的表述，但也有学者提出了不同的观点，反对的理由有比较复杂的，也有简单直接的。复杂的理由不仅涉及庄子道论本身，也涉及对先秦自然道论的宏观理解。简单的理由：一是《大宗师》一章思想平淡、缺乏深意，二是该处道为万物起源的思想，与庄子对宇宙时空问题的基本看法不合。④ 这种说法是可以理解的，因为《庄子》的思想不等于就是庄子的思想。很早就有人指出，先秦书籍虽多号称某子，但多是某一个学派的著作总集，也不能肯定其中哪些篇是某子所著。因而，我们研究庄子哲学，应该打破内外篇的界限，把《庄子》作为一个整体来看待，在引用的时候都姑且写上庄周的名字。⑤ 所以，我们依然认为这是对老子思想的继承与发挥：

> 道之为物，惟恍惟惚。惚兮恍兮，其中有象；恍兮惚兮，其中有物。

①　封思毅. 庄子诠言［M］. 合肥：安徽人民出版社，2012：13-17.
②　参见《史记·老子韩非列传》。
③　蒋锡昌. 庄子哲学［M］. 成都：成都古籍书店，1988：1.
④　颜世安. 庄子评传［M］. 南京：南京大学出版社，1999：181-190.
⑤　冯友兰. 三松堂全集：第8卷［M］. 郑州：河南人民出版社，2001：343-347.

窈兮冥兮，其中有精。其精甚真，其中有信。自古及今，其名不去，以阅众甫。（《道德经》二十一章）

有物混成，先天地生，寂兮寥兮，独立而不改，周行而不殆，可以为天地母。吾不知其名，字之曰道。（《道德经》二十五章）

我们可以看到，庄子上述有关"道"的理论是在这两部分综合的基础上形成的。老子认为"道"是"先天地生"，且"有情""有信"，庄子同样用"先天地生""有情有信"来界定"道"。这里的"有情"有可能就是"有精"，因为在《庄子》里用"情"来描述"道"只此一处，而用"精"来描述"道"却有多处：

黄帝立为天子十九年，令行天下，闻广成子在于空同之山，故往见之，曰："我闻吾子达于至道，敢问至道之精。吾欲取天地之精，以佐五谷，以养民人，吾又欲官阴阳以遂群生，为之奈何？"

广成子南首而卧，黄帝顺下风膝行而进，再拜稽首而问曰："吾闻子达于至道，敢问：治身奈何而可以长久？"广成子蹶然而起，曰："善哉问乎！来！吾语女至道。至道之精，窈窈冥冥；至道之极，昏昏默默。无视无听，抱神以静，形将自正。……我守其一以处其和，故我修身千二百岁矣，吾形未常衰。"（《庄子·在宥》）

夫道，窅然难言哉！将为汝言其崖略：夫昭昭生于冥冥，有伦生于无形，精神生于道，形本生于精，而万物以形相生。（《庄子·知北游》）

老子认为"道"不但生成"万物"，还与"万物"共存，[①] 庄子也认为：

夫道，于大不终，于小不遗，故万物备。（《庄子·天道》）

"道"对于"万物"来说是无私的，不会有任何遗漏。在《庄子·知北游》里对此有一个形象的论述，即著名的"东郭子问道"。东郭子问庄子所谓的"道"究竟在哪里，庄子说"无所不在"。东郭子又问具体在哪里，庄子说在蝼蚁、在稊稗、在瓦甓、在屎溺。东郭子以为受到了戏弄，而庄子的意思是越卑下的东西越能说明"道"是"无所不在"的。因此，"我们可以说万物发展的规律便是道，也可以说万物之所以成为那样的根

---

① "譬道之在天下，犹川谷之于江海。"（《道德经》三十二章）

本特质便是道"①。

"自然"是老子哲学体系中的一个重要范畴，庄子也予以了阐述：

汝游心于淡，合气于漠，顺物自然而无容私焉，而天下治矣。（《庄子·应帝王》）

吾奏之以人，徵之以天，行之以礼义，建之以大清。夫至乐者，先应之以人事，顺之以天理，行之以五德，应之以自然。然后调理四时，太和万物。（《庄子·天运》）

古之人，在混芒之中，与一世而得澹漠焉。当是时也，阴阳和静，鬼神不扰，四时得节，万物不伤，群生不夭，人虽有知，无所用之，此之谓至一。当是时也，莫之为而常自然。（《庄子·缮性》）

老聃曰："不然。夫水之于汋也，无为而才自然矣；至人之于德也，不修而物不能离焉，若天之自高，地之自厚，日月之自明，夫何修焉！"（《庄子·田子方》）

怎样才能达到"自然"？那就要"无为"。老子主张君王在政治统治上应该"无为"，庄子继承了这一思想：

故君子不得已而临莅天下，莫若无为。无为也而后安其性命之情。（《庄子·在宥》）

君原于德而成于天，故曰，玄古之君天下，无为也，天德而已矣。（《庄子·天地》）

夫帝王之德，以天地为宗，以道德为主，以无为为常。无为也，则用天下而有余；有为也，则为天下用而不足。（《庄子·天道》）

老子认为"无为"的最高境界是"无不为"②，庄子不但直接引用这种观点，而且把"无为"予以了神话化：

故曰："为道者日损，损之又损之，以至于无为，无为而无不为也。"今已为物也，欲复归根，不亦难乎！其易也其唯大人乎！

于是泰清问乎无穷，曰："子知道乎？"无穷曰："吾不知。"又问乎无为，无为曰："吾知道。"（《庄子·知北游》）

---

① 陈鼓应. 老庄新论 [M]. 北京：商务印书馆，2008：379.
② 参见《道德经》三十七章、四十八章。

无名故无为，无为而无不为。（《庄子·则阳》）

"无为"不是什么都不做，是说不能强为、乱为。在不违背"自然"的情况下，随物而为、应物而为，这在道家被称为"为无为"。将"为无为"和"无为而无不为"结合起来，也就是庄子有关治国理念的基本脉络。①

我们前面说过，是老子首先把"天道"与"人道"结合起来。"人道"在现实中就是"德"②，"德"在《道德经》中出现了43次，而在《庄子》中却出现了205次之多，除《养生主》《至乐》《渔父》二篇外，其余各篇均有"德"字出现。

那么庄子又是如何对"德"进行界定的呢？

故圣人有所游，而知为孽，约为胶，德为接，工为商。圣人不谋，恶用知？不断，恶用胶？无丧，恶用德？不货，恶用商？四者，天鬻也，天鬻者，天食也。既受食于天，又恶用人！有人之形，无人之情。有人之形，故群于人；无人之情，故是非不得于身。眇乎小哉，所以属于人也。謷乎大哉，独成其天。（《庄子·德充符》）

庄子认为，真正的"德"是人的自然本性的流露，是与自然的浑然一体，而不需要智谋、手段等去刻意地加以美化和遮掩。庄子认为顺应自然，才能达到崇高的境界，从而恢复人的自然本性之美。

《庄子》之中的"德"并未停留在道德和本性的层面上，而是上升到本体的高度——"德"，即"道"。

夫德，和也；道，理也。德无不容，仁也；道无不理，义也；义明而物亲，忠也；中纯实而反乎情，乐也；信行容体而顺乎文，礼也。礼乐偏行，则天下乱矣。彼正而蒙己德，德则不冒。冒则物必失其性也。（《庄子·缮性》）

决定事物存在的所有条件或规定就是事物的"德"，这也合于产生"万物"的"道"。不论具体事物如何千差万别，都不会超出一定的条件规定性，不能违反"道"，也不能抛弃"德"。

庄子讲"齐物"，其中就包括人与人之间的平等，他论证"德"的目

---

① 王德有. 以道观之：庄子哲学的视角［M］. 北京：人民出版社，2012：305.

② 参见《道德经》五十一章。

的最终也要落实到人身上，否则将毫无意义。庄子虽然崇尚"自然"、主张"齐物"，但并没有把人放在自然之下或其对立面上。而是要人尊重自然，与自然和谐相处，在遵循自然规律的基础上更好地生活。什么人能成为人类的表率呢？那就是至德之人。所谓"至德"是指"德"的最高境界，即"道"的境界。"至德之人"指不仅具有美好的品德、符合自然本性，而且要达到"道"的境界。庄子在《人间世》里借孔子之口表达了"至德"的内涵：

是以夫事其亲者，不择地而安之，孝之至也。夫事其君者，不择事而安之，忠之盛也。自事其心者，哀乐不易施乎前。知其不可奈何而安之若命，德之至也。

注重内心的修养，不受喜怒哀乐等情绪的影响，知道世事的艰难和无奈而又能安心去做，这就是德性的极点了。孔子又进一步说："且夫乘物以游心，托不得已以养中，至矣。"顺着事物的自然本性而悠然自适，利用外界的必然规律保养心性，就能达到最高的人之境界，即"道"的境界。

哀骀是一个相貌丑陋而德行高尚的人，但男女老少都愿意亲近他。就连君王也被他所吸引，执意要把国家大事委托于他，而他又偏偏对此淡如止水，不愿就任。这令鲁哀公怅然若失，并惊异地问孔子："是何人也?"孔子告诉鲁哀公，哀骀之所以能够"未信而言，无功而亲"，是因为他是"才全而德不形"之人。所谓"德不形"，就是说德不外露，内心保持极度的静止，去凝聚生命的力量，以包容万物，不为外界所影响。这种追求内在生命的充实、圆满，是道家最为推崇的至高的修养境界——"德"，也即得"道"之人。① 这些人可以说是庄子心目中的至人，是具有至德的人。

"至德之世"是庄子心目中理想社会的描述，更是其澎湃思想的完美总结。《庄子》中多处提及了至德之世，更有《山木》和《庚桑楚》中对理想社会的大篇叙述。

自古以来人们对自己心中的理想社会进行过各种描绘，最著名的莫过

---

① 陈鼓应. 老庄新论［M］. 北京：商务印书馆，2008：241-246.

于柏拉图的《理想国》。柏拉图以希腊人的浪漫向人们展示了一个完美的国度，中国人用东方人的智慧叙述着自己的理想。中国著名的构想有孔子的"大同"理想：

> 大道之行也，天下为分。选贤与能，讲信修睦。故人不独亲其亲，不独子其子，使老有所终，壮有所用，幼有所长，矜、寡、孤、独、废疾者皆有所养，男有分，女有归。货恶其弃于地也，不必藏于己；力恶其不出于身也，不必为己。是故谋闭而不兴，盗窃乱贼而不作，故外户而不闭，是谓"大同"。（《礼记·礼运》）

千百年来，孔子提出的大同理想社会鼓舞了一代又一代的中华儿女为之奋斗。康有为据此并结合西方有关思想，写出了《大同书》，在近代产生了很大影响。[①]

对儒家的礼治，道家是予以否定的，老子的理想社会是"小国寡民"。同样，庄子认为：

> 故至德之世，其行填填，其视颠颠。当是时也，山无蹊隧，泽无舟梁，万物群生，连属其乡；禽兽成群，草木遂长。是故禽兽可系羁而游，鸟鹊之巢可攀援而窥。夫至德之世，同与禽兽居，族与万物并。恶乎知君子小人哉！同乎无知，其德不离；同乎无欲，是谓素朴。素朴而民性得矣。（《庄子·马蹄》）

老子是有而不用，而庄子则无须有之。老子还"甘其食，美其服"，庄子则"同与禽兽居，族与万物并"。看似又回到了原始社会，其实不然。原始社会的人不得不与鸟兽同居，其关系是处于一种对立状态，实属无奈之举。而庄子所描绘的是人类最理想的生活状态，即人与自然的和谐相处，只不过不能为常人所理解罢了。我们今天的许多倡议均与庄子不谋而合，尊重自然、动物是人类的朋友、地球是人类的共同家园，这些是庄子两千年前就已经提出的忠告。

庄子在《天地》中进一步论证说：

> 至德之世，不尚贤，不使能，上如标枝，民如野鹿。端正而不知以为义，相爱而不知以为仁，实而不知以为忠，当而不知以为信，蠢动而相使

---

① 钱宪民.《庄子》选评［M］.上海：上海古籍出版社，2004：81.

不以为赐。是故行而无迹，事而无传。

至德的时代，人们不炫耀贤能和才技；不知仁义，却行为端正、互相友爱。因此，行径没有迹象，事迹没有流传。这看似是对过去的回顾与眷恋，实为对现实的不满和对未来的展望与渴求。

二、道通为一：庄子对道家哲学的贡献

《庄子·天下》被认为是我国最早的一篇学术史，指出"道术将为天下裂"是"百家之学"产生的根源。围绕着"内圣外王之道"的思想理念，从墨翟与禽滑厘开始，到宋钘与尹文、彭蒙与田骈以及慎到、关尹与老聃、庄子，最后是惠施，对先秦主要学派的思想予以评判。

我们可以看到，《天下》篇所谓的"百家之学"是通过一些具体人物体现的，并未对各学派作具体界定。作者认为它们都是从古代"道术"演化而来，而只有庄子发扬光大了这种"道术"，既没有提出"道家"概念，也没有把老子和庄子认作同一个学派。

韩非子著有《解老》《喻老》，却没有提出"道家"学派的概念，而认为先秦时期儒墨并称"显学"①。这大概是因为儒者有着教育中的师生关系，墨家以组织的上下关系来维持，均可以在历史发展中理出他们的思想传承关系，道家则几乎无法确定其起源及延续的痕迹，只能说当时有一股大体一致的思路和兴趣形成的思潮，而并非后人想象中的一个流派。②老子的五千言《道德经》，一方面表达了自己的哲学思想，另一方面为社会奉献了一剂治世良方。老子作为道家开山祖的地位，是后世确认的③：

易大传："天下一致而百虑，同归而殊途。"夫阴阳、儒、墨、名、法、道德，此务为治者也，直所从言之异路，有省不省耳。

道家使人精神专一，动合无形，赡足万物。其为术也，因阴阳之大顺，采儒墨之善，撮名法之要，与时迁移，应物变化，立俗施事，无所不宜，指约而易操，事少而功多。（《史记·太史公自序》）

老子修道德，其学以自隐无名为务。（《史记·老子韩非列传》）

---

① 参见《韩非子·显学》。
② 葛兆光. 中国思想史：第 1 卷 ［M］. 上海：复旦大学出版社，2007：111.
③ 熊铁基. 中国庄学史：上 ［M］. 福州：福建人民出版社，2013：42.

道家者流，盖出于史官，历记成败存亡祸福古今之道，然后知秉要执本，清虚以自守，卑弱以自持，此君人南面之术也。合于尧之克攘，易之嗛嗛，一谦而四益，此其所长也。及放者为之，则欲绝去礼学，兼弃仁义，曰独任清虚可以为治。（《汉书·艺文志》）

我们可以看到，司马谈首先把"道家"定义为"'道德'家，简称道家"，后班固沿用了"道家"这一称呼。所谓"南面之术"是指统治者的统治理念和具体方法，这在周秦古书中名之为"道"。古代有人把这种"术"总结出一套系统的理论，便是"道论"，宣扬这种理论的便是"道家"①。司马迁认为这套理论是老子总结出来的，班固说道家学者出自"史官"是对司马迁观点的认同。

同样，庄子本人也没有以"道家"自居，他只是宣扬了"道术"而已。而当时作为"显学"的儒、墨思想对庄子影响也很大，《庄子》中对孔子及其弟子的思想和行为进行了大力描写。所以，唐朝的韩愈就把庄子定义为孔门弟子：

吾常以为孔子之道，大而能博，门弟子不能遍观而尽识也，故学焉而皆得其性之所近。其后离散，分处诸侯之国，又各以所能授弟子，原远而末益分。盖子夏之学，其后有田子方，子方之后，流而为庄周。故周之书，喜称子方之为人。（韩愈《送王秀才序》）

清代章学诚对韩愈的观点予以了认同，提出"荀、庄皆出子夏门人"②。近人对此也多有论述，钟泰在《庄子发微》序言中就断言庄子属于儒家，章太炎虽不赞同庄子为子夏门人，但却认为庄子为颜回的后学。这些观点虽然都没有确凿的证据，但有一点可以肯定，那就是庄子对儒家学者及其思想都十分熟悉。还有一点可以肯定的是，庄子对老子备加崇敬：

以本为精，以物为粗，以有积为不足，澹然独与神明居，古之道术有在于是者。关尹、老聃闻其风而悦之，建之以常无有，主之以太一，以濡弱谦下为表，以空虚不毁万物为实。

关尹、老聃乎！古之博大真人哉！（《庄子·天下》）

---

① 张舜徽. 周秦道论发微 [M]. 北京：中华书局，1982：9.

② 章学诚. 文史通义校注：上册 [M]. 叶瑛校注. 北京：中华书局，1985：93.

关尹、老聃继承了"古之道术"的精髓，称得上是"古之博大真人"。《庄子》中多处描写了包括孔子在内的贤士向老子请教人生及治世哲理，这一方面显示了老子的伟大，另一方面表明了庄子对老子的尊崇。庄子同老子一样都发扬光大了"古之道术"，故司马迁在称赞"其学无所不窥"的同时，强调"其要本归于老子之言"①。庄子和老子有着相似的经历，都因对现实不满而选择退隐。在哲学思想上，庄子继承了老子的重"道"、尊"德"②，并予以拓展。

在承认"道"的本源性基础上，庄子把"道"上升为一种精神境界：

藐姑射之山，有神人居焉，肌肤若冰雪，淖约若处子。不食五谷，吸风饮露，乘云气，御飞龙，而游乎四海之外。其神凝，使物不疵疠而年谷熟。（《庄子·逍遥游》）

至人神矣！大泽焚而不能热，河汉冱而不能寒，疾雷破山、飘风振海而不能惊。若然者，乘云气，骑日月，而游乎四海之外。（《庄子·齐物论》）

古之真人，不逆寡，不雄成，不谟士。若然者，过而弗悔，当而不自得也。若然者，登高不栗，入水不濡，入火不热。是知之能登假于道者也若此。古之真人，其寝不梦，其觉无忧，其食不甘，其息深深。真人之息以踵，众人之息以喉。（《庄子·大宗师》）

由是观之，世丧道矣，道丧世矣，世与道交相丧也，道之人何由兴乎世，世亦何由兴乎道哉！道无以兴乎世，世无以兴乎道，虽圣人不在山林之中，其德隐矣。（《庄子·缮性》）

庄子把体道之人称为"至人""神人""圣人""真人"，这是"人"的境界，也是"道"的境界。老子说"道法自然"，庄子认为"道"就存在于"自然"之中。所以说，体道的最高境界就是"天地与我并生，而万物与我为一"，要能"独与天地精神往来"。庄子进一步提出了达到这种境界的方法，那就是"心斋"和"坐忘"。

"气"在《道德经》里不是个主要概念③，而在《庄子》里则是仅次

---

① 参见《史记·老子韩非列传》。
② 张松辉. 庄子研究［M］. 北京：人民出版社，2009：55.
③ "气"在《道德经》中只出现过三次，分别在十章、四十二章、五十五章。

于"道"和"德"的一个重要范畴：

无名人曰："汝游心于淡，合气于漠，顺物自然而无容私焉，而天下治矣。"（《庄子·应帝王》）

生也死之徒，死也生之始，孰知其纪！人之生，气之聚也；聚则为生，散则为死。若死生为徒，吾又何患！故万物一也，是其所美者为神奇，其所恶者为臭腐；臭腐复化为神奇，神奇复化为臭腐。故曰"通天下一气耳"。圣人故贵一。（《庄子·知北游》）

欲静则平气，欲神则顺心，有为也。欲当则缘于不得已，不得已之类，圣人之道。（《庄子·庚桑楚》）

是故天地者，形之大者也；阴阳者，气之大者也；道者为之公。因其大以号而读之则可也，已有之矣，乃将得比哉！（《庄子·则阳》）

从西周伯阳父论地震开始，"气"成为一个学术范畴，而庄子的这些观点成为不可或缺的一环。老子没有将"道"与"气"联系起来，庄子认为"道"依托于"气"，天地万物的变化都是"气"变化的结果，并提出了"天下一气耳"的著名论断。[①] 庄子的"道""气"结合的理论，为后来道教修道成仙提供了理论基础。而《庄子》中大量的寓言故事，使其更易融入道教理论，南华真人和《南华真经》名号的出现也就顺理成章了。

我们可以看到，庄子并不曾自命为"道家"。或许庄子的本意是在吸取各派的学说而立一家之言，而在客观上却弘扬了老子的思想。"道家"虽是汉代的命名，但在事实上因有庄子及其后学的阐扬和护法才有了这个宗派的建立。郭沫若把庄子比作道家的马鸣、龙树，[②] 张恒寿却认为这种比喻不太贴切，因为在庄子之前不存在一个以老子为首的伟大的道家学派。在汉朝初年，黄老之学的"南面之术"与《庄子》中有关老聃寓言的有机结合，使神话寓言演变成了真正的历史，老子的绝对权威才建立起来。因而，张恒寿认为庄子在道家发展中的地位不是中兴的大师，而是建立了纯粹"道家"（不是司马谈所说的道家）的重要宗派。[③] 司马谈所说

---

① 张运华. 先秦两汉道家思想研究 [M]. 长春：吉林教育出版社，1998：47.

② 郭沫若. 庄子的批判 [M] //胡道静. 十家论庄. 上海：上海人民出版社，2004：114，117.

③ 张恒寿. 庄子新探 [M]. 武汉：湖北人民出版社，1983：400-401.

的"道家"应是"黄老之学"，他把庄子也列入其中。

那么，什么才是纯粹的"道家"呢？《庄子·天下》指出先秦各家学术思想都与"古之道术"相偏离了，只有老聃和庄周这一派统摄百家、会通为一，发扬光大了"古之道术"。在各家都在各道其道时，这两家因与其他各家不在同一个层次，才使后人特称此一家为"道家"。① 我们认为，不管是"黄老之学"还是"老庄道家"都是道家哲学的不可或缺的一部分，都是道家哲学发展的重要阶段。黄老之学从政治角度发扬了老子的思想，而庄子则从哲学的高度扩大了老子和《道德经》的影响。

我们前面说过，老子和庄子都怀有对当时社会的强烈不满和对劳动人民的深深同情，都憧憬心中的理想社会的实现，刘笑敢称之为"道家式责任感"②。虽然在历史上和现实中，这种责任感并不多见，但道家式责任感并非空想，也不是没有实现的可能。

三、窃钩者诛：庄子对现实社会的呐喊

说到庄子，除了他的道家哲学思想外，人们首先想到的是他那"大鹏展翅"的自由畅想，以及"与天地合一"的精神境界。郭象就将《逍遥游》定为庄子思想的灵魂：

夫庄子之大意，在乎逍遥游放，无为而自得，故极小大之致以明性分之适。（《庄子·逍遥游》注）

后代"治庄"者多追随之，在"逍遥"与"齐物"上狠下功夫，以此作为打开庄子心灵大门的钥匙。更有"难庄"者，将庄子的"逍遥"理解为对现实的逃避。怎么对这些观点予以评判，从下面这段话我们或许可以得到某种启发："在先秦，在整个中国哲学史上，没有哪一个思想家具有庄子这样深沉的忧患意识，也没有哪一个思想家像庄子这样对自由充满渴望。他的忧患，不仅在于现实层面，而且在于心灵深处；他的批判精神，不仅在于历史层面，而且在于生命的存在方式；他所渴望的'逍遥'，是对心灵的呼唤，而他所提倡的'齐物'，则是对于平等权利的追求。"③

---

① 龚鹏程. 龚鹏程讲道 [M]. 北京：东方出版社，2015：68-69.

② 刘笑敢. 道教 [M]. 陈静，译. 上海：上海古籍出版社，2008：103-128.

③ 蒙培元. 心灵超越与境界 [M]. 北京：人民出版社，1998：225.

　　所以说，庄子的"逍遥"不只是一种精神上的绝对自由，更是一种在"万物一齐"基础上的自然和谐状态。也就是说，人只有以平等的态度对待万物，才能真正获得心灵的绝对自由与安宁。但这只是庄子思想的一个层面，庄子思想的灵魂是那"逍遥背后的痛苦"。当然，这种"痛苦"不是一般意义上的痛苦，而是一种心怀天下、以天下苍生安危为念的悲悯情怀。在这"痛苦"之中也包含有满腔的"激愤"和无奈的"困惑"，这才是庄子人生的真实写照。

　　老子讲"无为"，那是"无为而无不为"。庄子讲"无为"，那是"不敢为"。这是因为两人所生活的时代不同，所以他们的历史使命也不同。如果社会能因顺自然而发展下去，那定能"无为而无不为"，但人类的贪婪打破了这个完美蓝图。故庄子不得不面对残酷的现实：

　　凤兮凤兮，何如德之衰也！来世不可待，往世不可追也。天下有道，圣人成焉；天下无道，圣人生焉。方今之时，仅免刑焉。福轻乎羽，莫之知载；祸重乎地，莫之知避。已乎，已乎！临人以德。殆乎，殆乎！画地而趋。迷阳迷阳，无伤吾行！吾行郤曲，无伤吾足。（《庄子·人间世》）

　　这是庄子发自内心的倾诉。面对如此乱世，庄子除了无奈与迷茫外还能做什么呢？故庄子说：

　　而今也以天下惑，予虽有祈向，不可得也。不亦悲乎！（《庄子·天地》）

　　当庄子垂钓于濮水之时，楚王派使者对他发出邀请，并许以要职，庄子断然予以拒绝。庄子说：

　　吾闻楚有神龟，死已三千岁矣，王以巾笥而藏之庙堂之上。此龟者，宁其死为留骨而贵乎？宁其生而曳尾于涂中乎？（《庄子·秋水》）

　　答案是"宁生而曳尾于涂中"。庄子看透了权力斗争的凶险，位高权重者终不可避免悲惨的下场。

　　那么，是否"曳尾于涂中"就能平安无事呢？我们来看庄子另一个有关龟的故事。一只周圆五尺长的白龟被渔夫捕到，于是托梦给宋元君求救。渔夫把白龟献给了宋元君：

　　龟至，君再欲杀之，再欲活之，心疑，卜之。曰："杀龟以卜吉。"乃刳龟，七十二钻而无遗筴。（《庄子·外物》）

白龟虽能托梦求救，却不能避免被杀的命运。占卜七十二卦都灵验，却预测不到自己的下场，何若"曳尾于涂中"。但是，在残酷的现实当中，想"曳尾于涂中"又谈何容易。栎树虽然体悟到了"无用乃大用"的真谛，却也不得不充当"祀树"才得以偷生。① 然而充当"祀树"是"有用"还是"无用"呢？恐怕这也是庄子的困惑之处。

王先谦为《庄子集释》作序云：

庄子其有不得已于中乎！夫其遭世否塞，拯之末由，神彷徨乎冯闳，验小大之无垠，究天地之终始，惧然而为是言也。

王先谦身处一个风雨飘摇的社会，他深刻理解了庄子的无奈与困惑。葵园先生不知道该怎么办，而庄子给我们展示的不只是困惑与彷徨。

老子曾经说：

故失道而后德，失德而后仁，失仁而后义，失义而后礼。夫礼者，忠信之薄而乱之首。（《道德经》三十八章）

当社会失去了道，接着就会失去德，失去了德就会失去仁，没有了仁也就会丧失义，失去了义就只剩下形式上的礼了。而当用"礼"来规范人的行为时，就标志着社会忠信的不足，预示着祸乱的开始。

老子的担心在庄子时代变成了现实，在无道的社会里人们的行为必定是失德的。尧把伯成子高立为诸侯，把王位传给舜。舜传给禹，伯成子高就辞去诸侯而去种田。禹不解，就前去询问他为什么在自己当政的时候辞去诸侯。子高在农田里对禹说：

昔者尧治天下，不赏而民劝，不罚而民畏。今子赏罚而民且不仁，德自此衰，刑自此立，后世之乱自此始矣。夫子阖行邪？无落吾事！（《庄子·天地》）

庄子借子高之口，对现实进行了抨击。如同老子所说，人类社会的祸乱就此开始了。

就像前面所说，失去"道"后"德"也会丧失，人们的行为也不可能称得上"仁义"。所以，当无耻和贪婪能够高贵和显达时，人们的行为就只剩下无耻和贪婪了。小偷偷东西，就有可能被抓起来。而当大盗变成诸

---

① 参见《庄子·人间世》。

侯之时，门下就会聚集"仁义之士"。齐桓公小白杀兄娶嫂，管仲却做了他的宰相。田成子弑君窃国，而孔子也接受他的钱物。言论上宣扬高尚，行为上却肮脏低下，这难道不是对"仁义"的讽刺吗？这就像《书》上所说：

孰恶孰美？成者为首，不成者为尾。（《庄子·盗跖》）

如果以现实中的成败作为衡量优劣的标准，那要"仁义"又有何用呢？所以庄子说：

彼窃钩者诛，窃国者为诸侯，诸侯之门而仁义存焉。则是非窃仁义圣知邪？（《庄子·胠箧》）

庄子已经出离愤怒了，这是他向世界发出的"呐喊"。历史首先是一部强取豪夺的历史，田成子盗齐而处安然之中，更有"鲁酒薄而邯郸围"的莫名之事发生。历史同时又是一部血迹斑斑的历史：关龙逢斩首，比干剖心，苌弘化碧，伍子胥浮尸江中。

庄子家里很穷，因此到监河侯那里借粮食。监河侯说可以，但要等到年底他收到封邑的税金，到时借给庄子三百金。庄子气愤地对他说：

周昨来，有中道而呼者。周顾视，车辙中有鲋鱼焉。周问之曰："鲋鱼来，子何为者耶？"对曰："我，东海之波臣也。君岂有斗升之水而活我哉！"周曰："诺，我且南游吴越之王，激西江之水而迎子，可乎？"鲋鱼忿然作色曰："吾失我常与，我无所处。吾得斗升之水然活耳，君乃言此，曾不如早索我于枯鱼之肆。"（《庄子·外物》）

庄子贫困，这是大家共知的。到底有没有向监河侯借过米，这不是问题的关键。庄子借此揭露了统治者的虚伪，对人民的困苦视而不见，只有不切实际的承诺。人民只需"斗升之水"而可活，他们却不切实际地许之以"西江"。庄子处于如此艰难的境地，他还能否坚持心中的信念？

庄子曾做过管理漆园的小吏，生活于社会的底层，所以深知劳动人民的苦难。因而他写道：

吾思夫使我至此极者而弗得也。父母岂欲吾贫哉？天无私覆，地无私载，天地岂私贫我哉？求其为之者而不得也！然而至此极者，命也夫！（《庄子·大宗师》）

是什么使我到这般窘困的境地呢？父母难道要我贫困吗？苍天没有偏

私地覆盖着一切，大地没有偏私地承载着万物，天地哪里会单单使我贫困呢？也许都是由于命运吧！庄子借子桑之口，向悲惨的命运发出了呐喊！造成这一切的不是由于出身，也不是天地，而是有其深刻的社会原因，庄子已经认识到了这一点。

在战争连年、弱肉强食的社会里，最遭殃的是那些处于社会最底层的老百姓，他们的命运只能是任人宰割。就像《庄子·人间世》所描绘的：

回闻卫君，其年壮，其行独，轻用其国，而不见其过，轻用民死，死者以国量乎泽若蕉，民其无如矣。

颜回听说卫国的国君，年壮气盛，草率地处理国事，盲目用兵而不顾人民的死活，死的人像草芥一样布满了山泽。庄子借用颜回之口揭露了当时残酷的现实，面对此种现状他怎能不为之心痛。

庄子心中装的不只是个人的孤独和痛苦，他放眼的是整个世界，心怀的是对人民痛苦的悲悯和对人类未来的担忧。因而，庄子企图为世人寻求一条摆脱现实痛苦和走出生命最终困惑的途径。庄子首先想到的是梦：

昔者庄周梦为胡蝶，栩栩然胡蝶也，自喻适志与！不知周也。俄然觉，则蘧蘧然周也。不知周之梦为胡蝶与，胡蝶之梦为周与？周与胡蝶，则必有分矣。此之谓物化。（《庄子·齐物论》）

庄子以此说明，人生到头来不过是一场梦，不要刻意地去追求什么。"庄周"与"蝴蝶"虽有不同，但只要不把自己凌驾于他人之上，也就没有分别了，这就叫"物化"。庄子认为只要"万物一齐"了，这个世界就公平了。

然而，"无论梦幻把我们带到多远，意识流的'印象的拼图'总会被打散，我们总会回到一片现实地上来"①。所以，在现实中人性的贪婪又会呈现出来，他们永远不会满足，利用一切手段来聚集财富。但是，金钱并不能给他们带来幸福，他们时常处于忧虑之中。这是因为：

夫富者，苦身疾作，多积财而不得尽用，其为形也亦外矣。（《庄子·至乐》）

舍身而外求，这样的人怎么会快乐呢？在客观上还剥夺了他人基本的

---

① 熊逸. 逍遥游：当《庄子》遭遇现实 [M]. 北京：线装书局，2011：123.

生活需求，置他人的苦难于不顾。要知道：

> 鹪鹩巢于深林，不过一枝；偃鼠饮河，不过满腹。（《庄子·逍遥游》）

一个人物质上的需求是有限的，只有"知足者"才能"长乐"。

庄子说"万物一齐"，是希望人类不要把自己凌驾于万物之上。但人类在自然面前是那么的渺小，在社会生活中的命运又是那么的悲惨。诚如梁漱溟所言："人类不是渺小，是悲惨；悲惨在受制于他自己（制与受制是一）。渺小是错误的见解。几时你超脱了自私，几时你超脱了渺小。"①也就是说，人们只有摆脱了世俗的观念，才能真正摆脱悲惨的命运。所以，庄子说：

> 若夫乘天地之正，而御六气之辩，以游无穷者，彼且恶乎待哉！故曰：至人无己，神人无功，圣人无名。（《庄子·逍遥游》）

如果能顺应自然的规律，把握六气的变化，就能逍遥于天地之间，那还有什么所待呢？这是只有至人、神人、圣人才能做到的。"至人""神人""圣人"都是把握了"道"的人，他们按一定的规律行事，达到与自然的和谐统一。所以，他们都能"无己""无功""无名"，更不会为世俗所累。但是，庄子认识到，能得"道"的毕竟是少数人，其他人还是要面对现实。然而，在现实的社会里，人们很难求得一方净土，所以庄子构想了心中的"至德之世"②。

庄子告诉我们"至德之世"不是遥不可及的，人类消除自私和贪婪的时候也是"至德之世"到来的时候。虽说"来世不可待"，庄子心中怀着对现实的强烈不满，却依然憧憬着人类的美好未来。庄子一生坚守着自己的信念，宁可"曳尾于涂中"，也不向权贵屈服，不为财富弯腰，在清贫中度过了孤独而又悲壮的一生。虽然庄子没能等到"至德之世"，但他为人类构建了一个永久的"精神家园"。

---

① 方宁. 风雅颂：百年来百位老学人珍闻录［M］. 北京：新世界出版社，2007：136.
② 参见《庄子·马蹄》。

第三节　无为而治：黄老之学对老子治国理念的弘扬

庄子继承和发扬了老子的思想，之后在社会上的影响力不是很大，直至魏晋玄学产生。韩非子著有《解老》《喻老》篇，也被后世归为黄老思想。虽然有学者提出不同观点①，但战国后期至西汉初年道家思想主要体现为"黄老之学"，而不是先秦老庄道家思想。

一、文景之治：黄老之学的现实成就

秦始皇统一六国后需要解决的问题应是国家政策的转变，即从以战争为中心转变为以发展为中心。从秦国到秦朝发展史中的重要政治人物，如商鞅、李斯等都是法家的主要代表，被嬴政所尊崇的韩非也属于法家。秦始皇利用法家政治理念建立起秦王朝的统治机构，却没能领会法家政治思想的精髓。而后秦始皇对外四处征战，对内实施严刑酷法，其最终的命运只能是灭亡。

秦王嬴政统一天下后自称"始皇帝"，然"二世而亡"，这不得不引起后世的警觉：

> 陆生时时前说称诗书。高帝骂之曰："乃公居马上而得之，安事诗书！"陆生曰："居马上得之，宁可以马上治之乎？且汤武逆取而以顺守之，文武并用，长久之术也。昔者吴王夫差、智伯极武而亡；秦任刑法不变，卒灭赵氏。乡使秦已并天下，行仁义，法先圣，陛下安得而有之？"高帝不怿而有惭色，乃谓陆生曰："试为我著秦所以失天下，吾所以得之者何，及古成败之国。"陆生乃粗述存亡之征，凡著十二篇。每奏一篇，高帝未尝不称善，左右呼万岁，号其书曰"新语"。（《史记·郦生陆贾列传》）

汉朝基本上继承了秦代的政治制度，却建立了四百年的基业，这是因

---

① 若水. "老庄"并称始于《淮南子》辨正 [J]. 孔子研究，2004（2）：100-101.

为汉初统治者采用了老子的"无为"思想，使老百姓得到了休养生息的机会。这顺应了老子在政治上的两个重要主张：一是让人民拥有充分的自治权，二是使他们过上平安富裕的生活。① 汉初至武帝即位的七十年间，由于国内政治安定，只要不遇水旱之灾，百姓就能过上富足的生活，郡国的仓廪堆满了粮食，② 为汉朝的统治打下了坚实的基础，这也成为班固界定道家为"君人南面之术"的一个依据。因而有学者认为，《道德经》中除了"道常无为而无不为"的"无为"是用来描述"道"的之外，其他凡是谈到"无为"的地方，都是从政治立场出发的。③

陆贾在儒家仁义思想的基础上融汇了黄老道家及法家思想，为西汉初期的政治稳定和社会发展做出了重大贡献。他提出无为和有为是同一事物的两个方面，以有为求无为，在有为的基础上也可达到无为的境界。我们前面说过，对于陆贾属于儒家还是道家存在着不同的观点。同时也有学者认为，陆贾作为一名政治人物，他的目的就是利用各种手段来维护统治，归为任何一个学派都不准确，④ 当然这也包括叔孙通、贾谊、董仲舒。

陆贾提出儒家仁义的重要性，而具体制定礼仪的是叔孙通：

汉七年，长乐宫成，诸侯群臣皆朝十月。仪：先平明，谒者治礼，引以次入殿门，廷中陈车骑步卒卫官，设兵张旗志。传言"趋"。殿下郎中侠陛，陛数百人。功臣列侯诸将军军吏以次陈西方，东乡；文官丞相以下陈东方，西乡。大行设九宾，胪传。于是皇帝辇出房，百官执职传警，引诸侯王以下至吏六百石以次奉贺。自诸侯王以下莫不振恐肃敬。至礼毕，复置法酒。诸侍坐殿上皆伏抑首，以尊卑次起上寿。觞九行，谒者言"罢酒"。御史执法举不如仪者辄引去。竟朝置酒，无敢讙哗失礼者。于是高帝曰："吾乃今日知为皇帝之贵也。"乃拜叔孙通为太常，赐金五百斤。（《史记·刘敬叔孙通列传》）

在楚汉相争之时，叔孙通积极向刘邦推荐武士，他的学生很不理解老师为什么不推荐他们，叔孙通告诉他们现在需要的是善于打仗的人。刘邦

---

① 詹剑峰. 老子其人其书及其道论 [M]. 武汉：华中师范大学出版社，2006：291.
② 参见《汉书·食货志上》。
③ 陈鼓应. 老子今注今译 [M]. 北京：商务印书馆，2003：50-51.
④ 孙筱. 两汉经学与社会 [M]. 北京：中国社会科学出版社，2002：101.

建国后，叔孙通受命召集儒生（其中就包括他的学生）制定礼仪，维护了汉朝的统治秩序。

西汉初年，异姓诸侯王在封国内部军政独立，形成尾大不掉之势，给皇权统治构成了极大的威胁。后刘邦逐步削除各异姓诸侯王（长沙王吴芮除外），于高祖十二年（前195年）与诸将订立"白马之盟"。这是由于吕后势力日益壮大，刘邦担忧江山被吕氏夺去而专门制定的。而刘邦的担心却在他死后成为现实：

太后称制，议欲立诸吕为王，问右丞相王陵。王陵曰："高帝刑白马盟曰'非刘氏而王，天下共击之'。今王吕氏，非约也。"太后不说。问左丞相陈平、绛侯周勃。勃等对曰："高帝定天下，王子弟，今太后称制，王昆弟诸吕，无所不可。"太后喜，罢朝。王陵让陈平、绛侯曰："始与高帝喋血盟，诸君不在邪？今高帝崩，太后女主，欲王吕氏，诸君从欲阿意背约，何面目见高帝地下？"陈平、绛侯曰："于今面折廷争，臣不如君；夫全社稷，定刘氏之后，君亦不如臣。"王陵无以应之。十一月，太后欲废王陵，乃拜为帝太傅，夺之相权。王陵遂病免归。乃以左丞相平为右丞相，以辟阳侯审食其为左丞相。左丞相不治事，令监宫中，如郎中令。食其故得幸太后，常用事，公卿皆因而决事。乃追尊郦侯父为悼武王，欲以王诸吕为渐。（《史记·吕太后本纪》）

汉惠帝七年（前188年），惠帝刘盈忧郁病逝，立（前）少帝刘恭，吕后临朝行使皇帝职权，成为中国皇后专政的第一人。吕后称制后虽然重用吕氏家族的人，但对追随刘邦的一些功臣却不得不予以重用，这是因为汉初实际政权的控制者就是以萧何、曹参、陈平、周勃等丞相为首的"军功受益阶层"[①]。

萧何善于治理，他安抚百姓、兼顾全局、统筹粮草，为刘邦建立汉朝做出了不可磨灭的贡献，被封为大汉开国第一侯。萧何虽未像张良那样功成身退，却能在政治的旋涡中得以善终。萧何与他的继任者曹参都精于黄老之道：

当孝惠、高后时，百姓新免毒蠚，人欲长幼养老。萧、曹为相，填以

---

① 李开元. 汉帝国的建立与刘邦集团：军功受益阶层研究 [M].北京：生活·读书·新知三联书店，2000：124-132.

无为，从民之欲而不扰乱，是以衣食滋殖，刑罚用稀。（《汉书·刑法志》）

曹参死后，用黄老思想治国的是陈平，据《史记》中的记述，他"少时，本好黄帝、老子之术"①。此时正值吕后专政，而在他们的努力之下：

孝惠皇帝、高后之时，黎民得离战国之苦，君臣俱欲休息乎无为，故惠帝垂拱，高后女主称制，政不出房户，天下晏然。刑罚罕用，罪人是希。民务稼穑，衣食滋殖。（《史记·吕太后本纪》）

我们可以看到，这些建国功臣没有居功自傲，也没有明哲保身，他们运用黄老之学中的政治智慧既保障了社会的安定，又保证了刘氏政权的平稳过渡。高后八年（前180年），吕后去世，丞相陈平和太尉周勃、皇孙朱虚侯刘章兄弟携手诛灭了吕氏集团，代王刘恒被立为皇帝，即汉文帝：

孝文帝从代来，即位二十三年，宫室苑囿狗马服御无所增益，有不便，辄弛以利民。尝欲作露台，召匠计之，直百金。上曰："百金中民十家之产，吾奉先帝宫室，常恐羞之，何以台为！"上常衣绨衣，所幸慎夫人，令衣不得曳地，帏帐不得文绣，以示敦朴，为天下先。治霸陵皆以瓦器，不得以金银铜锡为饰，不治坟，欲为省，毋烦民。南越王尉佗自立为武帝，然上召贵尉佗兄弟，以德报之，佗遂去帝称臣。与匈奴和亲，匈奴背约入盗，然令边备守，不发兵深入，恶烦苦百姓。吴王诈病不朝，就赐几杖。群臣如袁盎等称说虽切，常假借用之。群臣如张武等受赂遗金钱，觉，上乃发御府金钱赐之，以愧其心，弗下吏。专务以德化民，是以海内殷富，兴于礼义。（《史记·孝文本纪》）

文帝以秦亡为鉴，深知百姓生活安定对统治的重要性。他在位时奉行黄老"无为而治"的政策，又诏罢天下田租。通过这一系列政策，汉朝的社会经济得到了长足发展，文教大兴，国力日益强盛，而这又得益于贾谊的献计献策。贾谊在《道德说》中借助汉初非常流行的《老子》道家思想，表现出汉儒自陆贾以来自觉地吸收各家思想为国家统治所服务。贾谊认为阴阳、天地、人与万物都由德生，而德由道生。道是宇宙万物的最终本源，而德则是宇宙万物的直接本源。德有六理：道、德、性、神、明、

---

① 参见《史记·陈丞相世家》。

命。德有六美：有道、有仁、有义、有忠、有信、有密。另外，贾谊的
"众建诸侯而少其力"①　等计策也是对老子政治思想的继承与发展。贾谊
因屡受谗言遭贬而未能登上公卿之位，但其具有的远见卓识的政治思想和
政策建议还是得到了文帝的重视。贾谊虽然英年早逝，但他的思想和献策
不仅在文帝时期起到了关键作用，更重要的是对西汉王朝的长远发展也产
生了深远影响。

后元七年（前157年），汉文帝去世，太子刘启继承帝位，是为汉景
帝。汉景帝即位后，加强中央集权，重用御史大夫晁错，大力推行削藩。
平定"七国之乱"后，绝大多数诸侯王、诸侯国仅领有一郡之地，与郡基
本上趋于一致。汉景帝抑贬诸侯王的地位，剥夺和削弱诸侯国的权力，收
回官吏任免权，仅保留其"食租税"之权，并且收夺盐铁铜等利源及有关
租税。景帝时期，继续采取黄老无为而治的手段，实行轻徭薄赋、与民休
息的政策，恩威并施，恢复了多年战争带来的巨大破坏，减轻人民负担。
文帝、景帝均崇尚节俭之风，重视"以德化民"，形成了社会安定、经济
发展的大好局面，被视为封建社会的"盛世"，史称"文景之治"。到了汉
武帝时"京师之钱累百巨万，贯朽而不可校。太仓之粟陈陈相因，充溢露
积于外，至腐败不可食"②，这为汉武帝施展雄才伟略提供了物质基础。

二、元本道德：《淮南子》对黄老思想的总结

《淮南子》是淮南王刘安及其宾客共同撰著：

> 淮南王安为人好书，鼓琴，不喜弋猎狗马驰骋，亦欲以行阴德拊循百
> 姓，流名誉。招致宾客方术之士数千人，作为《内书》二十一篇，《外书》
> 甚众，又有《中篇》八卷，言神仙黄白之术，亦二十余万言。（《汉书·淮
> 南衡山济北王传》）

《淮南子》约成书于汉景帝时期，本名《鸿烈》，"鸿"是广大的意
思，"烈"是光明的意思，意指此书如道一样广大而光明。汉成帝时期，
刘向校书，将该书定名为《淮南》，班固在《汉书》中记为《淮南内》二
十一篇、《淮南外》三十三篇，《隋书·经籍志》著录为《淮南子》二十

---

①　参见《新书·藩强》。
②　参见《汉书·食货志上》。

一卷。这部涉及范围十分广泛的巨著，留传下来的只有《内书》二十一篇，也就是现在我们所看到的《淮南子》。

梁启超认为："《淮南鸿烈》为西汉道家言之渊府，其书博大而和有条贯，汉人著述中第一流也。"胡适则强调："道家集古代思想的大成，而淮南书又集道家的大成。"可以说，该书综合了诸子百家学说中的精华部分。

> 若刘氏之书，观天地之象，通古今之事，权事而立制，度形而施宜，原道之心，合三王之风，以储与扈冶。玄眇之中，精摇靡览，弃其畛契，斟其淑静，以统天下，理万物，应变化，通殊类，非循一迹之路，守一隅之指，拘系牵连之物，而不与世推移也，故置之寻常而不塞，布之天下而不窕。(《淮南子·要略》)

《淮南子》引用过的道家著作，有《老子》《文子》《庄子》《列子》等，郭店楚简中《太一生水》篇对《淮南子》也有明显影响。《淮南子》与《文子》关系较为复杂，《文子》的内容有十分之五六与《淮南子》相同，班固认定《文子》"似依托者也"①，故后世多认定《文子》为伪书。直至 1973 年河北定州西汉中山怀王刘修墓中出土了竹简《文子》，说明《文子》是西汉就已经存在的先秦古籍。关于二者之间的关系，清代毕沅在《吕氏春秋新校正序》中指出《淮南子》对《文子》抄录太多，并提出批评，认为《吕氏春秋》的思想价值更高。

那么《淮南子》与《吕氏春秋》又有什么关系呢？从原著来看，《淮南子》无一字提到《吕氏春秋》，这可能与汉初反秦气氛有关。但事实上，正是《吕氏春秋》给予了《淮南子》最大和最直接的影响。② 两本书都是由上层贵族亲自主持，招揽众多学者集体写成的。成书的程序都是先拟定计划，再分头撰写，最后综合编纂。所不同的是，《淮南子》成书之时，正处于黄老盛行的文化氛围之中，所以说《淮南子》是集黄老思想之大成的著作。

吕不韦编撰《吕氏春秋》的目的，是想用这种汲取百家思想的政治纲

---

① 参见《汉书·艺文志》。
② 牟钟鉴.《吕氏春秋》与《淮南子》的比较分析：兼论秦汉之际的学术思潮［J］. 哲学研究，1984（1）：45-52.

领来实现天下的统一。然而，这对于"执敲朴而鞭笞天下"① 的嬴政是不能接受的，他最终采纳了李斯等人的法家政治理念。同样，刘安撰著《淮南子》也是如此：

> 时武帝方好艺文，以安属为诸父，辩博善为文辞，甚尊重之。每为报书及赐，常召司马相如等视草乃遣。初，安入朝，献所作《内篇》，新出，上爱秘之。使为《离骚传》，旦受诏，日食时上。又献《颂德》及《长安都国颂》。每宴见，谈说得失及方技赋颂，昏莫然后罢。（《汉书·淮南衡山济北王传》）

《淮南子》虽然是受到《吕氏春秋》的影响而成书的，但刘安的身份与吕不韦有所不同。吕不韦编撰《吕氏春秋》时是秦国的丞相，嬴政的"仲父"，他有教诲、辅佐嬴政，为秦国谋划的责任与义务，虽然二人有诸多矛盾，但总体目标是一致的。② 相反，刘安与汉武帝的目标不同，甚至有僭越、炫耀之嫌：

> 建元二年，淮南王入朝。素善武安侯，武安侯时为太尉，乃逆王霸上，与王语曰："方今上无太子，大王亲高皇帝孙，行仁义，天下莫不闻。即宫车一日晏驾，非大王当谁立者！"淮南王大喜，厚遗武安侯金财物。阴结宾客，拊循百姓，为畔逆事。（《汉书·淮南衡山济北王传》）

私自结交朝廷重臣，为诸侯王之大忌，这一定会引起汉武帝的警觉。何况又存有谋逆之心，所以刘安的结局已定。有学者总结出刘安之死的四点原因：一是刘安对文帝杀其父的宿怨。景帝时吴王刘濞发动叛乱，刘安甚至"欲发兵应之"。凭此，刘安即使发动武装叛乱，也会被善"舞文巧证"的酷吏轻而易举地扣上"谋反"的罪名。二是武帝深忌刘安的声名。刘安"修文学，招四方游士"，天下扬名。这引起武帝的"切齿"之恨，必将诛之而后快。三是祸起萧墙，嫡庶内让，给朝廷可乘之机。刘安、王后及太子都歧视庶子刘建。元朔六年，刘建子刘不害派人上书，告发刘安与太子的"阴事"，朝廷趁机"穷根本"治之。四是审卿挟嫌报复。刘安与审卿有不共戴天之仇。刘安被告后，审卿"怨淮南厉王杀其大父，在丞

---

① 参见贾谊《过秦论》。

② 王启才. 论刘安的命运悲剧：兼及《淮南子》浓烈的祸患意识成因 [J].阜阳师范学院学报：社会科学版，2009（2）：1-4.

相公孙弘面前推波助澜，怂恿公孙弘"深穷治其狱。① 这些因素足以致刘安于死地，此外二人还有着不可调和的矛盾，那就是一个致力于"削藩"，一个是拼命死保自己藩王的地位。

建元元年（前 140 年）刘彻登基，年仅 16 岁，尊皇太后为太皇太后。他一登基即准备采纳文景时期的贾谊、晁错一派的政治主张，即对内削弱诸侯、加强中央，对外则抗御匈奴。刘安编撰《淮南子》的目的是为了维持文景以来"无为而治"的格局，这对急于施展文韬武略的汉武帝来说是无法接受的。汉武帝登基之后，高祖时期的军功旧臣都已故去，此时掌握实权的是各刘氏诸侯王和皇亲外戚。武帝所推行的新政影响到了权贵的利益，因此诽谤魏其侯等人的言语每天都能传到窦太后的耳中。而窦太后喜欢黄老学说，新政推崇者与之理念不同，窦太后很是不悦。到了建元二年（前 139 年），赵绾上书武帝言勿将政事禀奏给太皇太后。窦太后大怒，将御史大夫赵绾、郎中令王臧下狱，后二人自杀，丞相窦婴、太尉田蚡被免职。并任命柏至侯许昌当了丞相，武强侯庄青翟当了御史大夫，而武帝所推行的新政全部废除。

直至建元六年（前 135 年）五月窦太后去世，汉武帝才得以真正掌握大权。他颁布大臣主父偃提出的推恩令，以法制来推动诸侯王分封诸子为侯，同时设立刺史以监察地方。加强中央集权，将冶铁、煮盐、酿酒等民间生意变为由中央管理，禁止诸侯国铸钱，使得财政权集于中央。董仲舒提出著名的"天人三策"，建议"罢黜百家，独尊儒术"。而所罢黜的百家之言中，侧重于主张搞阴谋政治的纵横家言与黄老之道。元狩元年（前 122 年）刘安积蓄已久的反谋终于被揭露，被追究而自杀身死。汉武帝也知道了田蚡与刘安的那次密谋，感叹说：假使武安侯还活着的话，该灭族了！

---

① 张南. 淮南王刘安与《淮南子》[J]. 历史教学，1986（4）：24-26.

第二章

有无之辨：魏晋玄学与道家思想的偏离

魏晋玄学是由汉末魏初的"清谈"和"清议"演化而来的，"清议"是对具体人物的评论，表现为社会舆论；"清谈"探讨的是人生哲理和宇宙的规律，是士者名流间的辩论。"清谈"的具体对象是"三玄"，即《周易》《老子》《庄子》。玄学家以老庄思想为依托，目的是利用"自然"来挽救"名教"。因而，魏晋玄学虽然在客观上丰富了老庄哲学，但在具体思想上与老庄所代表的先秦道家思想是相偏离的。

第一节 由"无"至"有"：玄学家对
老庄"道"本体的解构

东晋王坦之在《废庄论》中称玄学为"在儒而非儒，非道而有道"①，这说明玄学在当时是不被所谓的正统儒家接受的。唐代李荣②在其《道德真经注》中称玄学家为"魏晋英儒"，可以看出道家学者也不把魏晋玄学视为道家。对于魏晋玄学开创者的王弼，汤用彤则称"其立义实取汉代儒学阴阳家之精神"③。而冯友兰把"玄学"称为"新道家"，认为它是道家

---

① 参见《晋书·王坦之传》。
② 李荣，唐初著名道士，生卒年不详，道号任真子，绵州巴西（今四川绵阳）人，出身道教世家。
③ 汤用彤. 魏晋玄学论稿［M］. 上海：上海古籍出版社，2001：23.

哲学的继续，① 汤一介则认为魏晋玄学是道家哲学的第二期发展。② 但魏晋玄学家没有也不可能沿着老庄的哲学思维走下去，这是因为玄学家的目的是利用"自然"挽救"名教"，而不是为了弘扬道家思想。也就是说"自然"只是工具，"名教"才是他们的目的，这也是魏晋玄学一以贯之的主题。所以说，他们首先要做的就是改造老庄的"道"。

一、以无为本：正始玄学本体论的创立

"正始"是魏齐王曹芳登基的年号，从公元 240 年到公元 249 年。东晋袁宏作《名士传》称：

夏侯太初、何平叔、王辅嗣为正始名士。（《世说新语·文学》注）

这三人的思想代表了"正始"前后玄学家的主体思想，学界称之为"正始玄学"。

夏侯玄，字太初（又作泰初），沛国谯（今安徽亳州）人。生于建安十四年（209 年），卒于正元元年（254 年）。魏初名将夏侯渊之孙，夏侯尚之子。夏侯玄在魏晋士林中声誉很高：

玄世名知人，为中护军，拔用武官，参戟牙门，无非俊杰，多牧州典郡。立法垂教，于今皆为后式。（《魏志·夏侯玄传》注）

裴楷曾这样评价夏侯玄：

肃肃如入廊庙中，不修敬而人自敬。（《世说新语·赏誉》）

夏侯玄被认为是正始玄学的首倡者，但其有关玄学的论著已佚。我们现在只能从他人的著作中窥见一斑：

夏侯玄曰："天地以自然运，圣人以自然用。自然者，道也。道本无名，故老氏曰强为之名。"（《列子·仲尼》注）

有学者认为这出自他的《本玄论》，③ 但还有待进一步考证。然而有一点是可以肯定的，夏侯玄由此拉开了魏晋玄学"有无之辨"的序幕。

由于夏侯玄现存的资料实在有限，其具体思想已无从把握，所以何晏被公认为正始玄学的创始人。何晏，字平叔，南阳宛（今河南南阳）人，

---

① 冯友兰. 三松堂全集：第 6 卷 [M]. 郑州：河南人民出版社，2001：186.

② 汤一介. 非实非虚集 [M]. 北京：华文出版社，1999：139.

③ 王葆玹. 正始玄学 [M]. 济南：齐鲁书社，1987：23-27.

汉大将军何进之孙。生年不详，卒于嘉平元年（249 年）。

何晏的玄学作品也多已佚，我们今天所能见到的是《道论》《无名论》和《无为论》的片段。① 据《世说新语·文学》载：

何平叔注《老子》，始成，诣王辅嗣。见王《注》精奇，乃神伏曰："若斯人，可与论天人之际矣！"因以所注为《道德二论》。

何晏注《老子》未毕，见王弼自说注《老子》旨。何意多所短，不复得作声，但应诺诺。遂不复注，因作《道德论》。

据此，有学者认为，《道论》是何晏看了王弼的老子注解后，受到启发而创作的。并进而认为《无为论》表达了何晏、王弼共同的观点，而《无名论》为何晏早期玄学作品。② 我们认为，王弼的思想水平高于何晏是大家所公认的，但不能说何晏的作品就是受王弼的启发而得来的。玄学以清谈著称，当时虽未有版权之说，但各人的思想观点在士人之间应是公开的。《世说新语》的两条记载也存在着矛盾：一说"始成"，一说"未毕"；一是"见王注"，一是"见王弼自说"。何晏作为玄学领袖、正始玄学的开创者，这种地位不可能是靠王弼的启发而获得的。王弼虽被称为天才，但也不可能生而知之。同为正始玄学家，他们的思想应是一脉相承的。说王弼受夏侯玄、何晏等前辈的启发，应更符合历史事实。

何晏在《道论》中说：

有之为有，恃无以生；事而为事，由无以成。（《列子·天瑞》注）

这是说，"无"是世间万物生成和存在的前提。他接着又说：

夫道之而无语，名之而无名，视之而无形，听之而无声，则道之全焉。（《列子·天瑞》注）

"道"是无语、无名、无形、无声的，何晏认为这是"道"的全部特征。就这样，何晏用"无"对"道"进行了初步解构。何晏在《无名论》中对此予以进一步论述：

若夫圣人，名无名，誉无誉，谓无名为道，无誉为大。则夫无名者，

---

①　冯友兰认为，《列子·仲尼》注所引的《无名论》，可能就是《世说新语》所说的《德论》。（冯友兰. 三松堂全集：第 6 卷 [M]. 郑州：河南人民出版社，2001：355.）我们认为，《晋书·王衍传》所引的《无名论》更似《德论》。

②　王晓毅. 王弼评传 [M]. 南京：南京大学出版社，1996：125-127.

可以言有名矣；无誉者，可以言有誉矣。(《列子·仲尼》注)

何晏把"无"抬高到与"道"同样的地位，认为"道"即"无所有"。为什么"无"可以代替"道"成为万物之源呢？这是因为"道本无名，故老氏曰强为之名"。我们知道，老庄思想是"绝圣弃智"的，而何晏却用了"圣人体无"，其儒家面目显露无遗。何晏虽然把"无"的重要性提了出来，并对"道"予以了初步解构，但并未形成一个完整的思想体系，而这个任务是由王弼来完成的。

王弼，字辅嗣，山阳郡（今山东济宁、鱼台、金乡一带）人。生于黄初七年（226 年），卒于嘉平元年（249 年）。王弼在《老子道德经注》第一章就为其思想奠定了基调：

凡有皆始于无，故未形无名之时，则为万物之始。及其有形有名之时，则长之、育之、亭之、毒之，为其母也。言道以无形无名始成万物，[万物] 以始以成而不知其所以 [然]，玄之又玄也。①

这里的"有"即具体存在的万事万物，"无"即万事万物之所以存在的根源。"无"为什么能"为其母"呢？因为"无"在世界万物形成之前就存在了，等万物形成之后，又保护他们并促使他们成长，所以才能为"万物之始"。"长之、育之、亭之、毒之"是"道"的功能，而王弼却把它们赋予了"无"。

作为正始玄学的创始人，何晏的贡献无疑是巨大的，然而他更大的贡献是发现了王弼：

何晏为吏部尚书，有位望，时谈客盈坐，王弼未弱冠往见之。晏闻弼名，因条向者胜理语弼曰："此理仆以为极，可得复难不？"弼便作难。一坐人便以为屈。于是弼自为客主数番，皆一坐所不及。(《世说新语·文学》)

因而叹曰：

"后生可畏。若斯人者，可与言天人之际矣！"以弼补台郎。(《世说新语·文学》注)

正始中后期，黄门侍郎出现空缺，何晏有意推荐王弼，却遭到了丁谧

---

① 楼宇烈. 王弼集校释 [M]. 北京：中华书局，1980. 凡王弼著作相关引文均出自此书。

的反对。最后经曹爽裁决，任命王黎为黄门侍郎，王弼只做了尚书郎。①
由此可见曹爽对王弼的态度：

> 初除，觐爽，请间，爽为屏左右，而弼与论道，移时无所他及，爽以
> 此嗤之。（《魏志·钟会传》注）

王弼与飞扬跋扈的曹爽自然不会有共同语言，曹爽对王弼这样的"书
呆子"也是不屑一顾的。所以，当王黎病亡之后，曹爽用王沈接替王黎，
依然不用王弼。

如果何晏像曹爽一样对待王弼，那么王弼不但在官场上失意，在玄学
上也很难有所建树。遇到了何晏这样的伯乐，王弼在清谈场上就可如鱼得
水了。而他也就有了向世人展现思想的机会：

> 王辅嗣弱冠诣裴徽，徽问曰："夫无者，诚万物之所资，圣人莫肯致
> 言，而老子申之无已，何邪？"弼曰："圣人体无，无又不可以训，故言必
> 及有；老、庄未免于有，恒训其所不足。"（《世说新语·文学》）

王弼也没有让何晏失望，完善了"以无为本"的正始玄学体系，实现
了对正始玄学的总结。

有学者将王弼的"无"总结为三种含义：一是以"无"为本，二是以
"无"为用，三是与"道"（"无"）同体。②"无"在王弼的《老子道德
经注》中之所以出现不同的含义，是因为许多地方是对老子原意的附和。
在老庄思想中，人的最高境界是与道合一。而王弼既然用"无"来取代
"道"，就只能是与"无"合一，所以王弼说"圣人体无"。至于以"无"
为用，是王弼对《道德经》十一章中"无之以为用"的附和。

老子认为：

> 天下万物生于有，有生于无。（《道德经》四十章）

王弼注曰：

> 天下之物，皆以有为生。有之所始，以无为本。将欲全有，必反于
> 无也。

这是王弼对老子"有""无"概念的"误读"。那么怎样理解老子的

---

① 曹魏时，黄门侍郎属五品官，而尚书郎只是六品，且黄门侍郎比尚书郎更易晋升。
② 康中乾. 魏晋玄学 [M]. 北京：人民出版社，2008：90-101.

"有"和"无"呢？张松如认为："老子讲'有''无'，并不曾把'无'作为第一性的东西，把'有'作为第二性的东西，而是把它们看作相互对峙的两个哲学范畴，'有生于无'乃是'有无相生'的一种运用。"① 之所以至今对此理解还产生分歧，一是受王弼注解的影响，二是对《道德经》第一章断句不当造成的。如按下面来断，就比较容易理解了："道可道，非常道，名可名，非常名。无，名万物之始；有，名万物之母。故常无欲以观其妙；常有，欲以观其徼。此两者同，出而异名。同谓之玄，玄之又玄，众妙之门。"② 由此我们可以看出，老子告诉我们：第一，"无"是万物之"始"，"有"是万物之"母"；第二，"有""无"在"道"那里是相同的，只是人们赋予了他们不同的名称而已。也可以这么说，根本就没有"有"和"无"的分别。

王弼"以无为本"的思想也贯穿于其他著作中：

> 道者，无之称也，无不通也，无不由也，况之曰道，寂然无体，不可为象。（《论语释疑》）

在这里，王弼把"道"变成了"无"的别称了。

就这样，王弼以"无"为本实现了对"道"的解构，也完成了正始玄学思想体系的建立，同时拉开了魏晋玄学"有无之辨"的大幕。

二、天地自然：从自然论到崇有论

正始玄学之后是竹林玄学，据《世说新语·任诞》载：

> 陈留阮籍、谯国嵇康、河内山涛，三人年皆相比，康年少亚之。预此契者，沛国刘伶、陈留阮咸、河内向秀、琅邪王戎。七人常集于竹林之下，肆意酣畅，故世谓"竹林七贤"。

这七人由于秉性、爱好相近而走到一起，他们有关玄学的思想称为"竹林玄学"。然而，"竹林七贤"并不是一个有组织的团体，他们的思想也无相承关系。其中，最具代表性的是嵇康与阮籍。

---

① 张松如. 老子说解 [M]. 济南：齐鲁书社，1998：236-237.
② 此断句系作者拙见。

正始玄学家虽被称为"祖述老庄"，但并无有关庄子的论著问世。①
而竹林七贤却表现出了对庄子极大的兴趣，阮籍作《达庄论》，而嵇康则
明确表示：

老子、庄周，吾之师也。（《与山巨源绝交书》）②

所以，与正始玄学家不同的是，竹林玄学家更多地关注了"自然"。
阮籍认为：

天地生于自然，万物生于天地。自然者无外，故天地名焉；天地者有
内，故万物生焉。（《达庄论》）③

阮籍在这里把"自然"当作天地万物的根本，这是因为：

道者，法自然而为化，侯王能杀之，万物将自化。《易》谓之"太
极"，《春秋》谓之"元"，《老子》谓之"道"。（《通老论》）

这基本上是老子"道法自然"思想的变相表达，但他同时认为《周
易》所讲的"太极"、《春秋》所讲的"元"和老子所讲的"道"是一致
的，这表明阮籍始终还是忘不了自己儒者的身份。但阮籍的思想好像不止
于此：

天地合其德，日月顺其光。自然一体，则万物经其常。入谓之幽，出
谓之章，一气盛衰，变化而不伤。是以重阴雷电，非异出也；天地日月，
非殊物也。故曰："自其异者视之，则肝胆楚越也；自其同者视之，则万
物一体也。"（《达庄论》）

在这里，阮籍由"自然一体"而推导出"万物一体"。由于"自然"
是一个有序的整体，那么世间万物作为整体的一部分，他们之间也就没有
什么区别了。这是对庄子"万物一齐"思想的发挥，表达了对世间万物能
平等相处的美好愿望。

同样，嵇康对"自然"也是宠爱有加：

① 有学者据此认为正始玄学未论及庄子，也是不确切的。王弼的《老子道德经注》随
处可见庄子思想，被称为"以庄解老"。（孙以楷. 道家与中国哲学：魏晋南北朝卷
[M].北京：人民出版社，2004：63.）

② 嵇康. 嵇康集校注 [M].戴明扬，校注.北京：人民文学出版社，1962. 凡嵇康著作
相关引文均出自此书。

③ 阮籍集 [M].李志钧，季昌华，柴玉英，等校.上海：上海古籍出版社，1978. 凡
阮籍著作相关引文均出自此书。

若夫申胥之长吟，夷齐之全洁，展季之执信，苏武之守节，可谓固矣！故以无心守之，安而体之，若自然也。乃是守志之盛者也。（《家诫》）

一个人无论处于何等困难的境地，只要保持"自然"本性，就能保持节操，实现自己的志向。有学者据此认为，当嵇阮抛弃"名教"而追求"自然"时，"自然"是嵇康和阮籍最高的哲学目标和原则，这个"自然"就是本体。① 我们认为，这种观点有点牵强。首先，嵇康和阮籍不可能抛弃"名教"，这个问题我们在后面还要加以论述；其次，嵇康的"自然"和阮籍的"自然"还是有区别的。

阮籍是对老庄的"自然"思想的发挥，而嵇康所谓的"自然"更多的是指人的自然欲望：

夫民之性，好安而恶危，好逸而恶劳，故不扰则其愿得，不逼则其志从。洪荒之世，大朴未亏。君无文于上，民无竞于下。物全理顺，莫不自得。饱则安寝，饥则求食。怡然鼓腹，不知为至德之世也。（《难自然好学论》）

人生来就有食色之欲，喜欢安定的生活，如果这些愿望都得到了满足，他们就会感到快乐，也就不会主动去改变什么，这就是"自然"。

嵇康虽然在言语上对"自然"理论大加赞许，在本体论上却继承了汉人的气一元论：

元气陶铄，众生禀焉。（《明胆论》）

他认为，世界万物都是由"元气"变化出来的。"太素"一词为汉人所推崇：

始起之天，始起先有太初，后有太始，形兆既成，名曰太素。混沌相连，视之不见，听之不闻，然后剖判清浊。既分，精出曜布，庶物施生。（《白虎通义·天地》）

汉人认为，"太素"是天地万物的开始。嵇康继承了这种思想：

浩浩太素，阳曜阴凝，二仪陶化，人伦肇兴。（《太师箴》）

阮籍也认为：

圣人明于天人之理，达于自然之分，通于治化之体，审于大慎之训，

① 康中乾. 魏晋玄学［M］. 北京：人民出版社，2008：144.

故君臣垂拱，完太素之朴；百姓熙怡，保性命之和。（《通老论》）

这里的"太素"和"元气"是相通的，是指没有分化的"元气"。

所以说，在"有无之辨"上，嵇康、阮籍虽未明确提出自己的观点，实际上是倾向于崇有的。而阮籍提出的"万物将自化"的观点，也为郭象①所继承与发挥。

竹林七贤中的另一个重要人物——向秀我们不能不提。说到这里，就要提起一段悬而未决的公案：

初，注《庄子》者数十家，莫能究其旨要。向秀于旧注外为解义，妙析奇致，大畅玄风。唯《秋水》《至乐》二篇未竟而秀卒。秀子幼，义遂零落，然犹有别本。郭象者，为人薄行，有俊才。见秀义不传于世，遂窃以为己注。乃自注《秋水》《至乐》二篇，又易《马蹄》一篇，其余众篇，或定点义句而已。后秀义别本出，故今有向、郭二《庄》，其义一也。（《世说新语·文学》）

这被认为是郭注"剽窃说"的最有力的证据，但其中疑点甚多。学术界对此的看法各有不同，有学者对此做了总结，② 在此不予赘述。我们认为，魏晋玄学家多是清谈高手，他们的思想观点应为大家所共知的。向秀曾把其《庄子注》给嵇康、吕安二人观看：

秀《别传》曰：秀与嵇康、吕安为友，趣舍不同。嵇康傲世不羁，安放逸迈俗，而秀雅好读书。二子颇以此嗤之。后秀将注《庄子》，先以告康、安。康、安咸曰：此书岂复须注？徒弃人作乐事耳！及成，以示二子。康曰：尔故复胜不？安乃惊曰：庄周不死矣！后注《周易》，大义可观，而与汉世诸儒互有彼此，未若隐庄之绝伦也。秀本传或言，秀游托数贤，萧屑卒岁，都无注述。唯好《庄子》，聊应崔撰所注，以备遗忘云。《竹林七贤论》云：秀为此义，读之者无不超然，若已出尘埃而窥绝冥，始了视听之表。有神德玄哲，能遗天下，外万物。虽复使动竞之人顾观所徇，皆怅然自有振拔之情矣。（《世说新语·文学》注）

---

① 郭象，字子玄，河南洛阳人，出生年代不详，卒于永嘉六年（311 年）。西晋玄学家。少有才理，好《老子》《庄子》，能清言，常闲居。辟司徒掾，稍迁黄门侍郎。东海王司马越引为太傅主簿，甚见亲委。

② 康中乾. 魏晋玄学［M］. 北京：人民出版社，2008：161–163.

由此可知，向秀注庄前已告知嵇康和吕安。待完成之后，受到二人极高的评价（"庄周不死矣"）。我们知道，作为"三玄"之一的《庄子》是玄学所谈论的主要课题，那么向注如此优秀，定会广为流传，并且《竹林七贤论》对此也给予了很高的评价。郭象作为一名玄谈高手，能言老庄，被誉为"王弼之亚"，可见其对庄子的相关见解，也定为大家所熟知。郭象作为魏晋玄学的集大成者，对庄子自有其独到的见解。靠抄袭别人的一部著作，而能有此番成就，这是不可思议的，也会为当时玄学界所不容。另外，郭象是主张"名教即自然"的，这种思想体现于其《庄子注》中。而嵇康主张"越名教而任自然"，试想，如果此《庄子注》为向秀所作，怎会得到嵇康等的认可。当然，文化是相承的，魏晋玄学也不会例外。郭象对王弼的思想就有所承继，那么他借鉴向秀的《庄子注》也不是没有可能。所以说，据《晋书·向秀传》而作出的"述而广之"说，其可信度应更大一些。

向秀也崇尚"自然"：

唯无心者独远耳。

得全于天者，自然无心，委顺至理也。

同是形色之物耳！未足以相先也。以相先者，唯自然也。

任自然而覆载，则名利之饰皆为弃物。（《列子·黄帝》注）

因时顺世，合于自然，就会抛弃一切功名利禄等身外之物。同阮籍一样，向秀也提出了"自化"的概念：

吾之生也，非吾之所生，则生自生耳。生生者岂有物哉？故不生也。吾之化也，非物之所化，则化自化耳。化化者岂有物哉？无物也，故不化焉。若使生物者亦生，化物者亦化，则与物俱化，亦奚异于物？明夫不生不化者，然后能为生化之本也。（《列子·天瑞》注）

向秀在这里不但提出了"自化"，还提出了"自生"的概念。但向秀的万物自生、自化之后，还有一个根本的推动者，那就是"不生不化者"。向秀认为"不生不化者"是万物"生化"的根本，但这个"不生不化者"是什么，向秀是否给予确切意义，已不得而知，但可以肯定地说，这些都为郭象所借鉴与吸收。

三、万物独化：玄学理论发展的巅峰

竹林玄学之后是中朝玄学，其代表人物是裴颜与郭象。

裴颜，字逸民，河东闻喜（今山西绛县）人，生于晋武帝泰始三年（267 年），死于晋惠帝永康元年（300 年），司空裴秀之次子。裴颜的思想主要体现在《崇有论》①里，其目的是通过"崇有"来抨击"贵无"。

在有无问题上，裴颜认为"有自生"而非"生于无"：

夫至无者无以能生，故始生者自生也。自生而必体有，则有遗而生亏矣。生以有为已分，则虚无是有之所谓遗者也。（《崇有论》）

所谓"至无"就是绝对的无，是不能产生什么的。也就是说，"无"不能生"有"。这是因为，"虚无"是失去"有"的意思，又怎么能产生"有"呢？所以，裴颜认为世间万物都是"自生"的，并针对王弼的"体无"提出了"体有"。

裴颜否定了王弼的"以无为本"，认为万物"自生"，那么万物何以"自生"呢？裴颜认为：

夫总混群本，宗极之道也。方以族异，庶类之品也。形象著分，有生之体也。化感错综，理迹之原也。夫品而为族，则所禀者偏，偏无自足，故凭乎外资。是以生而可寻，所谓理也。理之所体，所谓有也。（《无名论》)②

这里有一个重要的概念，那就是"宗极之道"。什么是"宗极之道"？不同派别的回答是不同的。"贵无"派认为"无"是"宗极之道"，而裴颜认为是"总混群本"。什么是"总混群本"？就是一个"理"字。万物因"理"而生，万物因"理"而存在，这就是"以理为本"。

"贵无论"的"以无为本"是由注解《道德经》而得出的，因而裴颜对《道德经》发出了诘难：

老子既著五千之文，表摭秽杂之弊，甄举静一之义，有以令人释然自夷，合于《易》之《损》《谦》《艮》《节》之旨。而静一守本，无虚无之谓也；《损》《艮》之属，盖君子之一道，非《易》之所以为体守本无也。

---

① 参见《晋书·裴颜传》，凡《崇有论》相关引文均出自此处。

② 参见《晋书·裴颜传》，凡《无名论》相关引文均出自此处。

观老子之书虽博有所经，而云"有生于无"，以虚为主，偏立一家之辞，岂有以而然哉！人之既生，以保生为全，全之所阶，以顺感为务。若味近以亏业，则沈溺之衅兴；怀末以忘本，则天理之真灭。故动之所交，存亡之会也。夫有非有，于无非无；于无非无，于有非有。是以申纵播之累，而著贵无之文。将以绝所非之盈谬，存大善之中节，收流遁于既过，反澄正于胸怀。宜其以无为辞，而旨在企有，故其辞曰"以为亢不尽"。（《崇有论》）

裴頠认为，老子的五千言摒弃了文风繁杂的弊病，且教人抱静守一，符合《易经》的损、谦、艮、节四卦卦义，是有可取之处的。但老子认为"有生于无"，而"以虚为主"，就与《易经》主旨相偏离了。人生存于世间，保全性命是第一位的，这要依靠现实的"存在"，也就是"有"。若一味追求虚无的感觉，是违背天理的。所以说，老子所谓的"贵无"，是要人控制贪欲，有所节制，而不是崇尚"虚无"。也可以说，老子讲"无"，目的在于保全"有"。

总之，裴頠的《崇有论》是对世俗的放荡和玄谈的虚妄而作的。他以"崇有"来反对"贵无"，又站在儒家立场上来解读《道德经》。因而，他没能真正理解"贵无论"的"无"，更无法体会老子的"有无相生"。裴頠像王弼一样英年早逝，但他没有王弼的天赋，又忙于政务，因而他的思想没有形成体系。真正将"崇有论"推向巅峰的，是郭象的"独化说"。郭象的著作多已佚，其思想主要体现在《庄子注》①里。

我们知道，"道"是老子哲学的核心，其全部思想都是围绕"道"而展开的。庄子基本上继承了老庄的"道"，《黄帝四经》引法入道，但还是以"道"为中心。因而我们说，"道"是道家思想的核心，也是道教立教的根本。

如果说，王弼用"无"取代老子的"道"采用了推论的方法，煞是费了一番苦心，郭象则对"道"直接予以了否定：

道，无能也。此言得之于道，乃所以明其自得耳。自得耳，道不能使之得也；我之未得，又不能为得也。然则凡得之者，外不资于道，内不由

---

① 南华真经注疏［M］. 郭象，注. 成玄英，疏. 北京：中华书局，1998. 凡引郭象注解、成玄英疏解原文均出自此书。

于己，掘然自得而独化也。(《庄子·大宗师》注)

郭象认为，"道"是没有什么作用的，凡世间万事万物的产生，皆为自得，与道无关。这种"自得"，内不受控制于个体自身，外不是源于道的功能，这是一个自然而然的化生过程。

郭象又进一步否定了王弼的"以无为本"：

无也，岂能生神哉？不神鬼帝而鬼帝自神，斯乃不神之神也；不生天地而天地自生，斯乃不生之生也。故夫神之果不足以神，而不神则神矣，功何足有，事何足恃哉！(《庄子·大宗师》注)

郭象通过否定王弼的"无"而建立了自己的"崇有"说。郭象认为"神鬼自身""天地自生"，这样就否定了庄子"神鬼神帝""生天生地"的"道"。郭象进一步说：

夫庄老之所以屡称无者，何哉？明生物者无物，而物自生耳。(《庄子·在宥》注)

言此皆不得不然而自然耳，非道能使然也。皆所以明其独生而无所资借。(《庄子·知北游》注)

郭象通过否定"道生万物"，阐明了物各"自生""独化"。而物"独化"的前提是"无待"：

言天机自尔，坐起无待。无待而独得者，孰知其故，而责其所以哉！若责其所待而寻其所由，则寻责无极，卒至于无待，而独化之理明矣。(《庄子·齐物论》注)

"无待"是万物的自然本性，我们只要知道就可以了，而不必寻求它的根源。如果认为万物生成有待，那追寻下去将没有穷尽，其结果还是无待，这就是万物"独化"的原理。

那么万物独化后是一种什么结果呢？或者说处于一种什么状态呢？即"独化于玄冥之境"，这也是郭象思想的本体之所在。那么什么是"玄冥"呢？

玄冥者，所以名无而非无也。(《庄子·大宗师》注)

我们知道，郭象否定了王弼的"无"，他认为无不能生有。在这里他说"玄冥"名"无"，但他紧跟着又说"非无也"。也就是说"玄冥"的称谓是"无"，但不是什么都没有，而是指一种状态或者一种境界。理解了这些，我们再来看：

是以涉有物之域，虽复罔两，未有不独化于玄冥者也。（《庄子·齐物论》注）

郭象的这段注解很长，我们只摘录相关的一句。这是说在万物存在的世界，即使是精灵也会处于一种自生独化的状态。郭象进一步解释说：

卓者，独化之谓也。夫相因之功，莫若独化之至也。故人之所因者，天也；天之所生者，独化也。人皆以天为父，故昼夜之变，寒暑之节，犹不敢恶，随天安之。况乎卓尔独化，至于玄冥之境，又安得而不任之哉？既任之，则死生变化，惟命之从也。（《庄子·大宗师》注）

人们都对天存在敬畏，而天却是独化而成。对天之寒暑昼夜变化，人们都安心接受。那对于可达"玄冥之境"的"独化"，又怎能违抗呢？这里郭象把生天生地的"道"置换成了"独化"。

郭象的独化理论在其《庄子注》中就已言明：

故曰：不知义之所适，猖狂妄行而蹈其大方。含哺而熙乎澹泊，鼓腹而游乎混茫。至人极乎无亲，孝慈终于兼忘，礼乐复乎己能，忠信发乎天光。用其光则其朴自成。是以神器独化于玄冥之境而源流深长也。

郭象在序言里不仅阐明了自己的本体思想，即"独化于玄冥之境"，而且将儒家的仁义礼智信等与道家的无为、自然等进行了融合。它们均能一起"独化"而至"玄冥之境"，表明了自己调和"名教"与"自然"的立场。就这样，郭象通过否定庄子的"道"，而建立了自己万物"独化"的哲学体系。

四、至虚为宗：魏晋玄学的终结

西晋王朝在"八王之乱"和随后的"永嘉之乱"中灭亡了，随着琅邪王司马睿登上帝位，历史上迎来了东晋新朝。东晋时代玄谈之风依旧：

殷中军为庾公长史，下都，王丞相为之集，桓公、王长史、王蓝田、谢镇西并在。丞相自起解帐带麈尾，语殷曰："身今日当与君共谈析理。"既共清言，遂达三更。丞相与殷共相往反，其余诸贤略无所关。既彼我相尽，丞相乃叹曰："向来语乃竟未知理源所归。至于辞喻不相负，正始之音，正当尔耳。"明旦，桓宣武语人曰："昨夜听殷、王清言，甚佳，仁祖

亦不寂寞，我亦时复造心；顾看两王掾，辄翣如生母狗馨。"（《世说新语·文学》）

我们可以看到，此时的玄谈已是流于形式，可却自比于"正始之音"。事实情况是：他们的所谓玄谈不可能具备正始玄学高度的哲学思辨性，更没有竹林七贤的旷达俊逸，也缺乏东晋玄学家们的严谨。他们所能做的只是说些不痛不痒的话，再相互恭维一下而已。

在这种学术风气之下，已不可能再有什么惊世之作，好在有了张湛《列子注》的出现。张湛，字处度，高平（今山东金乡西北）人。其生卒年不详，为东晋孝武帝时人。据《隋书·经籍志》载，张湛著有《列子注》和《养生要集》。他的《列子注》在形式上与郭象的《庄子注》相似，故冯友兰认为他是在模仿郭象。张湛的《列子注》有一个序，其中一段泛论《列子》的应是《列子》序，这段序只是摘引了先秦著作中的一些评论列子的字句或与老庄思想相比较之词。其余的是他读《列子》的经过，属于《列子注》序。同郭象的《庄子注》一样，在每篇都有一个解题，但多为泛论且与本篇的内容不相称。[①]

比起《列子》的庞杂，张湛的注解更为庞杂。他引用先秦至汉代数十种经典著作的文字，还有先秦至汉代以及魏晋玄学家的各种言论。王弼的"以无为本"是魏晋玄学的一个高峰，而郭象的万物"独化"则达到了玄学的巅峰。而张湛认为到了对魏晋玄学进行总结的时候，于是作《列子注》。他广采博引、融合有无，力图使《列子注》成为继王弼《老子道德经注》和郭象《庄子注》之后的又一力作。

张湛首先提出：

形、声、色、味皆忽尔而生，不能自生者也。夫不能自生，则无为之本。（《列子·天瑞》注）

这是否定了万物的自生，因为不能自生，只能"以无为本"。他进而认为：

至无者，故能为万变之宗主也。（《列子·天瑞》注）

但他又认为：

---

① 冯友兰. 三松堂全集：第9卷［M］. 郑州：河南人民出版社，2001：496.

有何由而生？忽尔而自生。（《列子·天瑞》注）

这样就产生了矛盾：

有之为有，恃无以生；言生必由无，而无不生有。此运通之功必赖于无，故生动之称，因事而立耳。（《列子·天瑞》注）

他接着又否定了老子的"有无相生"：

谓之生者，则不无；无者，则不生。故有无之不相生，理既然矣，则有何由而生？忽尔而自生，而不知其所以生；不知其所以生，生则本同于无。（《列子·天瑞》注）

为了解决这些矛盾，他提出了"至虚"：

群有以至虚为宗，万品以终灭为验。（《列子注序》）

同时，张湛又给"虚"下了定义：

今有无两忘，万异冥一，故谓之虚。（《列子·天瑞》注）

我们可以看到，张湛认为"有"不应是具体存在的万事万物，而应是指世间万物的"存在"。而"无"也不应是什么也没有，也应是世间万物的一种"存在"。张湛提出"至虚"一词，是力图对魏晋以来的"有无之辩"予以超越，但最终却只能借助佛教的"寂灭"。

第二节　挽救名教：魏晋玄学的主题

先秦哲学是围绕着"天人""名实"之间的关系问题展开的，到魏晋时期，"名实之辩"演变为"言意之辩"。我们说，不管是"言意之辩"还是"有无之辩"，这都不是玄学家们的目的，这只能说是一种手段。玄学家们的目的只有一个，那就是利用"自然"来挽救"名教"，这也是魏晋玄学一以贯之的主题。

一、言意之辩：魏晋玄学的方法

《易传》里有"言不尽意"和"立象以尽意"，老子认为"知者不言，言者不知"①，而庄子讲"得意而忘言"②。王弼在前人的基础上提出：

> 夫象者，出意者也；言者，明象者也。尽意莫若象，尽象莫若言。言生于象，故可寻言以观象；象生于意，故可以寻象以观意。意以象尽，象以言著。故言者，所以明象，得象而忘言；象者，所以存意，得意而忘象。犹蹄者所以在兔，得兔而忘蹄；筌者所以在鱼，得鱼而忘筌。然则，言者，象之蹄也；象者，意之筌也。是故，存言者，非得象者也；存象者，非得意者也。象生于意而存象焉，则所存者乃非其象也；言生于象而存言焉，则所存者乃非其言也。然则，忘象者，乃得意者也；忘言者，乃得象者也。得意在忘象，得象在忘言。故立象以尽意，而象可忘也；重画以尽情伪，而画可忘也。（《周易略例·明象》）

关于王弼的此番言论，有学者总结出三层意思。其一，是关于言、象的来源问题。认为王弼在此讨论的并非一般的言和象，而是关于《易经》中的卦名、卦象的来源问题。意—卦—名（言）是《易》形成的过程，这是从先秦开始的传统儒家观点，王弼在此阐发的就是这种观点。其二，是关于言、象的功用问题。言、象不是固有的，它们派生于象和意。言、象是掌握圣人之意的手段和工具。这正如蹄是捕兔的工具而筌是捕鱼的工具，没有蹄和筌就无法捕捉到兔和鱼。其三，是关于使用言、象的目的问题。之所以要言和象，并不是为言而言、为象而象，而是为背后的那个"意"，这个"意"就是《易》之理。汉代《易》学之所以有互体、卦变、五行等的象数学而愈说愈繁、愈演愈烈，根本原因就在于"存象忘意"，失去了《易》的精神实质，这种烦琐的象数易学是王弼所鄙视的。③

以上的分析是较为全面的，但我们认为还应包含更深刻的含义。王弼的"得意忘言"一方面具有反对汉儒烦琐学风的意义，这是毋庸置疑的。但还有另一方面的意义，就是"名教"与"自然"的关系问题。当时"清谈"的对象是"三玄"，作为辩论的话题是可以的，如果拿来作为改革弊政或教范世人，必然会遭到一些所谓正统儒者的反对。王弼以此比喻，

---

① 参见《道德经》五十六章。
② 参见《庄子·外物》。
③ 康中乾. 有无之辨：魏晋玄学本体思想再解读［M］. 北京：人民出版社，2003：398 -400.

"自然"是"言"、是"象","名教"才是目的。为了达到维护和挽救"名教"的目的，不要在乎工具是什么。这才是王弼"得意忘言"的真谛，也是王弼思想得以流传的关键。

王弼还向我们展示了"得意忘言"的最高境界：

夫名以定形，字以称可。言道取于无物而不由也，是混成之中，可言之称最大也。

吾所以字之曰道者，取其可言之称最大也。责其字定之所由，则系于大。夫有系则必有分，有分则失其极矣，故曰"强为之名曰大"。

凡物有称有名，则非其极也。言道则有所由，有所由然后谓之为道。然则是道称中之大也。不若无称之大也。无称不可得而名，故曰域也。（《老子道德经注》二十五章）

有形的事物可以通过言语来把握，但道和宇宙本体是不能用言语来把握的。"道"是"强为之名"，所以要把握事物的本源，就要"忘言""忘象"，这是一种心灵的超越。

在王弼所处的时代，"言不尽意"是颇为流行的，如荀粲就坚持这种观点。[1] 嵇康也曾作《言不尽意论》，可惜已佚，但我们从《声无哀乐论》中可以见到相似观点。针对"言不尽意"论，欧阳建却认为言能尽意：

名逐物而迁，言因理而变。此犹声发响应，形存影附，不得相与为二矣。苟其不二，则无不尽，故吾以为尽矣。（《言尽意论》）[2]

郭象在王弼"得意忘言"的基础上，提出了"寄言出意"的方法：

鹏鲲之实，吾所未详也。夫庄子之大意，在乎逍遥游放，无为而自得，故极小大之致，以明性分之适。达观之士，宜要其会归而遗其所寄，不足事事曲与生说。自不害其弘旨，皆可略之耳。（《庄子·逍遥游》注）

郭象在这里表明了自己注庄的总原则，对文本解读的目的是把握作者的主旨，其他的细枝末节皆可视而不见。反之，如果过分拘泥于一词一字的含义，可能还会影响对作者真意的把握。郭象不但自己"寄言出意"，而且认为庄子也在"寄言出意"：

夫庄子推平于天下，故每寄言以出意，乃毁仲尼，贱老聃，上掊击乎

---

① 参见《魏志·荀彧传》注引何劭《荀粲传》。
② 欧阳建. 言尽意论［J］. 艺文类聚，卷十九.

三皇，而下痛病其一身也。（《庄子·山木》注）

郭象认为庄子为了"寄言出意"，才每每抨击这些圣贤和不惜自我毁誉。其实，这还是郭象的"寄言出意"，还是为了调和"名教"与"自然"的关系。郭象用此方法注解的例子还有很多：

此皆寄言耳。夫神人即今所谓圣人也。夫圣人虽在庙堂之上，然其心无异于山林之中，世岂识之哉！徒见其戴黄屋，佩玉玺，便谓足以缨绂其心矣；见其历山川，同民事，便谓足以憔悴其神矣。岂知至至者之不亏哉！今言王德之人，而寄之此山，将明世所无由识，故乃托之于绝垠之外，而推之于视听之表耳。处子者，不以外伤内。（《庄子·逍遥游》注）

郭象将庄子心目中的"神人"解读成人间的"圣贤"。郭象此处"寄言出意"的目的是为世人寻求一种安身立命的方法，即"内圣外王"之道。郭象认为"寄言出意"的最高境界应是：

唯无而已，何精粗之有哉！夫言意者有也，而所言所意者无也，故求之于言意之表，而入乎无言无意之域，而后至焉。（《庄子·秋水》注）

具体的言语是存在的，而言语所指的万物的本性是无形的。所以，我们必须透过言语的现象，来把握住其后无形的本质。即要"入乎无言无意之域"，这就把握住了"寄言出意"的本质。

冯友兰认为："玄学的方法是'辩名析理'，简称'名理'。名就是名词，理就是一个名词的内涵。一个名词代表一个概念，一个概念的对象就是一类事物的规定性，那个规定性就是理。"[①] 而"辩名析理"也是郭象提出来的：

昔吾未览《庄子》，尝闻论者争夫尺棰连环之意，而皆云庄生之言，遂以庄生为辩者流。案此篇较评诸子，至于此章，则曰其道舛驳，其言不中，乃知道听途说之伤实也。吾意亦谓无经国体致，真所谓无用之谈也。然膏粱之子，均之戏豫，或倦于典言，而能辩名析理，以宣其气，以系其思，流于后世，使性不邪淫，不犹贤于博弈者乎！故存而不论，以贻好事矣。（《庄子·天下》注）

"辩名析理"是玄学家所共同采用的方法，而郭象将其作为一种方法

---

① 冯友兰. 三松堂全集：第 9 卷 [M]. 郑州：河南人民出版社，2001：342-343. 同时，冯友兰又认为，"辩名析理"虽然是郭象提出的，但不是他创始的。

明确提出。但郭象认为高谈阔论不能解决实际问题，实为空谈。然而总有一些衣食无忧而又无事可做的人，他们虽然不喜欢看书，却善于辩名析理。这样可以使他们有事可做，可以分散他们的精力，不至于去干一些坏事，这比赌博下棋要强多了。由此可见，郭象实际上对"辩名析理"是持保留态度的，所以他"存而不论，以贻好事也"。

汤　介认为，除"寄言出意"和"辩名析理"外，郭象注庄还运用了"否定"的方法：①

无既无矣，则不能生有；有之未生，又不能为生。（《庄子·齐物论》注）

无有，故无所名。（《庄子·天地》注）

谁得先物者乎哉？吾以阴阳为先物，而阴阳者即所谓物耳。谁又先阴阳者乎？吾以自然为先之，而自然即物之自尔耳。吾以至道为先之矣，而至道者乃至无也。既以无矣，又奚为先？然则先物者谁乎哉？而犹有物，无己，明物之自然，非有使然也。（《庄子·知北游》注）

郭象认为"无"就是不存在，既然不存在，就不能生有。因为什么都没有，所以也无法称呼它。王弼以"无"为本，郭象在这里就否定了王弼的"无"。那么在万物之前的到底是什么呢？如果说在万物之前的是阴阳，而阴阳也是万物的一种。如果以自然为阴阳之先，而自然就是万物本身。如果以至道为先，那么至道就是至无。什么都没有，也不能在万物之先，这样在万物之先的只能是有。郭象通过否定王弼的"无"，建立了自己的"独化"理论。

二、援道入儒：利用"自然"挽救"名教"

我们前面说过，"名教"与"自然"的关系问题，是魏晋玄学所要解决的主要问题，也是魏晋玄学一以贯之的主题。

曹操挟天子以令诸侯，奠定了自己在诸侯之中的霸主地位。后曹丕又采用胁迫手段夺取了汉室政权，这些都是对传统礼教的摧残。然而，一旦他们取得政权后，又要用这些仁义礼智来维护自己的统治。随着名教危机的逐步加重，一批正始名士想用道家的返璞归真思想来改革现有的政治制

---

① 汤一介. 郭象与魏晋玄学 [M]. 北京：北京大学出版社，2009：269-270.

度，这就是"正始改制"。"正始改制"一方面是正始玄学家企图用"自然"来挽救"名教"，另一方面也是曹爽集团与司马懿集团政治斗争的表现。

夏侯玄是"正始改制"的参与者，在对待"自然"与"名教"的态度上，他认为：

> 天地以自然运，圣人以自然用。自然者，道也。（《列子·仲尼》注）

"自然"就是"道"，天地以"自然"为本，而圣人却以"自然"为用，这也为整个魏晋玄学在对待"自然"与"名教"的态度上定下了基调。

何晏是"正始改制"的中坚力量，但在对待"自然"与"名教"的态度上没有什么鲜明的观点。他所奉行的还是对二者进行调和：

> 自儒者论以老子非圣人，绝礼弃学。晏说与圣人同，著论行于世也。（《世说新语·文学》注）

而王弼的观点就比较鲜明：

> 圣人体无，无又不可以训，故言必及有；老、庄未免于有，恒训其所不足。（《世说新语·文学》）

王弼认为，老庄和圣人相比还是有差距的，其对"自然"与"名教"的态度不言自明。可是，不管王弼怎么倾心于"名教"，"名教"所谓的仁义礼智事实上已是混乱不堪：

> 夫礼也，所始首于忠信不笃，通简不阳，责备于表，机微争制。夫仁义发于内，为之犹伪。况务外饰而可久乎？故夫礼者，忠信之薄而乱之首也。（《老子道德经注》三十八章）

王弼认为之所以出现这种混乱的局面，是"有为"的结果。因而王弼力图从道家思想中寻求挽救"名教"的方法：

> 夫邪之兴也，岂邪者之所为乎？淫之所起也，岂淫者之所造乎？故闲邪在乎存诚，不在善察；息淫在乎去华，不在滋章；绝盗在乎去欲，不在严刑；止讼存乎不尚，不在善听。故不攻其为也，使其无心于为也；不害其欲也，使其无心于欲也。谋之于未兆，为之于未始，如斯而已矣。故竭圣智以治巧伪，未若见质素以静民欲；兴仁义以敦薄俗，未若抱朴以全笃实；多巧利已兴事用，未若寡私欲以息华竞。故绝司察，潜聪明，去劝进，翦华誉，弃巧用，贱宝货。唯在使民爱欲不生，不在攻其为邪也。故见素朴以绝圣智，寡私欲以弃巧利，皆崇本以息末之谓也。（《老子指略》）

王弼在此指出，仁义礼智是人的自然本性，而无须刻意地作为。如果违背自然本性，就会出现偏离仁义礼智局面。这就是王弼为"名教"设定的依据，即"名教"出于"自然"。王弼又进一步认为：

载之以道，统之以母，故显之而无所尚，彰之而无所竞。用夫无名，故名以笃焉；用夫无形，故形以成焉。守母以存其子，崇本以举其末，则形名俱有而邪不生，大美配大而华不作。故母不可远，本不可失。仁义，母之所生，非可以为母。形器，匠之所成，非可以为匠也。舍其母而用其子，弃其本而适其末，名则有所分，形则有所止。（《老子道德经注》三十八章）

王弼把"自然"比作"母"，把"名教"比作"子"。这看似给了"自然"很高的地位，其实不然。这就如同"得鱼忘筌、得兔忘蹄"一样，"自然"只是工具而已。如果是为了得到儿子，何必去追究母亲是谁呢？这与他的"寄言出意"有异曲同工之妙。

正始十年（249年），司马懿发动高平陵政变，曹爽集团为司马氏所灭，何晏被杀。同年秋，王弼病故，享年二十四岁。正元元年（254年），夏侯玄被杀，宣告了正始玄学的终结。司马氏诛灭曹爽集团，但并未对正始之音予以封杀。当王弼去世时，司马昭也为之惋惜。夏侯玄因企图征讨司马氏，才被司马氏所杀。由于司马氏的专权，"名教"的声誉进一步被摧残。山涛投奔司马氏后，推荐了嵇康。这遭到了嵇康的断然拒绝，并作《与山巨源绝交书》。

嵇康追求精神上的绝对自由，提出"越名教而任自然"：

夫称君子者，心无措乎是非，而行不违乎道者也。何以言之？夫气静神虚者，心不存乎矜尚；体亮心达者，情不系于所欲。矜尚不存乎心，故能越名教而任自然；情不系于所欲，故能审贵贱而通物情，物情顺通，故大道无违；越名任心，故是非无措也。（《释私论》）

嵇康在《与山巨源绝交书》中称"非汤武而薄周孔"，而此处的"越名教而任自然"是指摆脱"名教"的束缚，做到因顺自然，不追求虚荣。

他又对"名教"予以了进一步揭露：

造立仁义，以婴其心；制为名分，以检其外；劝学讲义，以神其教。故六经纷错，百家繁炽，开荣利之涂，故奔骛而不觉。（《难自然好学论》）

所谓的"仁义""名分"产生之后，束缚了人们的思想，制约了人们的行为。这些都是统治者维护阶级统治的需要，却引导人们走上了争名夺利的邪道。鲁迅认为，嵇康的这些反对礼教的言行，是对司马氏集团的不满，事实上"他们的本心，恐怕倒是相信礼教，当作宝贝"。①

与嵇康同时代的阮籍，对司马氏集团也是不满的，但最终选择了屈从。他对"名教"虽然持批判态度，但还是对"名教"与"自然"予以了调和：

圣人明于天人之理，达于自然之分，通于治化之体，审于大慎之训。故君臣垂拱，完太素之朴；百姓熙怡，保性命之和。道者，法自然而为化。侯王能守之，万物将自化。《易》谓之"太极"，《春秋》谓之"元"，《老子》谓之"道"。三皇依道，五帝仗德，三王施仁，五霸行义，强国任智，盖优劣之异，薄厚之降也。（《通老论》）

魏景元三年（262 年），嵇康因藐视司马氏被杀，次年阮籍离世，向秀被迫投靠司马昭。竹林玄学随之瓦解，他们对自由世界的向往也随之破灭。

裴𬱖对中朝的虚无放达之风十分不满，故作《崇有论》予以驳斥。在《崇有论》中，裴𬱖表达了对士风糜烂的深深忧虑，提出了"崇济先典，扶明大业，有益于时"的殷切期望。但《崇有论》一经问世，便遭到了一些玄谈人士的围攻，并引起一场辩论。事实证明，裴𬱖一味匡扶名教的理念是错误的。郭象认为，在当时的社会里，纯任"自然"（嵇康）或纯任"名教"（裴𬱖）都是行不通的。

就这样，调节"名教"与"自然"关系的问题又历史地摆在了郭象面前：

然则体玄而极妙者，其所以会通万物之性，而陶铸天下之化，以成尧舜之名者，常以不为为之耳。孰弊弊焉劳神苦思，以事为事，然后能乎！（《庄子·逍遥游》注）

尧舜之所以成名天下，是他们体悟了万物的玄妙，能顺应万物的本性，能做到无为。如果劳神苦思，想事事有为，就会适得其反。

像下面这样更是错误：

世以任自然而不加巧者为不善于治也，揉曲为直，厉弩而骥，能为规矩

---

① 鲁迅. 鲁迅全集：第 3 卷［M］. 北京：人民文学出版社，2005：535.

以矫拂其性，使死而后已，乃谓之善治也，不亦过乎！（《庄子·马蹄》注）

能顺应自然，而不利用各种手段的，可谓"善治"。如果违背事物的本性，妄加改变，那将是对事物的毁灭，这还有什么"善治"可言呢！那么，我们应怎样做才是正确的呢？

苟足于天然而安其性命，故虽天地未足为寿，而与我并生，万物未足为异，而与我同得。则天地之生又何不并，万物之得又何了一哉！（《庄子·齐物论》注）

郭象认为万物皆有其性，如果各安其性，就能和谐相处。推之于现实，则"名教"与"自然"虽各有其性，如果能各司其职，那么就会相得益彰，异曲同工，这也许就是"名教即自然"的真谛所在。

郭象虽然倡导"名教即自然"，但他骨子里还是比较倾向于"自然"的。郭象整个学说体系有一前提，那就是"无为"。这个思想贯穿于他的整个学说，而"无为"则是道家思想的灵魂。所以说，郭象思想的实质是崇尚自然。

夫名智者，世之所用也。而名起则相轧，智用则争兴，故遗名知而后行可尽也。（《庄子·人间世》注）

各自得则无荣辱。得失纷纭，故荣辱立，荣辱立则夸其所谓辱而跂其所谓荣矣。奔驰乎夸跂之间，非病如何！（《庄子·则阳》注）

"名智"是用的结果，这是属于"名教"的范畴。"名智"启用则天下相争，若"遗名知"则天下可太平。"荣辱"不属于事物的本性，是计较得失的结果。如果纠缠于"夸跂"之间，会有什么好下场呢？看来还是自然的好，如任"自然"，那"名教"当处于何种地位？这在郭象内心也是一个两难的选择。

郭象就在这样的矛盾和痛苦中，将理想与现实、名教与自然、内圣与外王、游外与冥内杂糅在他的"独化于玄冥之境"的思想体系当中。如果社会按郭象的思路去发展，那也会出现一种太平盛世。可惜这只是郭象的主观幻想，经过"八王之乱"的夺权斗争之后，郭象所渴望的那种平衡与和谐不可能形成与存在。但是，不管怎样，郭象完成了其理想社会的理论构建，为后人指引了一个方向。郭象也是明知不可为而为之，诚如他说：

世以乱故求我，我无心也。我苟无心，亦何为不应世哉！（《庄子·逍遥游》注）

第三章

有无双遣：隋唐重玄学对魏晋玄学的扬弃

魏晋时代，由于传统"名教"遇到了危机，"黄老之学"也力图复兴，但最终没有成功。因而，此时的道家主要还是体现在"魏晋玄学"里。我们认为，魏晋玄学的主要目的是利用"自然"挽救"名教"，其思想与道家主体思想是偏离的。如果说道家思想因魏晋玄学而有所发展的话，那它们之间的关系也只是一种"寄生"关系。

两汉以来，《太平经》的成书为道教的创立奠定了理论基础，而《老子河上公章句》和《老子想尔注》是老子思想宗教化的代表作，《周易参同契》也为丹道之术构建了依据。这些道教赖以立教的早期著作，其重要性是不言而喻的，但也存在明显不足：第一，由于这些著作多不为一人一时之作，所以显得很零乱；第二，由于早期道教的实践性很强，这些著作多具有重"术"轻"道"的倾向。与玄学的高度思辨性相比，此时的道教义理显得尤为稚嫩。如何构建一个像儒家那样缜密的理论体系，这是魏晋道教学者所要解决的问题。道教的理论来源是黄老道家，而此时的道家却依附于玄学，故他们首先想到从玄学那里寻求突破。魏晋道教学者借助了魏晋玄学高度的思辨技巧来完善道教理论体系，使之能与儒释两家相抗衡。魏晋南北朝道教历经几代道教学者的努力，使道教义理取得突破性发展，而真正将道教理论推向巅峰的则是隋唐重玄学者。

魏晋玄学的"有无之辨"对道教也产生了影响，他们通过对有无问题的讨论也构建了自己的思想体系。但他们只是简单的借鉴，也没有什么深度，远赶不上玄学的思辨性。倒是佛教学者对"有无"概念的讨论有所突破，这给了隋唐重玄学者以启发。隋唐重玄学学者利用"内外双遣"的方法，对魏晋玄学"有无之辨"予以扬弃，实现了道教理论的升华。

第一节 道玄通一：玄学思潮对魏晋南北朝道教的影响

魏晋玄学虽称"玄学"，但"玄"却不是它的重要概念，所谓"三玄"只是对《老子》《庄子》《周易》三部经典的统称。老子虽然提出"玄之又玄，众妙之门"，① 但未对"玄"做专门论述。其后的道家学者均未对"玄"予以定义，直至西汉末扬雄作《太玄》，才对"玄"做专门论述，并提出"太玄"一词。② "太玄"一词被《太平经》所继承：

老子者，得道之大圣，幽显所共师者也。应感则变化随方，功成则隐沦常住，住无所住，常无不在，不在之在，在乎无极，无极之极，极乎太玄，太玄者，太宗极主之所都也。（《太平经》甲部）

葛洪③也对"玄"做了解释，且用了"有""无"二词，不得不说是受到魏晋玄学的影响。

一、道不若神：魏晋士阶层与道教的关系

道教是黄老之学与神仙方术相结合的产物，而神仙方术是方士的立身之本。也就是说，神仙方术是他们赖以生存的技能。而寻仙和炼丹需要大量的财务，而一般人是无力负担的。故方士更倾心于与统治者合作，这样可以获取更大的利益。虽然秦始皇发现自己被卢生欺骗后，引发了"焚书坑儒"事件，但历代皇帝中仍不乏痴迷者。汉武帝就对李少君深信不疑，

---

① 参见《道德经》一章。

② "夫玄也者，天道也，地道也，人道也，兼三道而天名之，君臣父子夫妇之道。"（《太玄·玄图》）；"精则经疑之事其质乎，令曰：'假太玄，假太玄，孚贞。爰质所疑于神于灵。'休则逢阳，星、时、数、辞从，咎则逢阴，星、时、数、辞违。"（《太玄·玄数》）。

③ 葛洪（283—363年），字稚川，自号抱朴子，晋丹阳郡句容（今江苏句容县）人。为东晋道教学者，著名炼丹家、医药学家。三国方士葛玄之侄孙，世称小仙翁。他曾受封关内侯，后隐居罗浮山炼丹。

而当李少君病死后：

天子以为化去不死也，而使黄锤史宽舒受其方。求蓬莱安期生莫能得，而海上燕齐怪迂之方士多相效，更言神事矣。（《史记·孝武本纪》）

由于刘彻对神仙方术的纵容，虽然实施了"罢黜百家，独尊儒术"政策，但还是使社会信仰上出现了混乱的局面，这样就给道教的产生提供了机会。

《太平经》的问世，使道教具备了理论基础。而"太平道"则是道教最早产生的一个有组织的团体：

初，钜鹿张角自称"大贤良师"，奉事黄老道，畜养弟子，跪拜首过，符水咒说以疗病，病者颇愈，百姓信向之。角因遣弟子八人使于四方，以善道教化天下，转相诳惑。十余年间，众徒数十万，连结郡国，自青、徐、幽、冀、荆、杨、兖、豫八州之人，莫不毕应。（《后汉书·皇甫嵩传》）

后张角打出"苍天已死，黄天当立"的口号而举旗造反，史称"黄巾起义"。黄巾起义最终被统治者镇压下去，却形成军阀割据的局面，加速了东汉王朝的灭亡，也为道教自身的发展制造了障碍。

曹操是靠镇压黄巾起义而成势的，他目睹了道教势力的强大。这使曹操不得不采取措施：

甘始、东郭延年、封君达三人者，皆方士也。率能行容成御妇人术，或饮小便，或自倒悬，爱啬精气，不极视大言。甘始、元放、延年皆为操所录，问其术而行之。（《后汉书·方术列传下》）

曹操把这些人召集起来，表面上是为了谋求养生之术，实际上是为了把他们控制起来。这正如曹植所说：

世有方士，吾王悉所招致，甘陵有甘始，庐江有左慈，阳城有郄俭。始能行气导引，慈晓房中之术，俭善辟谷，悉号三百岁。卒所以集之于魏国者，诚恐斯人之徒，接奸宄以欺众，行妖慝以惑民，岂复欲观神仙于瀛洲，求安期于海岛，释金辂而履云舆，弃六骥而美飞龙哉？自家王与太子及余兄弟咸以为调笑，不信之矣。（《辩道论》）①

---

① 参见《魏志·华佗传》。

可以看到，曹氏父子不但不信道教之术，反而认为很可笑。但出于统治的需要，曹操对道教可谓恩威并重，在打败张鲁后，将汉中数万户民众迁至长安及三辅。其中就有许多五斗米教的徒民，张鲁也被拜将封侯。这是对张鲁与人为善的赏识，也是对五斗米教众的安抚。这在客观上实现了五斗米教在中原地区的传播，也使道教与魏晋士族阶层结下了不解之缘。

曹氏父子虽然表现了对道教的不屑，并刻意地对道教的发展予以限制，但他们也都表现了对慕仙成道的向往。曹操诗云：

天地何长久！人道居之短。天地何长久！人道居之短。世言伯阳，殊不知老。赤松王乔，亦云得道。得之未闻，庶以寿考。歌以言志，天地何长久！

飘遥八极，与神人俱。思得神药，万岁为期。《秋胡行·愿登泰华山》

希望长生不老是人之常情，帝王将相尤之为甚，曹操也不例外。

曹植也有同样的感慨：

人生不满百，戚戚少欢娱。意欲奋六翮，排雾陵紫虚。虚蜕同松乔，翻迹登鼎湖。翱翔九天上，骋辔远行游。东观扶桑曜，西临弱水流。北极登玄渚，南翔陟丹邱。（《游仙》）

据《世说新语·言语》载：

何平叔云："服五石散，非唯治病，亦觉神明开朗。"

五石散含有毒成分，须和酒服下，再加之运动，方可发汗排毒。但服后使人精神焕发，故何晏大加赞赏。何晏是当时清谈的领袖，服食之风也就在文人士大夫中间流行开来。史料有关正始名士与道教关系的材料很少，但从正始名士接受道教的五石散来看，说明道教已经渗入统治阶级上层。

竹林七贤以放达著称，与道士的交往要比正始名士密切。阮籍与道士孙登就有过交往：

籍尝于苏门山遇孙登，与商略终古及栖神导气之术，登皆不应，籍因长啸而退。至半岭，闻有声若鸾凤之音，响乎岩谷，乃登之啸也。遂归著《大人先生传》。（《晋书·阮籍传》）

阮籍虽然委身司马氏集团，但却心怀山林。他在《大人先生传》里，借大人先生之口表达了对神仙的仰慕：

时不若岁，岁不若天，天不若道，道不若神。神者，自然之根也。

阮籍所流露的对自然的倾心，对神仙的向往宛若一名道教徒。这一方面也许是阮籍的真情流露，另一方面则显露了其对现实的失望。

嵇康则：

常修养性服食之事，弹琴咏诗，自足于怀。以为神仙禀之自然，非积学所得，至于导养得理，则安期、彭祖之伦可及，乃著《养生论》。（《晋书·嵇康传》）

《养生论》则告诉人们神仙是存在的：

夫神仙虽不目见，然记籍所载，前史所传，较而论之，其有必矣。

嵇康认为神仙虽然存在，却是享受自然之气而得，不是通过后天的努力所能达到的。然而，如果能养生得法，活到几百岁甚至上千岁都是可能的。

无论从人品上还是思想上，后世对嵇康的评价都很高。冯友兰就认为，嵇康虽受《庄子》的启发，但他既不是注《庄子》，也不是抄《庄子》，嵇康与庄子的见解可以互相启发和印证。① 但嵇康却未能真正理解庄子：

鲁有单豹者，岩居而水饮，不与民共利，行年七十而犹有婴儿之色；不幸遇饿虎，饿虎杀而食之。有张毅者，高门县薄，无不走也，行年四十而有内热之病以死。豹养其内而虎食其外，毅养其外而痛攻其内，此二子者，皆不鞭其后者也。（《庄子·达生》）

从《养生论》我们可以看出，嵇康对养生有独到的见解。但他忘记了庄子的忠告，即"豹养其内而虎食其外，毅养其外而痛攻其内"。故孙登对他说："君性烈而才隽，其能免乎！"② 后其为司马氏所杀也就不足为奇了。而事实上，竹林玄学寄情《庄子》，这只能是"借他人杯中酒自浇胸中块垒，《庄子》成了他们更激动地去感受精神痛苦又不可治愈精神痛苦的无奈之药"③。

---

① 冯友兰. 三松堂全集：第9卷 [M]. 郑州：河南人民出版社，2001：392.
② 参见《晋书·嵇康传》。
③ 卢国龙. 庄子与道教 [M]//胡道静. 十家论庄. 上海：上海人民出版社，2004：120.

张湛是魏晋玄学的终结者，也是与道教相联系的关键人物。张湛的《养生要集》已佚，部分内容被《医心方》《养性延命录》《备急千金要方》《太平御览》及《列子注》转引。从《医心方》转引《养生要集》的内容看，张湛引述了《神仙图》《中经》《少有经》《服气经》《元阳经》《宁先生导引经》等道教经籍，还引用了道士及道教传说人物的言论。另据《医心方·治病大体第一》引《千金方》张湛观点，与现存《备急千金要方》几近相同，由此也可以印证《医心方》引述的真实性。

据此，有学者认为张湛应为道门中人，不然不可能对道教经典如此熟悉。① 我们认为，这种观点有点牵强。其一，《隋书·经籍志》明确其为"东晋光禄勋"②；其二，从张湛《列子注》序中也可以看出，他是有机会接触各类书籍的，当然也包括道教典籍。由此我们可以看出，张湛不但对道教经典很熟悉，而且同道士的交往也很深厚，必然相互影响。陶弘景在《养性延命录》序中表示，"余因止观微暇，聊复披览《养生要集》"，并在行文中多次引用张湛言语。

我们可以看到，整个魏晋玄学发展的历史，也是魏晋统治阶级及士阶层与道教的关系史。

二、援道入术：魏晋南北朝道教的发展

在早期道教中，"道"与"术"是不分的，故陈国符认为："道者，道术也。因道术不同，而有太平道即干君道、五斗米道、帛家道、李氏道等。"③ 我们说过，神仙方术是方士的立身之本，后来成为道士的谋生手段。因而在道教形成很长时间以来是重"术"轻"道"的，或者说是有"术"无"道"的。传统儒家思想自汉武帝"罢黜百家，独尊儒术"至魏晋，虽然在现实中渐失人心，但在理论系统上却日臻完善。佛教在传入中国后，先依附道家经典，通过"格义"的方法逐渐融入中国文化之中。佛教在汉代先被视为道术的一种，之后便是另一番景象："及至魏晋，玄学清谈渐盛，中华学术之面目为之一变，而佛教则更依附玄理，大为士大夫

---

① 强昱. 从魏晋玄学到初唐重玄学［M］. 上海：上海文化出版社，2002：40.

② 另，《晋书·范宁传》称其为"中书侍郎"。

③ 陈国符. 道藏源流考［M］. 北京：中华书局，1963：257.

所激赏。因是学术大柄，为此外来之教所篡夺。"① 不仅如此，佛教学者更是发起对道教的攻击：

神仙之书，听之则洋洋盈耳，求其效犹握风而捕影。是以大道之所不取，无为之所不贵。(《牟子理惑论》)

这不得不引起道教学者的警觉，葛洪因而作《神仙传》，以此告诉人们修道是可以成仙的。

在《神仙传》里，葛洪不但向人们介绍了众多成仙的事例，而且介绍了他们各自成仙的方法。具体方法有导引行气、行房中术、清静守一、服食辟谷，以此证明"神仙可得不死，可学"②。但葛洪知道，单凭这些神仙传说还不能令人信服，一定要有理论的支撑。他在广采博集的基础上完成了《抱朴子》，建立了系统的神仙道教理论体系。

一个思想理论体系的建立，要有它的根本，也就是我们所说的本体。葛洪首先想到了"玄"：

玄者，自然之始祖，而万殊之大宗也。(《抱朴子内篇·畅玄》)

据此，有学者提出，葛洪以"玄"为世界本源，是吸取了玄学思想。③ 也有学者认为"此所谓，原自汉代杨雄之《太玄》，非魏晋玄学之玄"④。我们说，这两种观点都不太确切，葛洪所谓的"玄"的确不是玄学的"玄"。我们前面说过，魏晋玄学虽称"玄学"，但是由"三玄"而来。扬雄提出的"太玄"一词虽为《太平经》和《周易参同契》所引用，但与葛洪的"玄"也是不同的。但是，葛洪的"玄"虽与玄学的"玄"不同，而受玄学思想启发的可能性是存在的。我们来看下面一句：

因兆类而为有，讬潜寂而为无。(《抱朴子内篇·畅玄》)

用"有""无"来界定"玄"，应是受玄学的影响。如果认为这还不够充分的话，我们再看下面一段话：

夫有因无而生焉，形须神而立焉。有者，无之官也。形者，神之宅也。故譬之于堤，堤坏则水不留矣。方之于烛，烛糜则火不居矣。身劳则

---

① 汤用彤. 汉魏两晋南北朝佛教史［M］. 北京：北京大学出版社，2011：67.
② 参见《神仙传》序。
③ 李养正. 道教概说［M］. 北京：中华书局，1989：65.
④ 王明. 抱朴子内篇校释［M］. 北京：中华书局，1985：4.

神散，气竭则命终。根竭枝繁，则青青去木矣。气疲欲胜，则精灵离身矣。夫逝者无反期，既朽无生理，达道之士，良所悲矣！（《抱朴子内篇·畅玄》）

葛洪认为，"形"与"神"的关系就如同"有"与"无"的关系一样，是不可分离的。如果"形"不存在了，那么"神"也就失去了寄托，葛洪以此强调"形"的重要性。我们可以看出，葛洪的思想是通过对"有""无"关系的论述展开的，这明显是受到魏晋玄学"有无之辨"的启发。

虽然如此，葛洪却不能像玄学家那样，通过"有无之辨"再产生一个新的本体来。作为一个道教学者，"道"在他心目中的地位才是最高的：

道者涵乾括坤，其本无名。论其无，则影响犹为有焉；论其有，则万物尚为无焉。隶首不能计其多少，离朱不能察其仿佛，吴札晋野竭聪，不能寻其音声乎窈冥之内，猲猭狚猪疾走，不能迹其兆朕乎宇宙之外。以言乎迩，则周流秋毫而有馀焉；以言乎远，则弥纶太虚而不足焉。为声之声，为响之响，为形之形，为影之影，方者得之而静，员者得之而动，降者得之而俯，昇者得之以仰，强名为道，已失其真，况复乃千割百判，亿分万析，使其姓号至于无垠，去道辽辽，不亦远哉？（《抱朴子内篇·道意》）

此处有关"道"的内涵，同样是围绕"有""无"之间的相互关系展开的。而葛洪认为"道"同"玄"一样，是无所不有、无所不在的，这样二者之间也就出现了矛盾。

那么，怎样处理"玄"与"道"之间的矛盾呢？葛洪把二者结合了起来：

故玄之所在，其乐不穷。玄之所去，器弊神逝。夫五声八音，清商流徵，损聪者也。鲜华艳采，或丽炳烂，伤明者也。宴安逸豫，清醪芳醴，乱性者也。冶容媚姿，铅华素质，伐命者也。其唯玄道，可与为永。（《抱朴子内篇·畅玄》）

就这样，葛洪巧妙地通过"玄道"既解决了"玄"与"道"的矛盾，又利用"玄道"构建了自己的神仙理论体系：

夫玄道者，得之乎内，守之者外，用之者神，忘之者器，此思玄道之要言也。得之者贵，不待黄钺之威。体之者富，不须难得之货。高不可登，深不可测。乘流光，策飞景，凌六虚，贯涵溶。出乎无上，入乎无下。经乎汗漫之门，游乎窈眇之野。逍遥恍惚之中，倘佯彷佛之表。咽九华于云端，咀六气于丹霞。俳徊茫昧，翱翔希微，履略蜿虹，践跚旋玑，此得之者也。（《抱朴子内篇·畅玄》）

通过"玄"与"道"的结合，葛洪把神仙之道与本体之道结合起来，修道与成仙也就结合了起来。

《周易参同契》被称为丹经之祖，而葛洪在此基础上亦有重大突破。《周易参同契》是围绕《周易》展开的，而《周易》在魏晋时是"三玄"之一，而此时的易学也由汉代的"象数"之风向"义理"考究转化。故有学者认为："正是在魏晋玄学派易学显扬的时代学风影响下，东晋神仙学家、炼丹家葛洪摈落了以汉易象数、卦气说为原理的魏伯阳《周易参同契》，构建了不讲卦气、卦变、纳甲的新的神仙金丹道理论。"① 比起前人来，葛洪的理论更加务实。他不但告诉人们服食金丹的重要性，还向人们展示了金丹的原理：

夫金丹之为物，烧之愈久，变化愈妙。黄金入火，百炼不消，埋之，毕天不朽。服此二物，炼人身体，故能令人不老不死。此盖假求于外物以自坚固，有如脂之养火而不可灭，铜青涂脚，入水不腐，此是借铜之劲以扞其肉也。金丹入身中，沾洽荣卫，非但铜青之外傅矣。（《抱朴子内篇·金丹》）

据今天的科学知识来看，这明显是错误的。

作为金丹派的重要代表人物，葛洪既有执着的钻研精神，又有着虔诚的神仙信仰。他坚信只要人们的行为符合"玄一之道"，在修身养性的前提下，通过服食金丹定能成仙。就如他所说：

《龟甲文》曰：我命在我不在天，还丹成金亿万年。（《抱朴子内篇·黄白》）

在葛洪完成以金丹道为中心的神仙理论体系以后，天师道（五斗米道）也开始了由符箓向义理的转化，其成果便是上清、灵宝、三皇经法的

---

① 李养正. 道教义理综论［M］. 北京：宗教文化出版社，2009：253.

形成。至东晋末年，由于孙恩①起兵作乱、滥杀无辜，使天师道渐失民心，而此时佛道斗争愈加激烈。在这种内忧外患之中，寇谦之担当起改革道教的重任。

寇谦之，北魏道士，生于东晋兴宁三年（365 年），卒于北魏太平真君九年（448 年），祖籍上谷昌平（今属北京市），后徙居冯翊万年（今陕西临潼北）。其父寇修之在前秦苻坚时为东莱太守，兄寇赞曾为北魏南雍州刺史。其先祖因随张鲁投降曹魏而北迁，为世奉五斗米道的大族。

由于北魏统治者宣称自己为汉族血统：

魏之先，出自黄帝轩辕氏。黄帝子曰昌意，昌意之少子受封北国，有大鲜卑山，因以为号。其后世为君长，统幽都之北广莫之野，畜牧迁徙，射猎为业，淳朴为俗，简易为化，不为文字，刻木结绳而已。（《北史·魏本纪》）

既为汉族人，不能不信汉人的宗教，于是采取了崇道抑佛的政策。再加上太常卿崔浩的推荐，寇谦之很快就取得了魏太武帝的信任，为改革五斗米道铺平了道路。寇谦之的改革面很广，最突出的有三点：第一，除去男女合气之术；第二，倡"六道轮回"以警示；第三，将服饵修炼之术与符水禁咒之术合而为一。改革后的五斗米道被称作"新天师道"，又称"北天师道"，这是相对于陆修静改革的"南天师道"而言的。

陆修静，南朝刘宋道士，生于后秦弘始八年（406 年），卒于宋昇明元年（477 年），字元德，吴兴东迁人。系三国吴丞相陆凯后裔，世为南朝高门著姓。

同寇谦之一样，陆修静也受到统治者的厚待。陆修静最大的贡献是建立起以"三洞宗元"为信仰的经教体系，即洞真、洞玄、洞神三部。洞真部以《上清经》为中心，洞玄部以《灵宝经》为中心，洞神部以《三皇文》为中心，这使道教经书走向系统化的道路，为后世编修《道藏》奠定了基础。此外，陆修静还编著道教仪范，促进了道教的正规化、制度化，也在客观上实现了道教的官方化。

---

① 孙恩，生年不详，卒于元兴元年（402 年），琅琊人，吴孙秀之族裔，世奉五斗米道。

陶弘景是继陆修静之后，南朝又一位卓越的道教学者。陶弘景，南朝齐梁时道士，生于宋孝建三年（456 年），卒于梁大同二年（536 年），字通明，自号华阳隐居，谥贞白先生，丹阳秣陵（今江苏南京）人，系三国东吴镇南将军荆州刺史陶濬七世孙。陶弘景曾从陆修静的弟子孙游岳学道教符图经法，算是陆修静的再传弟子。

陶弘景对以往流行的葛洪金丹道教、杨义的上清经箓道教以及陆修静的南天师道进行了批判与吸收，开创了茅山宗。陶弘景学识渊博、著作丰硕，涉及医术、炼丹、天文、地理、兵书、经学、艺术等多个领域，称得上是魏晋南北朝道教学者中的集大成者。《真诰》《登真隐诀》《真灵位业图》是陶弘景的重要著作，也为上清派形成独特的教义奠定了基础。其中的《真灵位业图》是颇有争议的一部书，也是影响力最大的著作。该书构建了一个等级有序、统属分明的神仙谱系，是道教神灵崇拜的雏形。

魏晋南北朝道教的发展，由葛洪确立神仙理论体系开始，到陶弘景调和三教做了总结，使道教从早期的原始状态发展成教义完备的成熟宗教，并形成规模宏大的不同教派。在与儒释两家的斗争中，从最初受统治者压制，到后来得到认可，成为官方正统宗教。所以说，魏晋南北朝道教无论从理论上还是实践上，都为隋唐道教的发展繁荣奠定了坚实的基础。

第二节　非有非无：对魏晋玄学有无观的超越

魏晋南北朝道教学者们，或忙于著经，或忙于教派改革，他们的历史功绩是不容忽视的。但在"有无之辨"上，他们还是沿着玄学家们的思路走下去的，而没有去到道家的思想源头（老庄）上寻找突破，这个任务首先是由佛教学者去做的。而隋唐重玄学者在前人的基础上，通过"双遣"的方法实现了对魏晋玄学的超越，以"非有非无"完成了"有无之辨"的终结。

一、不真空论：佛教学者有无观的集中展现

据《高僧传·竺法雅传》载：

法雅，河间人，凝正有器度。少善外学，长通佛义。衣冠士子，咸附咨禀。时依门徒，并世典有功，未善佛理。雅乃与康法朗等。以经中事数，拟配外书，为生解之例，谓之格义。乃毗浮、相昙等，亦辩格义，以训门徒。雅风采洒落，善于枢机，外典佛经，递互讲说。与道安、法汰每披释凑疑，共尽经要。

这是佛教学者给了"格义"的定义，即用"外书"的术语和佛经的相关术语对比，向弟子们来解释佛经。① 这里的"外书"，多是指《老子》《庄子》。而到后来多用玄学义理来"格义"佛学，到东晋时形成玄学化的"六家七宗"。②

由于"格义佛教"是中国早期佛教的主要形式，而格义的工具主要是老庄哲学。因而佛教学者对老庄哲学都很精通：

遁尝在白马寺与刘系之等谈《庄子·逍遥篇》，云："各适性以为逍遥。"遁曰："不然。夫桀、跖以残害为性，若适性为得者，从亦逍遥矣。"于是退而注《逍遥篇》，群儒旧学，莫不叹服。（《高僧传·支遁传》）

支道林对庄子的注解，令儒道两家学者都为之折服，可见他在老庄哲学上下了功夫。而这些又都体现在他的佛学论著里：

若存无以求寂，希智以忘心，智不足以尽无，寂不足以冥神，何则故有存于所存。有无于所无，存乎存者非其存也，希乎无者，非其无也。何则，徒知无之为无，莫知所以无。知存之为存，莫知所以存。希无以忘无，故非无之所无。寄存以忘存，故非存之所存。莫若无其所以无，忘其所以存。忘其所以存，则无存于所存。遗其所以无，则忘无于所无。忘无故妙存，妙存故尽无。尽无则忘玄，忘玄故无心，然后二迹无寄无有冥尽。（《大小品对比要抄序》）

所谓"忘存""忘无"，是对"有""无"的否定，这样就可"二迹无寄"，从而达到"无有冥尽"的境界。

---

① "格义"是用原本中国的观念对比（外来）佛教的观念，让弟子们以熟悉的中国（固有的）概念去达到充分理解（外来）印度的学说（的一种方法）。（汤用彤. 理学·佛学·玄学 [M]. 北京：北京大学出版社，1991：283.）

② 潘桂明. 中国佛教思想史稿：汉魏两晋南北朝卷上 [M]. 南京：江苏人民出版社，2009：120.

"格义"的方法虽利于佛经的传播，但也容易断章取义，有违佛学义旨。对此，东晋佛经领袖释道安欲改变这种现状，但未能如愿。这就如任继愈所说的："他（释道安）认为'先旧格义，于理多违'，但就他所理解的佛教哲学仍然没有超出魏晋唯心主义玄学家对于老庄的理解。"① 在有无观上，释道安②主张：

> 无在万化之前；空为众形之始。夫人之所滞，滞在未（末）有。若诧（宅）心本无，则异想便息。
>
> ……………
>
> 一切诸法，本性空寂，故云本无。（《本无义》）③

释道安虽然提出"本无"的概念，但没能跳出魏晋玄学"以无为本"的圈子。因而没有实现对魏晋玄学的超越，中观学派的鸠摩罗什④对此予以了突破。

罗什不但提出了要破"有无"，而且提出破"非有非无"：

> 是故佛意欲令出有无故，说非有非无，更无有法。不知佛意者，便着非有非无，是故佛复破非有非无。若非有非无，能破有无见。更不贪非有非无者，不须破非有非无也。若非有非无，虽破有无，还戏论非有非无者。尔时佛言，舍非有非无，亦如舍有无。（《鸠摩罗什法师大义》卷下）⑤

中观学派另一位重要人物僧肇⑥深刻领悟了罗什的思想，故罗什评价

---

① 任继愈. 汉唐佛教思想论集［M］. 北京：人民出版社，1998：23. 其中，"先旧格义，于理多违"，出自《高僧传·释僧光传》。

② 释道安，俗姓魏，常山扶柳人（今河北冀州），生于永嘉六年（312 年），卒于太元十年（385 年）。

③ 胡中才. 道安著作译注［M］. 北京：宗教文化出版社，2010. 凡释道安著作相关引文均出自此书。

④ 鸠摩罗什，音译为鸠摩罗耆婆，又作鸠摩罗什婆，汉语的意思为"童寿"，简称罗什。生于建元二年（344 年），卒于义熙九年（413 年）。

⑤ 鸠摩罗什法师大义［M］//张元. 大正藏：第 45 册. 呼和浩特：内蒙古人民出版社，1992.

⑥ 僧肇，俗姓张，生于东晋太元九年（384 年），卒于东晋义熙十年（414 年），京兆（今陕西省西安市）人。

说"秦人解空第一者，僧肇其人也"①。

僧肇的佛学思想也是印度佛学与老庄思想结合的产物，并受到魏晋玄学思潮的影响。僧肇在其《肇论》里大量引用老庄的思想及语言文字，如《不真空论》中的"有""无"，《物不迁论》的"动静"，《涅槃无名论》中的"有名""无名"等。其中，"有""无""动静"不仅是老庄所讨论的问题，更是魏晋玄学的重要议题。有学者对这个问题进行了缜密的考证，在此不予赘述。② 但与以往学者不同的是，僧肇在二者的基础上均予以了超越。

在"有无"问题上，僧肇认为：

寻夫不有不无者，岂谓涤除万物，杜塞视听，寂寥虚豁，然后为真谛者乎？诚以即物顺通，故物莫之逆；即伪即真，故性莫之易。性莫之易，故虽无而有；物莫之逆，故虽有而无。虽有而无，所谓非有；虽无而有，所谓非无。如此，则非无物也，物非真物。（《肇论·不真空论》）

僧肇认为，所谓"非有非无"不是无视一切，而是要人辨别真伪，透过现象把握本质。

僧肇为《维摩诘经》作注说：

欲言其有，有不自生。欲言其无，缘会即形。会形非谓无，非自非谓有。且有有故有无，无有何所无？有无故有有，无无何所有？然则自有则不有，自无则不无。此法王之正说也。（《佛国品》注）

僧肇在这里既否定了"崇有"，又否定了"崇无"。

在前人的基础上，三论宗的吉藏③提出了著名的"四句"：

一有，二无，三亦有亦无，四非有非无。（《净名玄论》）④

我们可以看到，三论宗继承了中观学派的思维方法，即"三论宗用来

① 净名玄论：卷六 [M] //张元. 大正藏：第38册. 呼和浩特：内蒙古人民出版社，1992.

② 许抗生. 僧肇评传 [M]. 南京：南京大学出版社，1998：177-189.

③ 吉藏，三论宗创始人，祖籍安息，俗姓安，又称胡吉藏。生于梁太清三年（549年），卒于唐武德六年（623年）。祖世避仇移居南海（今广州），后迁金陵（今南京）。其名为真谛所取。

④ 净名玄论：卷一 [M] //张元. 大正藏：第38册. 呼和浩特：内蒙古人民出版社，1992.

思辨和批判一切的，是'破而不立'的方法，他们不留一点执着为他人所破"①。他们否定"有无"，进而否定"非有非无"，而否定之后是什么他们没有说，这个任务是由隋唐重玄学者来完成的。

二、重玄之理：成玄英对"非有非无"的超越

我们知道，魏晋玄学是通过"有无之辨"展开的，而成玄英构建他的重玄学体系也是从"有无"开始的。成玄英首先给"玄"下了定义：

玄者深远之义，亦是不滞之名。有无二心，微妙两观，源乎一道，同出异名。异名一道，谓之深远，深远之玄，理归无滞。既不滞有，亦不滞无，二俱不滞，故谓之玄。(《道德经义疏》一章)②

在这里，成玄英在给予"玄"定义的同时也对"有无"予以了初步否定。处于"有无"之间或之外的就是"玄"。那么什么是"重玄"呢？即：

有欲之人，唯滞于有，无欲之士，又滞于无，故说一玄，以遣双执。又恐学者，滞于此玄，今说又玄，更祛后病。既而非但不滞于滞，亦乃不滞于不滞，此则遣之又遣，故曰玄之又玄。(《道德经义疏》一章)

只是不滞于"有无"还不够，还要不滞于"不滞"，这就是"玄之又玄"。那么怎样才能摆脱"有无"的困境？这就是"遣"，"一遣"可达"一玄"，"双遣"即"玄之又玄"。对于"双遣"的方法，成玄英还有更为详尽的描述：

前以无遣有，此则以有遣无，有无双离，一中道也。

前以无名遣有，次以不欲遣无。有无既遣，不欲还息，不欲既除，一中斯泯。此则遣之又遣，玄之又玄，所谓探幽索隐、穷理尽性者也。(《道德经义疏》三十七章)

就这样，成玄英通过"双遣"的方法实现了对"有无"这一玄学主题的超越。成玄英称其思想源自孙登：

(孙登)所言玄者，深远之名，亦是不滞之义。言至深至远，不滞不

---

① 吕澂. 中国佛学源流略讲 [M]. 北京：中华书局，1979：318.

② 蒙文通. 道书辑校十种 [M]. 成都：巴蜀书社，2001. 凡引《道德经义疏》原文均出自此处。

著，既不滞有，又不滞无，岂唯不滞于滞，亦乃不滞于不滞，百非四句，
都无所滞，乃曰重玄。(《老子道德经义疏开题》)

这是成玄英对孙登思想的总结，也是为自己的思想来源找根据。孙登
有没有用"双遣"一词还无从考证，而罗什、僧肇却对"双遣"方法予以
了运用。郭象在《庄子·齐物论》注中也提到了"双遣"：

今以言无是非，则不知其与言有者类乎不类乎？欲谓之类，则我以无
为是，而彼以无为非，斯不类矣。然此虽是非不同，亦固未免于有是非
也，则与彼类矣。故曰类与不类，又相与为类，则与彼尤以异也。然则将
大不类，莫若无心。既遣是非，又遣其遣，遣之又遣之，以至于无遣，然
后无遣无不遣，而是非自去矣。

这里对"双遣"方法的表述可谓经典，成玄英也受其影响。对此，成
玄英疏曰：

类者，辈徒相似之类也。但群生愚迷，滞是滞非。今论乃欲反彼世
情，破兹迷执，故假且说无是无非，则用为真道。是故复言相与为类，此
则遣于无是无非也。既而遣之又遣，方至重玄也。

郭象与成玄英都谈"双遣"，但两人的目的不同。郭象"是非"遣去
之后的结果是"是非自去"，是为他的"独化说"服务的。而成玄英认为
"是非"双遣的结果是"玄之又玄"，也就是"重玄"。所以说，"双遣"
在郭象那里是万物"独化"的前提，在成玄英这里则是通往"重玄"的
方法。

成玄英依郭象注而疏，必定要受郭象思想的影响。虽然说《庄子疏》
是成玄英晚年思想的体现，但他作此疏用了三十年的时间，而在他注解
《老子》时对《庄子》就已非常熟悉，他在《老子道德经义疏》中多次引
用庄子言论就是证明。所以有学者认为，成玄英的重玄学理论是在隋唐佛
教思想与郭象、孙登以来的中国重玄思想相契合而共生的产物，并进而推
出"道家重玄学"之宗是庄子。①

成玄英的"双遣"思想受郭象影响是有一定道理的，但把"重玄学"
的源头推到庄子未免有些牵强。作为道家哲学，隋唐重玄学是对先秦老庄

---

①　何建明. 道家思想的历史转折 [M]. 武汉：华中师范大学出版社，1997：31-35.

哲学的继承与发展，二者之间定有相通之处，但不能以此作为推出庄子是重玄学之宗的根据。既然成玄英对郭象的"双遣"思想予以了继承，那么为什么成玄英只认孙登为重玄思想之宗，而不提郭象呢？其一，郭象虽提到"双遣"，但只有一处，未成体系；其二，郭象"双遣"思想的归宿是"独化"，而不是"重玄"；其三，郭象与向秀的《庄子注》之间存在争议，很难说这种思想是出自哪一家。所以说，成玄英未把郭象列为"双遣"或"重玄"思想之宗是有原因的。郭象在《庄子注》中所表达的"双遣"思想已相当成熟，到底是其首创还是有其他出处，需要进一步考证。

成玄英的"双遣"思想方法在《庄子疏》中应用的更加广泛，思想也更加成熟。"双遣"的对象扩大了：

内外双遣，物我两忘，故于内外之分定而不忒也。（《逍遥游》疏）

物我双遣，形德两忘，故放任乎变化之场，遨游于至虚之域也。（《德充符》疏）

人天双遣，物我两忘。（《则阳》疏）

这里的"内外""物我""人天"等万事万物都成了遣去的对象。另外，此处的"忘"与"遣"是同义的。

除"忘"之外，"绝"字在成玄英思想体系中也与"遣"具有同样的功能。成玄英的《道德经义疏》中出现了"双绝"的概念：

道契重玄，境智双绝。

他又提出了"三绝"①，但未予以界定，而在《庄子疏》中则明确提出：

一者绝有，二者绝无，三者非有非无，故谓之三绝也。（《大宗师》疏）

通过"双遣"，成玄英对"有无之辨"予以了超越，实现了对魏晋玄学的扬弃。

昙影曾注《中论》，他在《中论》序中说：

其立论意也，则无言不穷，无法不尽。然统其要归，则会通二谛，以真谛故无有，俗谛故无无。真故无有，则虽无而有，俗故无无，则虽有而

---

① 参见《道德经义疏》十九章。

无。虽有而无，则不累于有，虽无而有，则不滞于无。不滞于无，则断灭见息，不存于有，则常等冰消。寂此诸边，故名曰中；问答析微，所以为论。(《出三藏记集》卷十一)①

针对魏晋玄学的"有无之辨"，昙影以真俗二谛来取代"无无""无有"，试图淡化人们对"有""无"概念的执着，昙影在有无观上的态度是罗什观点的延续。

前面说过，中观学派的思维方式是彻底否定，因而罗什不仅认为破有无是戏论，即使破非有非无也是戏论：

是故佛意欲令出有无故，说非有非无，更无有法。不知佛意者，便着非有非无，是故佛复破非有非无。若非有非无，能破有无见。更不贪非有非无者，不须破非有非无也。若非有非无，虽破有无，还戏论非有非无者。尔时佛言，舍非有非无，亦如舍有无。(《鸠摩罗什法师大义》卷下)

据此，蒙文通认为罗什是重玄学形成的关键人物："究乎注《老》之家，双遣二边之训，莫先于罗什，虽未必即罗什之书，要所宗实不离其义，重玄之妙，虽肇乎孙登，而三翻之式，实始乎罗什。"②

而有学者提出，不能将"重玄"简单理解为"遣有遣无"的"双遣"，更不能将重玄理论简单地等同于佛教三论宗的"空论"与"中道观"。佛教所谓的"四句"即"有、无、亦有亦无、非有非无"，所谓的"百非"即一切皆非，所谓的"双非"即"非有、非无"，而所谓的"双遣"仅指"遣有、遣无"。重玄学的"双遣"是"遣其遣"，即"遣之又遣，以至于无遣"。中道观的基础是"八不"，即"不生不灭、不常不断、不一不异、不来不去"。在重玄学者看来，佛教这些观点还只是停留在"一玄"的境界。③

成玄英对佛教"非有非无"观念予以了继承，在其行文之中随处可见。但"否定"的思维方式是道家的传统，因而成玄英对"非有非无"也予以了超越：

行人虽舍有无，得非有非无，和二边为中一，而犹是前玄，未体于重

①　出三藏记集 [M] //张元. 大正藏：第 55 册. 呼和浩特：内蒙古人民出版社，1992.

②　蒙文通. 道书辑校十种 [M]. 成都：巴蜀书社，2001：361.

③　董恩林. 唐代《老子》诠释文献研究 [M]. 济南：齐鲁书社，2003：54-55.

玄理也。(《道德经义疏》七十九章)

成玄英认为超越"非有非无"，就可体验重玄之理。中观学说破"非有非无"是戏说，其结果也是归于"寂无"，而在重玄学那里却是最高境界，二者不可同日而语。

三、妙有妙无："有无之辨"的终结

成玄英以"非有非无"为重玄学的有无观定下了基调，后重玄学者多追随之。其中较有影响的是李荣的"理绝有无"，王玄览的"横竖相因"，至孟安排以"妙有妙无"对"有无之辨"做了总结。

李荣的思想与成玄英极为接近，强思齐也把二人对《道德经》的注解都收入其纂疏中，因而蒙文通认为他可能是成玄英的弟子。①

李荣的主要著作有《道德经注》和《西升经注》，他在《道德经注》序言中提出：

魏晋英儒，滞玄通于有无之际；齐梁道士违惩劝于非迹之域，雷同者望之而雾委，唯事谈空，迷方者仰之以云蒸，确乎执有。②

由此可见，无论是玄学家的有无观，还是齐梁道士的有无观，李荣都是不予认可的，这也是他注解《道德经》的原因之一。

与以往学者不同，李荣给"有""无"下了定义：

有者，天地也，天地有形故称有。天覆地载，物得以生，故言生于有。无者，道也，道非形相，理本清虚，故曰无。天地以道生，有生于无也。(《道德经注》四十章)

李荣把"天地"称为"有"，把"无"称为"道"。道生万物，故"有生于无"。但这与王弼的"以无为本"是根本不同的，王弼是以"无"取代了"道"成为万物的本源，而李荣认为"无"就是"道"。

同成玄英一样，李荣也认为玄妙的境界应该是"有无双遣"的：

道玄德妙，理绝有无，有无既绝，名称斯遣。(《道德经注》一章)

李荣的思想主要来自成玄英，同时受佛教三论宗的影响，但对二者均

---

① 蒙文通. 道书辑校十种 [M]. 成都：巴蜀书社，2001：359.

② 蒙文通. 道书辑校十种 [M]. 成都：巴蜀书社，2001. 凡引李荣《道德经注》原文均出自此处。

有超越：

> 道德杳冥，理超于言象，真宗虚湛，事绝于有无。寄言象之外，托有无之表，以通幽路，故曰玄之。犹恐迷方者胶柱，失理者守株，即滞此玄，以为真道，故极言之，非有无之表，定名曰玄。借玄以遣有无，有无既遣，玄亦自丧，故曰又玄。又玄者，三翻不足言其极，四句未可致其原，寥廓无端，虚通不碍，总万象之枢要，开百灵之户牖，达斯趣者，从妙之门。（《道德经注》一章）

这里的"三翻"就是成玄英所谓的"三绝"，"四句"即佛教的"有、无、亦有亦无、非有非无"。

成玄英通过"有无双遣"实现了对魏晋玄学"有无之辨"的扬弃，而李荣基本上继承了成玄英的这一思想方法。至王玄览①依然沿袭这一思路：

> 有法，无法，有无法；非有法，非无法，非有无法。正性处之，实无所有。无时无有有，无法从何名？有时无无有，有法从何生？二法不同处，云何和合成？若有有无法，可许非有非无成。有无既也破，非有非无破。二法既也破，云何和合名？出诸名相而入真空，真空亦空而非无也。（《玄珠录》卷下）②

这是对成玄英的"三绝"和佛教"四句"的融合，只不过王玄览在这里引入了"法"和"空"③的概念，泛指事物"生成"（规则）和"存在"（寂灭）状态。

王玄览对"四句"也予以了否定：

道无所不在，常在四句，所在皆无，四句非道。（《玄珠录》卷上）

老子认为：

天下万物生于有，有生于无。（《道德经》四十章）

而庄子则认为：

---

① 王玄览，俗名晖，法名玄览，生于唐武德九年（626年），卒于武周神功六年（697年），广汉绵竹（今四川绵竹）人，祖籍并州太原（今山西太原），其思想主要体现在《玄珠录》中。

② 朱森溥. 玄珠录校释［M］. 成都：巴蜀书社，1989. 凡《玄珠录》原文均出自此书。

③ 法，佛教名词，音译为达摩。佛教用以泛指一切事物或现象，包括过去、现在和将来的万事万物，佛教的教义也称为法。空，指事物假而不实，没有质的规定性，是因缘所生，刹那生灭。

有不能以有为有，必出乎无有，而无有一无有。（《庄子·庚桑楚》）

王玄览对此予以了继承与发挥：

有无是相因，有有则有无，有无是相违；无时无有有，有无无亦无，前后是相随。前言有分别，后说无分别。在无分别时，有分别已谢，是则前谢后亦谢。有无相因生，有有无亦有，无有有亦有，此名横相因；各于有无中，是有是非有，是无是非无，此是竖相因。（《玄珠录》卷下）

老子的"天下万物生于有，有生于无"，指的是有无相生。王玄览真正理解了老子，提出了有无相因，这与老子的有无相生极为接近。他又提出横竖相因，使道家思想在有无观上别开生面。

从隋至唐初，思想界被一派超脱有无二论的气氛笼罩着。道教方面，重玄学家钟情于"有无双遣"；佛教方面，秉承中观学说的三论宗，天台宗则高扬"非有非无"的"百非"之论。至高宗朝，超绝"有无"二论的历史任务基本完成。① 也就是说，起自魏晋玄学的"有无之辨"到了总结的时候，孟安排通过《道教义枢》完成了这一任务。

孟安排，唐青溪山道士，具体事迹不详，著《道教义枢》。《道教义枢》，十卷，凡三十七条教义，约成书于武则天时代。该书是对《玄门大义》和前代其他道教教义的总结，故每条教义均以"义曰"开始，而以"释曰"做解释，收集了当时道教的主要教义。

孟安排在《道教义枢·有无义》开篇即云：

义曰：有无者，起乎言教，由彼色空，若体无物而非无，则生成乎正观，知有身而非有，则超出于迷途，此其致也。有无二名，生于伪物。《金液经》云：有有则甚惑，乐无亦未达，达观兼忘，同归于玄。既曰兼忘，又忘其所忘，知泯于有无，神凝于重玄，穷理尽性者之所体也。

孟安排从重玄学的角度对"有""无"问题做了总结，能消除"有""无"的限制，专注于"重玄"，也就达到了人生的最高境界。

孟安排也给"有""无"下了定义：

有以体碍为义，无以空豁为义，此就麤为释。若妙无者，非体非碍，能体能碍，不豁不空，能空能豁。（《道教义枢·有无义》）

---

① 卢国龙. 中国重玄学：理想与现实的殊途同归［M］. 北京：人民中国出版社，1993：306.

色是累碍之法，九圣已还，既滞欲累，并皆有色，真道累尽，唯有妙心。但此妙心，具一切德，寂不可见，名为妙无。动时乘迹，同物有体。心色虽妙，物得见之，故名妙有。(《道教义枢·法身义》)

对于"有""无"与"道"的关系，他认为：

《西升经》云：道非独在我，万物皆有之。老子经教云：道无不在。有即妙有，无即妙无。以此为论，其离有无，则复有道？从源论有无，义可摄尽。但知诸法，非直无边，亦自本无所有，何摄何尽？今言摄者，以无摄为摄，无所不摄；以无尽为尽，故无所不尽也。(《道教义枢·有无义》)

以"道"论之，所谓的"有无"是离不开"道"的。又以"道"论之，世间根本没有所谓的"有""无"，这都是出自人们的"心"。孟安排把这个"心"称为"妙心"，而把由"妙心"幻化的"有无"称为"妙有""妙无"。孟安排在这里以"妙有妙无"对魏晋玄学的有无观予以了超越，对隋唐重玄学的有无观予以了总结。

第四章

重玄之道：隋唐重玄学向先秦道家的回归

"双遣"思想方法再丰富和成熟，也只是重玄学家的手段，而不是目的，这同魏晋玄学家利用"有无之辨"是一样的。重玄学家的目的有三：其一，通过对"有无"观念的超越，实现对魏晋玄学的扬弃；其二，构建自己的"重玄学"体系，这也是他们的主要目的。在这两个目的都达到后，也就实现了第三个目的，即纠正被魏晋玄学偏离的道家思想，实现向先秦道家主体思想的回归。

第一节　括囊百氏：重玄学理论体系的形成

"钳揵九流，括囊百氏"是成玄英用来评价庄子的：

夫庄子者，所以申道德之深根，述重玄之妙旨，畅无为之恬淡，明独化之窅冥，钳揵九流，括囊百氏，谅区中之至教，实象外之微言者也。（《庄子疏》序）

成玄英给予庄子至高的评价，庄子是当之无愧的，成玄英本人又何尝不是如此呢?

一、道冠重玄：重玄本体论的确立

唐武德四年（621年）太史令傅奕①两次上奏朝廷，指责佛教危害国家和社会，要求废除佛教。这立刻遭到佛教护法总领法琳②等人的反击，遂发展为二教的义理之争。辩论使"道"与"自然"的关系问题摆在了道教学者的面前，同时也使他们处于一种十分尴尬的境地。老子认为"道"是宇宙的根本法则，但又说"道法自然"，那"自然"岂不是又成了本源，这遭到了佛教徒的诘难。另一方面道教的修道养身之术也遭到法琳等人的质疑，修道既然不能成仙，那修之何用？这不得不引起成玄英等道教学者的警觉和反思。

故成玄英卧薪尝胆：

玄英不揆庸昧，少而习焉，研精覃思三十年矣。依子玄所注三十三篇，辄为疏解，总三十卷。虽复词情疏拙，亦颇有心迹指归。不敢贻厥后人，聊自记其遗忘耳。（《庄子疏》序）

成玄英集三十年心血而成《庄子疏》，完成了重玄学理论体系的构建。

传统的道教的"道"受到了佛教徒的攻击，所以他的重玄理论将"自然"与"重玄"结合起来，使"重玄"达到了本体的高度：

夫物莫不自是，故是亦一无穷；莫不相非，故非亦一无穷。唯彼我两忘，是非双遣，而得环中之道者，故能大顺苍生，乘之游也。（《庄子·齐物论》疏）

此疏前一句讲的是物性自然，后一句讲的是主客体相统一，遣去"是非"，从而"无是无非"，而达到"重玄"之境，这样就使"自然"与"重玄"统一起来。在成玄英看来，"重玄"既是最高的本体，也是生命的境界。走向"重玄"，即通过修道而"得道"的极致。"重玄"是过程和目标的统一，也是本体与境界的统一。

---

① 傅奕，唐相州邺（今河南省安阳市）人，生于梁天成元年（555年），卒于唐贞观十三年（639年）。精于天文历数，崇尚儒家与道家，反对佛教。

② 法琳（572—640年），俗姓陈，原籍颍川。他的远祖曾到襄阳做官，因之留寓该地。生于陈太建四年（572年），卒于唐贞观十四年（640年）。隋末初高僧，能言善辩，参与了佛道论争，彦琮（隋代著名高僧）称之为"唐护法沙门"。

但是，成玄英不能像魏晋玄学家那样，通过否定"道"来构建自己的哲学体系。也就是说，成玄英必须继承道家的"道"。成玄英把"道"称为"至道"：

夫能达理通玄，识根知本者，可谓观自然之至道也。（《庄子·知北游》疏）

因为在他看来，道是至高无上的，道是至尊，道具有绝对的权威性。[①]他从不同侧面表达"道"的这种绝对权威性：

至道深玄，不可涯量。

言至道微妙。

言至道幽微，非愚非智，升三清之上，不益其明，堕九幽之下，不加其暗，所谓不增不减。（《道德经义疏》）

由此可见，"道"在成玄英心目中的地位是何等重要，也体现了成玄英对道家思想的钟情，这远非魏晋玄学家们所能相比的。

成玄英既要继承道家的"道"，又要构建自己的重玄理论体系。那么西华法师是怎么来处理"道"与"重玄"之间的关系呢？

言大道神于鬼灵，神于天帝，开明三景，生立二仪，至无之力，有兹功用。斯乃不神而神，不生而生，非神之而神，生之而生者也。故老经云"天得一以清，神得一以灵"也。（《庄子·大宗师》疏）

成玄英认为神鬼、天地能够自生、独化，还是受到"道"的影响，是"道"的作用的延续，其目的是调和郭象的"独化"理论与"道"的矛盾。

成玄英进一步认为：

大道在恍惚之内，造化茫昧之中，和杂清浊，变成阴阳二气。二气凝结，变而有形。形即成就，变而生育。（《庄子·至乐》疏）

这是说"道"是处于生成过程之中的，表现出来的是运动和变化的形态。这样，"道"的地位就居于"重玄"之下了。但这不是否定"道"，而是把"道"作为通向"重玄之域"的一个阶段。或者认为，"重玄之域"是"道"的最高境界。就这样，成玄英实现了对传统"道"的继承

---

① 李大华，李刚，何建明. 隋唐道家与道教［M］. 北京：人民出版社，2011：77.

与超越。

在成玄英的重玄学体系中还有另一个关键术语，那就是"重玄之道"：

重玄之道，本自无名，从本降迹，称谓斯起。（《道德经义疏》）

成玄英认为，"重玄之道"实现了"本"与"迹"的完美结合，也解决了"重玄"与"道"的矛盾。

我们知道，《庄子疏》是成玄英重玄思想成熟的标志。郭象认为万物皆"独化"，从而否定了作为万物本源的"道"。中国历来有"疏不破注"的传统，加之成玄英对郭象的尊重，所以成玄英对郭象予以了一定的附和。如：

言天机自尔，坐起无待，无待而独得者，孰知其故，而责其所以哉？（《庄子·齐物论》注）

成玄英疏解为：

夫物之形质，咸禀自然，事似有因，理在无待。而形影非远，尚有天机，故曰万类参差，无非独化者也。（《庄子·大宗师》疏）

但成玄英作为一名道教学者，他不能舍弃道家之根的"道"，所以他没有一味地附和：

夫绝待独化，道之本始，为学之要，故谓之枢。环者，假有二窍；中者，真空一道。环中空矣，以明无是无非，是非无穷，故应亦无穷也。（《庄子·齐物论》疏）

因为"独化"不是独立于事物之外的，"而是指事物的运动变化，是自我矛盾性的表现"①。所以成玄英认为"独化"是"道之本始"，即"道"的形成是不依赖外物的。就这样，成玄英巧妙地化解了郭象哲学与庄子哲学之间的矛盾。既承继了郭象的"独化论"，又维护了"道"的尊严。但这不是成玄英的最终目的，他的目的是对二者进行超越，以进入"重玄之域"：

虽复三绝，未穷其妙，而三绝之外，道之根本，所谓重玄之域，众妙之门，意亦难得而差言之也。（《庄子·大宗师》疏）

成玄英认为，"重玄之域"是"众妙之门"，是"道"的根本。也就

---

① 强昱. 从魏晋玄学到初唐重玄学 [M]. 上海：上海文化出版社，2002：293.

是说，"重玄之域"是在"三绝之外"的，是一种很高的境界。

所以说，成玄英的重玄学是以"道"为本的。他援佛入道，引庄入老，致力于探索"理教""本迹""二观""重玄"，实际上是通过对老子的"玄"和"玄之又玄"的创造性阐释，引导人们进入窥探宇宙万物奥秘的门户。[①] 而"重玄"也不是虚无缥缈的：

> 况丧道日久，流没生死，忽然反本，会彼真原，归其重玄之乡，见其至道之境，其为乐也，岂易言乎！（《庄子·则阳》疏）

这是世人的绝妙归宿，身入其境，会抛弃一切俗念，心灵会得到彻底的解放，这种快乐，非言语所能表达。这就是成玄英为世人寻求的一剂良方，找到解脱现实苦难的一种途径。

作为一名道教理论家，西华法师也要为道教徒的修身提供理论依据，即"修道成仙"之理：

> 夫玄通合变之士，冥真契理之人，不刻意而其道弥高，无仁义而恒自修习，忘功名而天下大治，去江海而谈尔清闲，不导引而寿命无极者，故能唯物与我，无不尽忘，而万物归之，故无不有也。斯乃忘而有之，非有之而有也。（《庄子·刻意》疏）

精通玄理变化的人，不刻意追求就能达到很高的修为。他们能够做到"物我两忘"，故能与宇宙万物融为一体，在这里个体的生命的存亡又算得了什么呢？所以说，成玄英真正理解了老子的"死而不亡者寿"，也对佛教的诘难给予了完美回应。

二、独超方外：得道即可逍遥

说到庄子，人们首先想到的是他那"大鹏展翅"的自由畅想，以及"与天地合一"的精神境界。郭象就将"逍遥游"定为庄子思想的灵魂：

> 夫庄子之大意，在乎逍遥游放，无为而自得，故极小大之致，以明性分之适。（《庄子·逍遥游》注）

后代"治庄"者多追随之，在"逍遥"与"齐物"上狠下功夫，以此作为打开庄子心灵大门的钥匙。

---

① 罗中枢. 论成玄英的重玄方法［J］. 哲学研究，2010（9）：63-69.

庄子生活于一个是非颠倒的时代,① 那时的人们何谈逍遥。而庄子却力图为他们寻求一条解脱之路,所畅想的是一种"绝对逍遥"。而郭象同样身处一个分崩离析的社会,生活于连年战乱中的人们苦不堪言,人心思安是大势所趋。以司马氏为首的新的统治集团更加贪婪、奢侈、残暴,而他们又自认为这一切都是合情合理的。因此他们就要从理论上找根据,以证明他们统治的合理性。郭象作为统治阶级的一员,为了维护统治阶级的合法权益,使广大人民安于被统治的现实,通过对庄子"绝对逍遥"理论的曲解而提出了"足性逍遥"的理论。郭象作为一位思想大家,玄学理论的集大成者,他对庄子必有很深的了解。然有此"误读",实是不得已而为之。

与庄子和郭象相比,成玄英是幸运的,他赶上了一个好时代。唐朝大一统的局面已经形成,社会稳定、国泰民安,统治者对道教也是宠爱有加。贞观五年(631 年),成玄英被召至京师,加号西华法师。成玄英占据了天时、地利、人和,所以说他可以尽情地逍遥:

> 所以逍遥建初者,言达道之士,智德明敏,所造皆适,遇物逍遥,故以逍遥命物。(《庄子疏》序)

这是成玄英对庄子逍遥思想的概述,也是成玄英对自己逍遥观的表达。成玄英认为能逍遥的人必是悟道的人,且智力与道德均有过人之处,这是对庄子逍遥观的认同。另一方面又认为,天地生万物是合情合理的,皆可逍遥,这又是对郭象逍遥观的继承。我们可以看到,成玄英这是刻意对二者进行调和。

我们知道,郭象以"寄言出意"来诠释庄子,而成玄英更多地运用了"章句训诂"。这同样体现在二者对庄子逍遥观的诠释上,郭象没有对"逍遥"二字予以考证,这个工作由成玄英来做了:

> 彷徨,纵任之名;逍遥,自得之称;亦是异言一致,互其文耳。(《庄子·逍遥游》疏)

成玄英认为彷徨与逍遥为互文之词,取其任之自处之意。

> 芒然,无知之貌也。彷徨逍遥,皆自得逸豫之名也。尘垢,色声等有

---

① "彼窃钩者诛,窃国者为诸侯,诸侯之门而仁义存焉,则是非窃仁义圣知邪?"(《庄子·胠箧》)

为之物也。前既遣于形骸，此又忘于心智，是以放任于尘累之表，逸豫于清旷之乡，以此无为而为事业也。（《庄子·大宗师》疏）

无知自得，内外双遣，即可逍遥。

芒然，无心之貌也。彷徨是纵放之名，逍遥是任适之称。而处染不染，纵放于嚣尘之表；涉事无事，任适于物务之中也。（《庄子·达生》疏）

茫然、彷徨、逍遥三词均有悠然自适之意，即无为自适。此处成玄英提出了"无心"一词，冯友兰认为："就逍遥说，一般分别彼此、计较优劣的人，他们的逍遥都是有待的，有条件的。只有'无心'的人，不分别彼此、计较优劣，他们的逍遥才能是'无待'的。"①

郭象认为万物皆"自生"而"独化"，只要他们安于自己的本性，即可逍遥。成玄英对这种思想予以了继承：

运，转也。是，指斥也。即此鹏鸟，其形重大，若不海中运转，无以自致高升，皆不得不然，非乐然也。

大鹏既将适南溟，不可决然而起，所以举击而起，动荡三千，跟跄而行，方能离水。然后缭戾宛转，鼓怒徘徊，风气相抉，摇动而上。涂经九万，时隔半年，从容志满，方言憩止。适足而已，岂措情乎哉！（《庄子·逍遥游》疏）

由于鹏鸟的体型又重又大，如果不从海中起飞，则难以升起。这是不得已而为之，并不是主动去这么做。当大鹏要迁往南海的时候，不能一下子飞起来，要经过很大的努力才能升空，然后借助风力，到达目的地后方才停止。这些都是物性使然，与郭象的观点基本一致。万物只要足性，便可逍遥，而无贵贱高低之分。

夫四生杂沓，万物参差，形性不同，资待宜异。故鹏鼓垂天之翼，托风气以逍遥；蜩张决起之翅，抢榆枋而自得。斯皆率性而动。禀之造化；非有情于遐迩，岂措意于骄矜！（《庄子·逍遥游》疏）

自然化育万物，形体、本性参差不同，且物性相异。鹏与蜩皆悠然自得，故逍遥一也。他们均为本性的体现，没有什么值得夸耀的。成玄英在

---

① 冯友兰. 三松堂全集：第9卷［M］. 郑州：河南人民出版社，2001：467.

这里对郭象的"足性逍遥"的观点予以了认可，而淡化了庄子的"大鹏展翅九万里"的豪迈之情。那么成玄英作为道家学说的继承者，对庄子又如此崇敬，那他为什么要这么做呢？郭象作为统治阶级的一员，一方面为统治者寻求统治的根据，另一方面要使被统治者安于现状，这样社会才能太平。所以说，郭象提出"足性逍遥"也实是"无奈"之举。① 成玄英作为一名道教理论家，他要为广大道教徒寻求修道成仙的理论依据。而广大教徒的个人条件高低不等，成玄英要使他们都树立起修行的信心，故认可只要"足性"，皆可"逍遥"。

成玄英还借鉴了他人有关逍遥的观点：

所言逍遥游者，古今解释不同。今泛举纮纲，略为三释。所言三者：

第一，顾桐柏云："逍者，销也；遥者，远也。销尽有为累，远见无为理。以斯而游，故曰逍遥。"

第二，支道林云："物物而不物于物，故逍然不我待；玄感不疾而速，故遥然靡所不为。以斯而游天下，故曰逍遥游。"

第三，穆夜云："逍遥者，盖是放狂自得之名也。至德内充，无时不适；忘怀应物，何往不通。以斯而游天下，故曰逍遥游。"（《庄子疏》序）

成玄英为我们列举了三种对庄子逍遥观的理解。顾桐柏认为，逍遥即除去有为的拖累，便可无为而逍遥。支道林认为能做到无待、无为，便可逍遥于天下。穆夜则认为对内应加强德性修养，对外应与万物为一，便可逍遥。此段话虽为成玄英摘录别家之言，却也反映出成玄英对逍遥含义的取舍。从中我们可以得到三个信息，即成玄英认为逍遥的前提应是无为、无待和修身。

成玄英是先注老后注庄，故老子的思想对他的影响是举足轻重的。老子认为，无为能使人民幸福和社会稳定：

天下多忌讳，而民弥贫；民多利器，国家滋昏。人多伎巧，奇物滋起；法令滋彰，盗贼多有。

---

① "作为一名玄学理论家，郭象也想'绝对逍遥'。但作为统治阶级的一员，他要为统治阶级的整体利益服务。作为一名政治家，促使社会安定又是他现实的责任。处于如此境地的郭象，他的逍遥也只能是'无奈的逍遥'。"（梁辉成. 无奈的逍遥：论郭象对庄子逍遥观的诠释 [J]. 文艺评论，2013（12）：131-134.）

故圣人云："我无为，而民自化；我好静，而民自正；我无事，而民自富；我无欲，而民自朴。"（《道德经》五十七章）

这里老子采取了对比的手法，有"伎巧"和"法令"就会带来"奇物"和"盗贼"，而无为则社会就能和谐与繁荣。所以，成玄英认为：

夫人御世，接物随机，运权道以行兵，用实智以治国，此则偃武修文用实之时也。

克定祸乱，应须用兵，兵不厌诈，必资奇谲，此则偃文修武用权之世也。

文武之道，应物随时，譬彼蒭庐，方兹刍狗，执而不遣，更增其弊，未若无为无事，凝神姑射之中；不武不文，垂拱庙堂之上。以斯化物，物无疵疠；用此治民，民歌击壤。摄取之妙，其在兹乎！（《道德经义疏》五十七章）

用权治乱，那是不得已而为之。如果能"无为无事""不武不文"，那么世界将万物祥和、万民欢歌，这是治国安民的最佳状态。

老子认为"无为"的最高境界是"无为而无不为"，即：

无为而无不为，取天下常以无事，及其有事，不足以取天下。（《道德经》四十八章）

老子坚信，无为可以取天下，这样天下将处于最佳状态，也是"无为"的最高境界。成玄英认为：

即寂而动，即体而用，故无所不为也。

虽复应物施为，而心未尝有事，此即动而寂也。（《道德经义疏》四十八章）

"寂"和"动"、"体"和"用"若能完美结合，便可无所不为。虽然表面上实施了一些行为，但心如止水，像什么事都没有发生一样，这就叫"即动而寂"。

成玄英在注疏《庄子》时表达了同样的见解：

不材之木，枝叶茂盛，婆娑荫映，蔽日来风，故行李经过，徘徊憩息，徙倚顾步，寝卧其下。亦犹庄子之言，无为虚淡，可以逍遥适性，荫庇苍生也。（《庄子·逍遥游》疏）

这是一幅诗一般的画卷，所有这一切都是清静无为的结果。郭象也讲

"无为"，但他的"无为"是让人人各安其分，不要招惹是非，这样就会相安无事。这是一种低层次的"无为"境界，与老庄和成玄英的"无为"境界是无法相比的。①

庄子认为绝对的逍遥应是"无待"的，郭象认为"有待"逍遥与"无待"逍遥无高低贵贱之分，因而得出"足性逍遥"。成玄英认可了郭象的"足性逍遥"，但他认为真正的逍遥应该是"无待"的：

言无待圣人，虚怀体道，故能乘两仪之正理，顺万物之自然，御六气以逍遥，混群灵以变化。苟万物而不顺，亦何往而不逍哉！明物于无为，将于何而有待者也！（《庄子·逍遥游》疏）

成玄英认为，圣人体悟了道的真谛，他们都能无待逍遥。圣人能顺通万物、明察秋毫，还有什么可待的呢？

但要达到如此高深的境界也不是件容易的事，需要有一个修身养性的过程。庄子提出了心斋、坐忘等修身的方法，成玄英对此予以了承继：

唯此真道，聚在虚心。故如虚心者，心斋妙道也。（《庄子·人间世》疏）

大道，犹大道也。道能通生万物，故谓道为大通也。外则离析于形体，一一虚假，此解堕肢体也；内则除去心识，恍然无知，此解黜聪明也。既而枯木死灰，冥同大道，如此之益，谓之坐忘也。（《庄子·大宗师》疏）

伦，理也。堕形体，忘身也。吐聪明，忘心也。身心两忘，物我双遣，是养心也。（《庄子·在宥》疏）

只有"虚心"才能容纳万物，这是"心斋"的根本之道。外要超越形体的限制，内要清除心智的干扰，这样就能达到"大道"的境界。经过这些修养功夫，就可忘身、忘心、遣我遣物，达到养心的目的。

通过内外双修、物我两忘，就可达到圣人的境界。庄子给我们展现了至人、神人、圣人的风采，那么成玄英心中的圣人又是怎样的呢？

夫至道之境，重玄之域，圣心所不能知，神口所不能辩，若以言知索

---

① 其实，郭象同成玄英一样向往这种境界。在郭象思想中包含着一种很超脱的人生态度，但秉承儒家道德思想的他却不能抛弃世俗之情，更无法忘记社会的伦理关系和应尽的职责。（蒙培元. 心灵超越与境界［M］. 北京：人民出版社，1998：274.）

真，失之远矣。故德之所总，言之所默息者，在于至妙之一道也。（《庄子·徐无鬼》疏）

夫迹混人间之事，心证自然之理，而穷原彻际、妙极重玄者，故在于显则为人物之所归，处于幽则为鬼神之所服。（《庄子·天地》疏）

重玄之域是至道的境界①，不能用语言描述，心智不能感知，神力也难以分辨。能达到重玄境界的人，外托人间俗事，内明自然之理，能穷尽宇宙的根源。所以，如果显现在外则人心归附，处于幽玄之境则鬼神也为之折服。能如此，焉不逍遥哉！要达到这种境界，需要一个过程：

今论乃欲反彼世情，破兹迷执，故假且说无是无非，则用为真道。是故复言"相与为类"，此则遣于无是无非也。既而遣之又遣，方至重玄也。（《庄子·齐物论》疏）

脱离世俗的纠缠，破除心中的执迷，再经过遣是、遣非、遣无是无非的过程，就可达到重玄之域，也就达到了逍遥的最高境界。

庄子与郭象都未能在现实中寻找到各自所向往的"逍遥"，成玄英也是如此。这是成玄英的困惑，也是重玄学的困惑。

三、物我两忘：超越重玄的困惑

先秦哲学主要是围绕"天人""名实"之辩而展开的，庄子更多关注了"天人"关系。庄子认为人生天地之间，人与万物并没有什么不同，人生的最高境界就是"天人合一"。郭象赶上了一个无比混乱的时代，内忧外患，人人自危。出于哲学家的责任感，郭象关注更多的是人与社会的问题，他认为人生的最高境界是"游外而冥内"。

成玄英好像没有遇到庄子和郭象那样的时代课题，一切都显得是那么和谐，成玄英似乎可以尽情地沉浸于他所钟情的道教事业之中。然而，事情远非人们想象的那么简单，统治者对道教的感情远没有成玄英那么深。对统治者来说，所有的一切都要围绕着统治的核心，道教也不会例外。另

---

① 有学者认为成玄英思想体系中的"重玄"表达的是"精神境界"，这有一定道理。但我们认为，"重玄"与不同的词连用表达的思想是不同的。"重玄之道"指的是"道"的最高境界，而"重玄之域"则是得"道"后的境界。（崔珍哲. 成玄英《庄子疏》研究 [M]. 成都：巴蜀书社，2010：202.）

外，他们也不会任由道教发展①，李世民就不信神仙②，也不信佛教③。

在中国的历史上，由于朝代更替，长期的战乱会对国家和社会造成毁灭性打击。新的统治者为休养生息、恢复生产，都会运用老子清静无为的策略。所以，初唐统治者所崇尚的实际上是黄老道家，道教只不过是他们的幌子。李渊登基后，曾明确表示对三教不会有所偏倚。所以，虽然武德八年（625年），唐高祖下诏将道教置于三教之首，但只是利用道教来抑制佛教，这也说明道教只是他们的一个工具而已。④ 唐太宗对《三皇经》的查处就是一个例证⑤，统治者是不可能容忍任何危害其统治的因素存在的，道教也不会例外。

唐高宗永徽四年（653年），成玄英被流放郁州。在唐朝，流放是仅次于死刑的重罪。具体流放的原因我们已不得而知，据推测，这与成玄英的《周易流演穷寂图》有关。在该著中，成玄英列举了推算国家吉凶的方法，其中有的文字可能触犯了统治者的忌讳。⑥ 通过这次事件，再次证明道教只是统治者的工具而已。要想促进道教的发展，最终还是要靠道教本身。成玄英在流放之前，已基本完成其重玄理论的构建，主要体现在《道德经义疏》中，他对《庄子》的诠释是在他流放之后。我们知道《庄子疏》是其重玄思想成熟的标志，可见这次流放对成玄英的影响还是颇深的。

一个人所遭遇的不幸是一个思想家最原始和本质的感受之源，"个人对这种时代的困境感悟越深，他自己的痛苦就越深"。⑦ 正如卢国龙所说的："成玄英思想学术最有魅力，也最耐人寻味的地方，主要还在于他对人生悲剧的深刻觉悟。将庄子学说看作一个整体，反映出成玄英所达到的

---

① 唐高祖曾下诏："京城留寺三所，观二所。其余天下诸州，各留一所，余悉罢之。"（《旧唐书·高祖本纪》）

② 李世民曾对侍臣说："神仙事本虚妄，空有其名。"（《旧唐书·太宗本纪》）。而道教是以"修道成仙"为根本宗旨的，可见他也不信道教。

③ 李世民下诏批评萧瑀："至于佛教，非意所遵，虽有国之常经，固弊俗之虚术。"（《旧唐书·萧瑀传》）

④ 任继愈. 中国道教史：上卷［M］. 北京：中国社会科学出版社，2001：284.

⑤ 陈国符. 道藏源流考［M］. 北京：中华书局，2012：75.

⑥ 强昱. 成玄英评传［M］. 南京：南京大学出版社，2006：20.

⑦ 颜世安. 生命·自然·道：论庄子哲学［M］// 陈鼓应. 道家文化研究：第1辑. 上海：上海古籍出版社，1992：104.

理论高度，是其学说的逻辑外壳，对人生悲剧的深刻觉悟，则是其思想的内核。成玄英的哲学理论，初看起来机辩而圆润，但又使人处处感受到莫名的压抑和痛苦，反映出一个思想家所特有的迷茫，也反映出人性自身矛盾这样一个超时代的课题。"①

成玄英作为一名道教思想家，自然想为人们寻求一方净土，因而对世俗礼教甚为不屑：

圣迹为害物之具，而儒、墨方复攘臂分外，用力于桎梏之间，执迹封教，救当世之弊，何慌乱之能极哉！（《庄子·在宥》疏）

所谓的圣人的事迹是危害之物的工具，而儒墨思想则又禁锢人们的思想。用这些去改变社会的弊端，只会令社会更加混乱。成玄英为我们举出了具体的例子：

彼之仲尼，行于圣迹，所学奇谲怪异之事，唯求虚妄幻化之名。不知方外体道圣人，用此声教为己枷锁也。（《庄子·德充符》疏）

仲尼按圣人的方式行事，所学奇谲怪异的本领，只是徒有虚名而已。因为有了这条枷锁，所以就不会知道方外还有体道的真正的圣人。那么，为什么会这样呢？成玄英认为：

夫物赖钩绳规矩而后曲直方圆也，此非天性也，谕人待教迹而后仁义者，非真性也。夫真率性而动，非假学也。故矫性伪情，舍己效物而行仁义者，是减削毁损于天性也。（《庄子·骈拇疏》）

夫仁义礼法约束其心者，非真性者也。既伪真性，则遭困苦。若以此困而为得者，则何异乎鸠鹆之鸟在樊笼之中，称其自得者也！（《庄子·天地》疏）

通过教导的方式使人仁义，犹如用钩绳规矩而后成曲直方圆，这是世道虚伪的根源。一味地效仿别人而行仁义，这是对人天然本性的损伤。用仁义礼法约束身心，和鸟儿被关进笼子没有什么区别。那么，这到底会有什么危害呢？

夫仁义是非，损伤真性，其为残害，譬之刑戮。（《庄子·大宗师》疏）

①　卢国龙. 道教哲学［M］. 北京：华夏出版社，1997：322.

物性之外，别立尧舜之风，以教迹令人仿效者，犹如凿破好垣墙，种植蓬蒿之草为蕃屏者也。（《庄子·庚桑楚》疏）

成玄英认为，仁义礼法害人于无形之中，比刑法杀人还要残酷。在万事万物本性之外，另立尧舜为榜样，让人们去仿效，这好比拆掉好的围墙，再种上蓬草来代替围墙。诚如老子所言，"天下皆知美之为美，斯恶已"①。

成玄英抨击儒教的言辞可谓犀利，论证也可谓深刻。成玄英在京都做西华法师之时，也参与了一些政务，目睹了官场的许多丑恶和弊端。加之他的流放可能与遭人诽谤有关，所以成玄英对世俗的礼法制度、仁义道德可谓深恶痛绝。但是，成玄英这绝对不是在泄私愤，而是以天下苍生为念。他指出：

乱之根本，起自尧舜，千载之后，其弊不绝，黄巾赤眉，则是相食也。（《庄子·庚桑楚》疏）

成玄英认为尧舜是社会动乱的根源，即使千年之后，危害依然存在。那么，这种现状怎么解决呢？像黄巾赤眉那样极端解决问题的方式，成玄英是不赞成的，他认为这是自寻死路。所以，为了维持社会的稳定，成玄英认为在现实的社会里，保存仁义礼智信等还是必要的，这也是其思想中的一个困惑：

汝之忠厚之言，近不信用，则虽诚心献替，而必遭刑戮于暴虐君人之前矣。（《庄子·人间世》疏）

成玄英自认为对李家王朝忠心耿耿，却无端遭到流放，此处流露出心中的不满。但他还是坚持君臣之道：

夫君臣上下，理固必然。故忠臣事君，死成其节，此乃分义相投，非关天性。然六和虽宽，未有无君之国，若有罪责，亦何处逃衍！（《庄子·人间世》疏）

君臣上下之分是必然之理，所以臣守节忠君，虽不是天性，还是应该去做的。成玄英虽遭流放，但毕竟蒙受皇恩，对大唐王朝还是有感激之情的。所谓"普天之下，莫非王土；率土之滨，莫非王臣"②，作为现实的

---

① 参见《道德经》二章。
② 参见《诗经·小雅·北山》。

人是无法逃避的。这种困惑，以成玄英所处的时代，他是不可能解决的。但成玄英提出了自己的见解：

帝王与我，皆禀天然，故能忘贵贱于君臣，遣善恶于荣辱。(《庄子·人间世》疏)

我们与君王同出于自然，从天性方面来讲是平等的。那么职务的贵贱，一切善恶荣辱又算得了什么呢？

礼虽忠信之薄，而为御世之首，故不学礼无以立，非礼勿动，非礼勿言，人而无礼，胡不遄死。是故礼之于治，要哉！羽翼人伦，所以大行于世者也。(《庄子·大宗师》疏)

礼乐虽有害于忠信，却是统治者的首选。如"非礼勿动，非礼勿言"等对良好人格的塑造还是有积极作用的，作为统治手段的一种是必不可少的。成玄英曾参与过朝事，深知社会的复杂和统治的艰难。动乱和战争，最终遭殃的还是黎民百姓。所以成玄英认为，不管统治者用什么手段，能维持社会的稳定，就是天下苍生之幸事。

隋唐王朝是中国古代社会少有的高度繁荣时代，唐王朝自开国之时，就展现了包容一切的恢宏气度。随着疆土的开拓，出现了不同民族的融合，不同文化的相互交流。同样，儒释道三家也不可能永远对立下去，走向融合是大势所趋。虽然道家的立教之本的"道"遭到了佛教的质疑，合作翻译道经的过程中又遭到了佛教的奚落，但西华法师还是表现了应有的气度。他大胆引用佛语来诠释《庄子》，开了"以佛解庄"的先河，这也促进了佛道的融通。

但是，佛教的容忍只能暂时维持社会现状，儒家的仁义礼智也不能从根本上解决问题。要想铲除社会混乱的根源，为世人寻求一条解救之路，成玄英认为那只有"重玄之道"。因为"物无贵贱，道在则尊"①，所以"万物在道的面前获得了平等的尊贵"②，这是成玄英对庄子"万物一齐"思想的继承与发挥。成玄英希望人们"摒弃物象之干扰，体悟万法虽动不

---

① 参见《道德经义疏》三十二章、《庄子·渔父》疏。

② 李刚. 重玄之道开启众妙之门：道教哲学论稿［M］. 成都：巴蜀书社，2005：175.

，而归根复命，返于真性，以达长生久视之道"①，这样社会也就能永享太平，人们也就脱离了现实的苦难。

成玄英卧薪尝胆，把自己的一生都奉献给了他所钟爱的道教事业。他虽然身遭流放，命运坎坷，但他心中所牵挂的还是天下芸芸众生：

长恨此身非我有，何时忘却营营？夜阑风静縠纹平。小舟从此逝，江海寄余生！②

天授元年（690年），成玄英逝于郁州。③

第二节　道统人性：重玄理论的道教化

成玄英主观上力图为道教徒修道成仙寻找理论依据，但"综观成玄英整个学说的特点，我们可以说，他不像是一位道教的法师，倒像是一位庄子学说的继承者"④。由于成玄英过多地注重对老庄思想本身的解读和个体境界的提高，因而他的重玄学理论严格来说应称作道家重玄学。然而作为道门中人，成玄英的重玄理论还是要为道教服务的。这有一个发展的过程，即重玄理论的道教化。

一、人性自然：人性与道性的自然统一

李荣作为成玄英的学生（我们姑且这样认为），必然要继承老师的思想。学界认为李荣的重玄思想也像成玄英那样受佛教中观学说的影响，这种说法有一定道理。但在对待佛教的态度上，二人又具有本质的差别。这是因为二人所处的时代不同，更重要的是二人的秉性不同，具体情形还要

---

① 黄海德. 西华法师成玄英及其重玄思想探微 [J]. 中华文化论坛，2000（2）：100-108.
② 参见苏轼《临江仙·夜归临皋》。
③ 据学者推测，成玄英卒于武周天授元年或稍后，今采用天授元年。（强昱. 成玄英评传 [M]. 南京：南京大学出版社，2006：22.）
④ 若水.《庄子》与道教重玄学 [J]. 中国道教，2001（6）：42-46.

从佛道二教论证说起。

佛道二教之间的论争，自汉代牟子①作《牟子理惑论》开始，至南北朝顾欢②作《夷夏论》达到高潮。对此，李养正评价说："'夷夏'之辩并不始于南北朝，但南朝刘宋、萧齐时人顾欢所撰《夷夏论》，确实集中反映了当时儒家、道家（道家与道教）以及固持中土传统思想观念的人们，反对以来自印度的佛教来教化汉人，反对以夷人之宗教规戒来改变中华传统纲常名教道德风尚的强烈思潮。"③ 缘于同样的理由，唐初傅奕从武德四年（621 年）起，连续七次上疏抨击佛教，引发了唐代激烈的佛道之争。

成玄英虽为道门中人，却奉守道家的"恬淡无为"④，基本上未参与这场佛道论争。贞观二十一年（647 年），唐太宗诏令佛道二教合作把《道德经》译成梵文。佛教方面由玄奘法师主持，而道教方面主要是成玄英和蔡子晃。玄奘认为："佛教、道教，理致天乖，安用佛理通明道义！"而蔡子晃则反驳说："自昔相传，祖承佛义，所以《维摩》《三论》⑤，晃素学宗，致令吐言，命旨无非斯理。且道义玄通，洗情为本。在文虽异，厥趣攸同，故引解之理例无爽。如僧肇著论，盛引老庄，成诵在心，由来不怪。佛言似道，如何不思。"就这样，"如是言议往还，累日穷勘，出语濩落，的据无从"，而成玄英未参与争论。直至玄奘等佛教学者要将"道"翻译成"末迦"（Aarga）⑥ 时，成玄英才坚持认为："佛陀言觉，菩提言道。由来盛谈，道俗同委。今翻末伽，何得非妄?"⑦"道"在道教徒心目中是至高无上的，绝不容他人毁誉，成玄英不得不予以抗争。

---

① 牟子，名融，字子博，苍梧郡广信（今广西梧州市）人，东汉末年佛学家。著有《理惑论》（37 篇），糅合儒、道各家学说，是中国第一部佛学专著。

② 顾欢，南朝齐著名道教学者，生卒年不详，字景怡，一字玄平，吴郡盐官（今浙江海宁市西南黄冈）人。

③ 李养正. 顾欢《夷夏论》与"夷夏"之辩述论 [J]. 宗教学研究，1998 (3)：5-14.

④ 参见《庄子·刻意》："夫恬淡寂漠，虚无无为，此天地之平而道德之质也。故曰：圣人休，休焉则平易矣，平易则恬淡矣。平易恬惔，则忧患不能入，邪气不能袭，故其德全而神不亏。"

⑤ 《维摩》即《维摩诘所说经》，《三论》是《中论》《十二门论》《百论》的总称。

⑥ "末迦"在梵文里有"道路"的意思。

⑦ 参见《文帝诏令奘法师翻〈老子〉为梵文事》，载《集古今佛道论衡》卷丙。《集古今佛道论衡》，载《大正藏》第 52 册。

与成玄英不同，李荣曾五次参加唐高宗主持的佛道二教的宫廷辩论会。李荣对此也颇为自豪：

猥以臃肿之性，再奉涣汉之言，遂得挥玉柄于紫庭，听金章于丹陛。（《道德真经注》序）

然而，这种辩论逐渐演变成一种文字游戏和人身攻击。李荣对此感到厌倦，他于是向高宗奏请说"老释二教并是圣言，非荣、静泰即能陈述"。这惹恼了高宗，被遣返梓州，三年后被召回时还身着枷锁。为此，李荣还遭到僧人的嘲讽："闻君来骂道，骂道信为难。何不乘鳧游帝里，翻被枷项入长安。"① 而李荣对佛教徒也十分恼火：

京城流俗，僧、道常争二教优劣，递相非斥。总章中，兴善寺为火灾所焚，尊像荡尽。东明观道士李荣因咏之曰："道善何曾善，云兴遂不兴，如来烧亦尽，唯有一群僧。"时人虽赏荣诗，然声称从此而减。（《大唐新语·谐谑》）

李荣的这些经历必然对他的哲学思想产生影响，在引用佛教用语上十分谨慎。如果他像成玄英那样公然引用佛教术语和思想，定会遭到佛教徒的诘难。因而有学者认为，李荣对《道德经》的注解比成玄英注解的"宗教色彩大大减退"。这是不确切的。李荣注解的宗教性要比成玄英浓厚，因为他肩负着把成玄英的重玄理论道教化的任务。但是，如果说李荣刻意"淡化佛学色彩"②，是有一定道理的，因为他不能授人以柄。

现把二人注解加以比较：

善行无辙迹。

善闭无关楗不可开。（《道德经》二十七章）

成玄英疏曰：

以无行为行，行无行相，故云善行。妙契所修，境智冥会，故无辙之可见也。此明身业净。

外无可欲之境，内无能欲之心，恁根起用，用而无染，斯则不闭而闭，虽闭不闭，无老关楗，故不可开也。此明六根解脱。

李荣注曰：

---

① 参见《大慈恩寺沙门灵辩与道士对论》，载《集古今佛道论衡》卷丁。
② 董恩林. 唐代《老子》诠释文献研究［M］. 济南：齐鲁书社，2003：137-141.

七香流水之车，动之者有辙，千里浮云之马，跃之者有迹。不疾而速，云輧不碾地，不行而至，凤鸟本无迹。言圣人垂拱庙堂，不遍周王之辙，贤士销声丘壑，不削孔丘之迹也。

门以关楗，有闭有开，若能以道制之，无开无闭。是以理国者以道，百姓无以窥窬，修身者以道，声色无由开凿。

可以看到，成玄英援佛入道是很明显的，而李荣则多了一份儒家色彩。

当然，这不代表李荣没有借鉴佛教思想：

至道不皦不昧，不可以明暗名；非色非声，不可以视听得。希夷之理既寂，三一之致亦空，以超群有，故曰归无。无无所有，何以归复，无物亦无，此则玄之又玄，遣之又遣也。（《道德经注》十四章）

这是老子哲学和佛教中道思想的绝妙结合，可以看出受到了吉藏中观学说的影响。①

不论李荣的这种思想是受成玄英的影响，还是受佛教中观学说的影响，其中含有佛教思想因素是不能否认的，只不过他处理得比较巧妙而已。故此，有学者总结说："由成玄英开启的与佛教哲学交涉的注老方法，在成《疏》中所显现的义理乖格、名相未消化的现象，在李荣之论老作品中可谓已廓清其弊。他已经以自己的语言及理论思维脉络来消化得自佛教哲学中的观念，容或因为义理太多，遂至有玄远逸流难以收摄的情况，但仍不失其自身创作之斧凿工程。"②

姑且不论上述评价对于成玄英来说是否公平，但对李荣的评价很高，也有一定的事实依据。之所以出现这种局面，是因为成玄英坚持"援佛入道"，他从内心来说并不反对佛教。而李荣虽不如顾欢和傅奕那样偏激，也是"联儒抗佛"的。成玄英对儒家思想是持批判态度的，而李荣却试图"援儒入道"：

仁以爱物，义以让人，虽曰立人之道，实亦矫人之情，今弃矫情之仁义，归天性之孝慈也。（《道德经注》十九章）

---

①　李刚. 重玄之道开启众妙之门：道教哲学论稿［M］. 成都：巴蜀书社，2005：310.

②　胡兴荣. 李荣《老子注》的重玄思想［M］//陈鼓应主编. 道家文化研究：第19辑. 北京：生活·读书·新知三联书店，2002：288.

老子提出"绝仁弃义",成玄英也认为应该"弃执迹之义"。李荣却认为"仁义"是人应当具有的良好品德,但要抛弃虚假的"仁义",保留其良好的"天性"。这是对儒道二教思想刻意进行调和,当然,李荣之所以这么做,也有讨好统治者之嫌。统治者虽然对道教情有独钟,但更需要儒家的"仁义礼智"来维护自己的统治。

另外,李荣也对成玄英的许多思想予以了继承。成玄英用"药"和"病"来形容"道"与"得道之法"①:

前以一中之玄,遣二偏之双执,二偏之病既除,一中之药还遣,唯药与病一时俱消,此乃妙极精微、穷理尽性,岂独群圣之户牖,抑亦众妙之法门。(《道德经义疏》一章)

夫药以疗疾,病愈而药消;教义机悟,机悟而教息。苟其本不病,药复不消,教资不忘,机又不悟,不犹饮药以加其病!(《庄子·庚桑楚》疏)

李荣继承了这种独特的思维方法:

借彼中道之药,以破两边之病,病除药遣,偏去中忘,都无所有,此亦不盈之义。(《道德经注》四章)

成玄英通过对老子"玄之又玄"的解读,把"道"界定为"一中之道"和"重玄之道",而李荣的重玄思想同样是围绕"玄之又玄"展开的:

道德杳冥,理超于言象,真宗虚湛,事绝于有无。寄言象之外,托有无之表,以通幽路,故曰玄之。犹恐迷方者胶柱,失理者守株,即滞此玄,以为真道,故极言之,非有无之表,定名曰玄。借玄以遣有无,有无既遣,玄亦自丧,故曰又玄。又玄者,三翻不足言其极,四句未可致其源,寥廓无端,虚通不碍,总万象之枢要,开百灵之户牖,达斯趣者,众妙之门。(《道德经注》一章)

"又玄"即"重玄","真道"即"重玄之道"。

而李荣又提出"中和之道":

中和之道,不盈不亏,非有非无。有无既非,盈亏亦非。(《道德经

---

① 庄子首先提出这一观念:"南荣趎曰:'里人有病,里人问之,病者能言其病,然其病,病者犹未病也。若趎之闻大道,譬犹饮药以加病也。趎愿闻卫生之经而已矣。'"(《庄子·庚桑楚》)

注》四章）

"中和之道"相当于"一中之道"。

相对于"真道"，李荣提出了"俗道"：

人间常俗之道，贵以之礼义，尚之以浮华，丧身以成名，忘己以徇利，失道后德，此教之方。（《道德经注》一章）

学界认为，李荣的真、俗二道论，应与佛教中观派的"二谛义"说相冥。① 李荣在这里所贬低的虽是儒家的"礼义"，但也应包括佛教在内，认为他们奉行的都是"常俗之道"。李荣虽然"联儒抗佛"，但在他心目中道教始终是最神圣的。而道教所奉行的必然是"真道"：

道者，虚极之理也。夫论虚极之理，不可以有无分其象，不可以上下格其真，是则玄非前识之所适，至至岂俗知而得知，所谓妙矣难思、深不可识也。（《道德经注》一章）

成玄英认为"道者虚通之妙理"②，李荣也认为"道者虚极之理"。所谓"虚极之理"，不是说在"道"之外还有一个"理"，这个"理"就是"道"的"理"。而"理"有时又成为"道"的代名词，所谓的"至理"也就是"至道"。③

李荣认为"真道"又是无影无形的：

未知道是何物，而令德从，明夫大道幽玄，深不可识。语其无也，则有物混成；言其有焉，则复归无物。归无物而不有，言有物而不无。有无非常，存亡不定，故言恍惚。（《道德经注》二十一章）

道本无形，理唯虚寂，无形包之于有象，虚寂纳之于动植，故言万物之奥也。（《道德经注》六十二章）

"真道"是神秘莫测、无从把握的，不能用言语上的"有无"来界定，这是对魏晋玄学"以无为本"的进一步否定。但是，道虽然是"无形虚寂"，又存在于世间的万事万物之中。这里的"道本无形，理唯虚寂"就

① 任继愈主编. 中国道教史：上卷 [M]. 北京：中国社会科学出版社，2001：331.
② 参见《道德经义疏》六十二章。
③ 学界有观点认为此处的"理"是作为本体概念提出的，并对宋明理学产生了重大影响。我们不能否认道家的"理"对宋明理学产生了影响，但此处的"理"还只是作为"道"的一种特性，有时作为"道"的代名词，但把它作为本体概念提出的是宋明理学。

是一种互文的修辞手法，是指"道"是"无形虚寂"的，而不能理解为"道"是"无形"的，"理"是"虚寂"的。

为了实现重玄理论与道教修行的融合，李荣提出了"人性自然"：

体道则百虑俱遣，任真则万涂皆适，实亦无逆无顺，不美不恶。然有为强生分别，偏私妄起，爱憎不留心于道德之乡，唯责人以华薄之礼。惬心谓之为是，不问贤与不贤。润己称之曰能，未论智与不智。此则智，此则智者翻暗于不智，贤者到愚于不贤，故曰相去几何也。亦言人性自然已定，益之则忧失，进智以殉美誉，饰伪以为恶事，唯不同失均也，故曰相生几何也。（《道德经注》二十章）

成玄英认为"重玄之域"①是得道的最高境界，而李荣提出了"重玄之境"②。二者均指得道的最高境界，只不过二人认为达到此境界的途径不同。成玄英认为，经过"有无双遣""遣之又遣"以至于"无遣"，就能达到"重玄之域"。李荣继承了这种"双遣"的思想方法，只不过他认为这是一个自然而然的过程。也就是得道后一切自然遣去，即"体道则百虑俱遣"，而不需刻意地去做什么，这也符合道家的"无为"精神。之所以会这样，是因为"道性自然"③。而"人性"也是自然天成，自有与"道性"相通之处。

对于"道性"问题，成玄英与李荣虽都有论及，为"道性"的建立提供了基本的观点。但均未对"道性"问题做系统论述，或者说，他们的道性思想最终仍然淹没在对虚无缥缈的"重玄之域"的论述中。④ 这个问题又摆在了王玄览的面前，这就是"道性"与"众生性"的对立统一。

二、众生是道：道性与众生性的对立统一

王玄览同李荣都出自巴蜀道教圣地，但影响力却不及李荣。王玄览的

---

① 参见《道德经义疏》二十五章、《庄子·天地》疏。
② 参见《道德经注》十八章。成玄英也提出过"重玄之境"（《道德经义疏》十七章），只不过与"重玄之域"含义不同，而李荣则用"重玄之境"来替代"重玄之域"，事实上把二者等同起来。
③ 参见《道德经注》二十五章、四十三章。
④ 孙以楷主编. 道家与中国哲学：隋唐五代卷 [M]. 北京：人民出版社，2004：217-218.

生平事迹不见任何史传，我们只能从其弟子王太霄所作的《玄珠录》序言中略窥其一斑。

王玄览十五岁时人们称他能"洞见"，一时轰动乡里。在他三十多岁时，开始在乡里卜筮。之后又研习道教玄性和佛教大乘，从中悟出很多奥妙的道理。他还亲手抄写严子陵的《老子指归》，并注《老经》二卷。他研读了许多神仙方术和丹药制法，并取得了丰富的实践经验。

王玄览在年近四十岁的时候开始云游天下、寻师访道，然真正的得道仙友实在难寻，感叹长生之道无可共修，于是回家独自专心悟道。王玄览通过阅读道教、佛教经典后，反复研讨追究起其中的奥妙，就这样悟出了道佛真谛。王玄览精通九宫六甲阴阳术数，他还写了《遁甲四合图》以供他人学习。

在王玄览四十七岁时，益州长史李孝逸亲自召见。二人同游各大寺院，寺僧闻听王玄览到来，便向他提出好多佛教经典或理论方面的问题，王玄览便以整齐有韵的"四句"来回答，都符合大乘典籍的说法。询问的人很多，没有一人难倒他。适逢国家恩准可度道士，王玄览便到成都至真观出家。他一到成都，达官显贵、四方人士都闻名求见，在蜀中产生很大影响。

王玄览六十岁后，慢慢地不再给人说灾祥的事情，开始"坐忘行心"。王玄览还曾被关进牢狱一年，在狱中作了《混成奥藏图》一书，晚年又作《九真任证颂道德诸行门》两卷。由于精通"玄理"，王玄览被世人称为"洪玄先生"。又有人请他解释《老经》，他就又写了《老经口诀》两卷传于世。

王玄览的声名传到了朝廷，则天皇帝想从他那里获得长寿仙诀和高深道教义理，于神功元年（697年），奉敕使张昌期赴成都，拜请王玄览，乘驾驿马到神都洛阳。王玄览自知年事已高，经受不了这车马远程的劳顿，无奈诏命不敢违。到洛州三乡驿（今宜阳三乡）时，因病而逝。

王玄览的著作只剩下其弟子王太霄所整理的《玄珠录》，其余均已遗失。"玄珠"一词最早见于《庄子·天地》："黄帝游乎赤水之北，登乎昆仑之丘而南望，还归，遗其玄珠。使知索之而不得，使离朱索之而不得，使吃诟索之而不得也。乃使象罔，象罔得之。"此处的"玄珠"喻指

"道"，不是轻易可以获得的。取名《玄珠录》指其言是与道相和的，即"取其明净圆流，好道玄人，可贵为心宝"，故又称《法宝录》。

影响一个人思想的因素很多，但主要有三个方面："一是时代的思想主题，二是师友的教育或启发，三是人生遭际及由之决定的思考问题的立场。"① 王玄览未得师授②，其一生也基本平稳，所以他的思想主要决定于时代的主题，再加之个人的天赋与努力。王玄览与成玄英、李荣属同时代人，而与李荣又都是四川绵阳人。李荣的活动主要也在蜀中，因而王玄览不可能避开初唐的重玄思潮。

作为道门中人他也要首先谈"道"，据老子的"道可道，非常道"，王玄览把"道"界定为"常道"与"可道"：

常道本不可，可道则无常。不可生天地，可道生万物。有生则有死，是故可道称无常。无常生其形，常法生其实。（《玄珠录》卷下）

"常道"生天生地，而"可道"则只能化生出除"天地"之外的世间万物。在人们的心目中，"天地"是永恒的，故称"常"；而"万物"是有生死的，即"无常"。而所谓的"无常"只是"道"的"形"，而"常"才是"道"的"实"，是永恒不变的，这也是老庄"道"的本质。

但是，王玄览也没有把"常道"与"可道"对立起来：

不但可道可，亦是常道可；不但常道常，亦是可道常。皆是相因生，其生无所生；亦是相因灭，其灭无所灭。（《玄珠录》卷上）

"常道"与"可道"是相对而言的，是相生相灭的。

王玄览又把"常道"称为"真道"，"可道"称为"假道"。而"可道"又称"滥道"：

常有无常形，常有有常实。此道有可是滥道，此神有可是滥神，自是滥神滥道是无常，非是道实神实是无常。若也生物形，因形生滥神，所以约形生神，名则是滥。欲滥无欲，若能自了于真常，滥则同不滥，生亦同

① 卢国龙. 中国重玄学：理想与现实的殊途同归 [M]. 北京：人民中国出版社，1993：305.
② 有学者认为《海空经》与《玄珠录》都重视探讨"道性与众生性"的问题，学理上的宗承切合也很明显，或许《海空经》的作者黎元兴就是王玄览的度师。（王卡. 王玄览著作的一点考察：为纪念恩师王明先生百年冥诞而作 [J]. 中国哲学史，2011（3）：5-14.）

不生，不生则不可，所以得清净。之法则不可，可法则无净，净心能照妙，则是无欲之妙门。因滥玄入重玄，此是众妙之门。(《玄珠录》卷下)

"滥道"是化生万物的结果，万物都是有形的。有形之物不能长久，故"滥道"也不能长久。但若能去除欲望，"滥道"也可能转化成"常道"，也就可以由"滥玄"入"重玄"。如果能这样，也就做到了无生无死，这就是"众妙之门"。在整篇《玄珠录》中，"重玄"一词虽只有这一处，但其理论基础还应是重玄学。

前面谈到《庄子》的"东郭子问道"，庄子认为"道"存在于万事万物之中，是无处不在的。成玄英也认为"道不离物，物不离道，道外无物，物外无道，用即道物，体即物道"①，这也是道家一以贯之的思想。王玄览对这一思想予以了继承：

道能遍物，即物是道。物既生灭，道亦生灭。为物是可，道皆是物。为道是常，物皆非常。(《玄珠录》卷上)

"物"与"道"是不可分的，没有离开"物"的"道"，也没有离开"道"的"物"。"物"有生灭，那"道"也就有生灭，这个有生有灭的"道"就是"可道"。

为什么"道""物"不相分离呢？这是因为：

万物禀道生，万物有变异，其道无变异。此则动不乖寂。以物禀道故，物异道亦异，此则是道之应物。(《玄珠录》卷上)

"万物"所赖以生成的"道"是永恒的，这是"常道"。而体现在具体事务中的"道"又是千差万别的，这就是"可道"。

王玄览阐述"道"与"物"的关系，是为了进一步说明"道"与"众生"的关系：

众生禀道生，众生非是道。何者？以非是道故，所以"须修习"。(《玄珠录》卷上)

"众生"依"道"而生，但是"众生"又不是"道"。这是因为"众生"不具有"常性"，所以需要修习才能得"道"：

明知道中有众生，众生中有道，所以众生非是道；能修而得道，所以

① 参见《道德经义疏》二十一章。

127

道非是众生。能应众生修，是故即道是众生，即众生是道。(《玄珠录》卷上)

"道"与"众生"又是对立统一的：

众生与道不相离。当在众生时，道隐众生显；当在得道时，道显众生隐。只是隐显异，非是有无别。所以其道未显时，修之欲遣显；众生未隐时，舍三欲遣隐。若得众生隐，大道即圆通，圆通即受乐。当其道隐时，众生俱烦恼，烦恼即为苦。避苦欲求乐，所以教遣修。修之既也证，离修复离教，所在皆解脱，假号为冥真。(《玄珠录》卷上)

其实，人人都具有两种本性：一是世俗本性，即众生性；一是道的本性，即道性。当人未得道时，显现的众生性，道性就隐而不见；当人得道之时，道性就显现出来，而大众性就隐去。

"道性"与"众生性"合一的境界就是修道的最高境界，这需要一个修习的过程：

众生无常性，所以因修而得道。其道无常性，所以感应众生修。众生不自名，因道始得名。其道不自名，乃因众生而得名。若因之始得名，明知道中有众生、众生中有道，所以众生非是道，能修而得道，所以道非是众生，能应众生修。是故即道是众生，即众生是道。起即一时起，忘即一时忘。其法真实性、非起亦非忘，亦非非起忘。入等存之行者，自了得理则存，存中带忘则观，观中得通则存。(《玄珠录》卷上)

众生因为没有"常性"，所以只有通过修习才能得"道"，这个"道"指的是"常道"。而"其道无常性"中的"道"指的是"假道"，所以不具备"常性"，需要修习。这是"众生"的需要（得"常道"），也是"假道"需求（变"常道"）。通过修习，就会达到"即道是众生，即众生是道"的境界。能达到这种境界，就能"是非双遣，物我两忘"，这"与重玄学派双非双遣的重玄妙境名异而实同"①。

前面说过，成玄英奉守道家的"恬淡无为"，没有主动参与佛道两家的论证。西华法师更具有海纳百川的胸怀，不计两家恩怨，而大胆引用佛教术语。李荣则"联儒抗佛"，成为一名积极的反佛斗士，所以他对佛教

① 李刚. 重玄之道开启众妙之门：道教哲学论稿 [M]. 成都：巴蜀书社，2005：332.

思想的吸收就比较隐晦。王玄览一生都在蜀中度过，不可能参与佛道两家的宫廷辩论。他不但刻苦钻研佛教，还与寺院僧人交往甚密，所以"在援佛入道上比与他同时的道教重玄学思想家们走得更远，这在当时道教的思想理论家中是颇为特别的"①。当然，王玄览对佛教思想的吸收是在不违背道教义理的前提下进行的，其原则就是与"重玄"学说相一致，或有助于阐发"重玄"学说。②

第三节　绝待自然：隋唐重玄学的终结

《道教义枢》不仅在"有无观"上对前人做了总结，对初唐以前道教的基本概念和原理都做了归纳与阐述，可以说是道教义理之大成。其中也包括对隋唐重玄学的总结：

> 太玄者，旧云：老君既隐太玄之乡。亦未详此是何所，必非摄迹还本，遣玄之又玄，寄名太玄耶？今明此经名太玄者，当是崇于重玄之致，玄义远大，故曰太玄。

> 重玄之心既朗，万变之道斯成，故三十九章号无生之说，西升妙典示善入无为之宗，无为之果。既体玄斯致，无生之道即洞遣方成。(《道教义枢·七部义》)

从中可以看到："孟安排以重玄学的理论原则作为统一各家说的内在精神，这个理论原则也贯穿《道教义枢》全书。"③

一、本即真性：道体与人性的完美结合

孟安排在《道教义枢》序言中就给全文定下了基调：

> 所以好儒术者，但习典坟，崇真如者，惟观释典。至于道经幽秘，罕

---

① 李刚. 重玄之道开启众妙之门：道教哲学论稿 [M]. 成都：巴蜀书社，2005：326.

② 孙以楷主编. 道家与中国哲学：隋唐五代卷 [M]. 北京：人民出版社，2004：240.

③ 卢国龙. 中国重玄学：理想与现实的殊途同归 [M]. 北京：人民中国出版社，1993：344.

有研寻，既不知其指归，实亦昧其篇目，遂乃各齐其所见，多以天尊为虚诞也。故知井蛙不可以语于海，夏虫不可以语于冰。信哉斯言！信哉斯言！洎乎元始天尊升玄入妙，形像既着，文教大行，玄言满于天下，奥义盈乎宝藏。于是系象探其深旨，子史窃其微词，翻译之流，实宗其要。所以儒书道教，事或相通；了义玄章，理归其一。能知其本，则彼我俱忘；但识其末，则是非斯起。而世人逐末者众，归本者稀，欲令息纷竞于胸中，固不可也，惜哉！庄生有言，举天下皆惑，余虽有所向，庸可得乎？

孟安排认为，儒释两家之所以对道教予以攻击，是因为他们如同井底之蛙，不能理解道教经典的奥秘。而儒释与道教义理或许有相通的地方，那也是因为他们窃取了道家的只言片语。由此可见，孟安排对儒释两家是不屑一顾的。然而在行文中他却大量引用佛典，这岂不是自相矛盾？事实上，孟安排早就意识到了这一点。他之所以在开始这么说，是为他后面的引用找借口。他所引用的原本是别人窃取过去的，只不过是拿回来而已。

如果能体会到道教的根本，那就能"彼我俱忘"，也就能进入"重玄之境"。如果只了解一些细枝末叶，那纷争云起就不足为怪了。而现实情况是："世人逐末者众，归本者稀。"那么，怎样才能体"本"呢？等到元始天尊的玄妙形象已经确立，教义传遍天下，这就是"本"的具体呈现。在这里，孟安排把成玄英的重玄理论完全道教化了。

那么，什么是"本"呢？"本"就是"道"：

夫道者，至虚至寂，甚真甚妙，而虚无不通，寂无不应。于是有元始天尊应气成象，自寂而动，从真起应，出乎混沌之际，窈冥之中，含养元和，化贷阴阳也。故老君《道经》云：窈冥中有精，恍惚中有象。又云：有物混成，先天地生，寂兮寥兮，独立不改，周行不殆，可以为天下母。盖明元始天尊于混沌之间应气成象，故有物混成也。（《道教义枢》序）

而成玄英对"道"的界定是：

道以虚通为义，常以湛寂得名，所谓无极大道，是众生之正性也。（《道德经义疏》一章）

我们可以看到二人的定义是很相似的，都用到"虚""寂""通"来释道。只不过二人解释的结果不同，成玄英认为"道"是人们所能达到的最高境界。而孟安排则把"道"教义化了：道→元始天尊→阴阳→（万物）。

孟安排不但对"道"，而且对"德"及"道德"都做出了独到的见解。"道"与"德"连用最早见于《易传》：

昔者圣人之作《易》也，幽赞于神明而生蓍，参天两地而倚数，观变于阴阳而立卦，发挥于刚柔而生爻，和顺于道德而理于义，穷理尽性以至于命。（《易传·说卦传》）

这里的"道德"是伦理层面的，指人言语和行为符合规范。

而"道德"一词在《庄子》里出现已达十六次之多：

故曰，夫恬惔寂漠虚无无为，此天地之平而道德之质也。故曰，圣人休休焉则平易矣，平易则恬惔矣。平易恬惔，则忧患不能入，邪气不能袭，故其德全而神不亏。（《庄子·刻意》）

若夫乘道德而浮游则不然。无誉无訾，一龙一蛇，与时俱化，而无肯专为；一上一下，以和为量，浮游于万物之祖；物物而不物于物，则胡可得而累邪！（《庄子·山木》）

古之得道者，穷亦乐，通亦乐。所乐非穷通也，道德于此，则穷通为寒暑风雨之序矣。故许由娱于颖阳而共伯得乎共首。（《庄子·让王》）

此处的"道德"已超越伦理上的道德，为"道德"之本体，或本体之境界。①

关于"道"与"德"的关系，成玄英认为：

道是德之体，德是道之用，就体言道，就用言德。（《道德经义疏》二十三章）

这是以"道"为"体"，以"德"为"用"。那什么是"道德"呢？

道是虚无之理境，德是志忘之妙智；境能发智，智能克境，境智相会，故称道德。（《道德经义疏》序）

"境"与"智"相互作用，就产生了"道德"，这个"道德"也是本体意义上的"道德"。

孟安排也对"道德"予以了定义：

义曰：道德者，虚极之玄宗，妙化之深致。神功潜运，则理在生成；

---

① 刘笑敢. 庄子哲学及其演变 [M]. 北京：中国社会科学出版社，1988：5-6.

至德幽通，则义该亭毒。有无斯绝，物我都忘，此其致也。故《道德经》云：道生之，德畜之。又云：大道泛兮，玄德深远。《西升经》云：道德混沌玄同也。（《道教义枢·道德义》）

我们可以看到，这里对"道德"的定义与成玄英的很相似，如果这是出自《玄门大义》，那成玄英应很可能也是受《玄门大义》的影响。具备了"道德"的境界，就能"有无斯绝，物我都忘"，孟安排把"道德"进一步重玄化了。

孟安排又对"道"与"德"分别予以了解释：

道者，理也。通者，导也。德者，得也，成也，不丧也。言理者，谓理实虚无。《消魔经》云：夫道者，无也。言通者，谓能通生万法，变通无壅。河上公云：道，四通也。言道者，谓导执令忘，引凡令圣。《自然经》云：导末归本，本即真性，末即妄情也。德言得者，谓得于道果。《太平经》云：德者，正相得也。言成者，谓成济众生，令成极道，此就果为名；亦资成空行，此就因为目。《德经》云：成之熟之也。言不丧者，谓上德不失德，故云不丧也。《太平经》云：常得不丧也。然道德玄绝，自应无名，开教引凡，强立称谓。故寄彼无名之名，表宣正理，令识名之无名，方了玄教。故《灵宝经》云：虚无常自然，强名字大道。（《道教义枢·道德义》）

孟安排用"理、通、导"来界定"道"，并做了诠释。所谓"理"意指"道"的虚无缥缈的特性，这与成玄英和李荣的观点是一致的。"通"形容"道"能变化万物，通行无碍。而"导"则使人"物我两忘"，达到"超凡入圣"的境界，也就是"重玄"的境界。对于"德"，孟安排也用三个词来界定，即"得、成、不丧"。"得"不是指"得道"，而是指得到"道"后的成果，是人"得道"后所呈现的一种状态，也就是"超凡入圣"的境界。"成"即"成济众生"，一人得道后还要帮助其他人得道，这是"德"的一种重要功能，也是对"道"的一种辅助功能。所谓"不丧"就是不要失去，即保持"得"与"成"的功能与成果。

孟安排对"道"与"德"的定义，是对先秦道家相关思想的发挥和对初唐重玄思想的继承。对于"道"与"德"的关系，老子认为万物是

"道生之，德畜之"，又"长之育之，成之熟之，养之覆之"，故称"玄德"。① 关于"道"，庄子界定为"道，理也"②，成玄英也认为"道者虚通之妙理"③。李荣继承了这一思想，提出"道者虚极之理"④。而庄子又认为"物得以生谓之德"⑤，成玄英疏解曰"德者，得也，谓得此也。夫物得以生者，外不资乎物，内不由乎我，非无非有，不自不他，不知所以生，故谓之德也"。由此可见，"《道教义枢》所述'德'的含义与重玄学派的说法基本上是一致的，'德'是为了实现'道'的一种功用，一种手段，没有'德'也不能成其'道'。"⑥

我们还可以看到，孟安排认为"虚无"因具有"自然"的本性，才可称之为"大道"。为什么这样说呢？

义曰：自然者，本无自性，既无自性，有何作者？作者既无，复有何法？此则无自无他，无物无我，岂得定执以为常计？绝待自然，宜治此也。（《道教义枢·自然义》）

这和老子的观点是一致的："道之尊，德之贵，夫莫之命而常自然。"⑦成玄英也认为"自然者，重玄之极道也""天道，自然之理也"⑧。

可以看到，在成玄英的思想体系中"道不在是气，也不是老君，也不降为身神"。而相对来说，"倒是《道教义枢》乃至后来的《道德真经广圣义》中对道德的解义道教色彩更为浓厚"⑨。

关于"道"与"物"的关系，《西升经》认为"道非独在我，无物皆有之"，而庄子也认为道是无所不在的。孟安排也指出：

又道性体义者，显时说为道果，隐时名为道性。道性以清虚自然为体。一切含识，乃至畜生、果木、石者，皆有道性也。（《道教义枢·道性

---

① 参见《道德经》五十一章。
② 参见《庄子·缮性》。
③ 参见《道德经义疏》六十二章。
④ 参见《道德经注》一章。
⑤ 参见《庄子·天地》。
⑥ 李刚．重玄之道开启众妙之门：道教哲学论稿［M］．成都：巴蜀书社，2005：392．
⑦ 参见《道德经》五十一章。
⑧ 参见《道德经义疏》二十三章、四十七章。
⑨ 王宗昱．《道教义枢》研究［M］．上海：上海文化出版社，2001：60．

义》）

这是对庄子"东郭子问道"① 和王玄览"众生与道不相离"② 思想的融合与发挥。这是因为：

今意者，道性不色不心，而色而心。而心故研习可成，而色故瓦砾皆在也。（《道教义枢·道性义》）

这就说明"众生"皆包含具备"道性"的可能，为"众生"修炼成仙提供了理论依据，这是因为"道性众生（性），皆与自然同也"。

二、三一为本："三一"理论与重玄学的渊源

蒙文通在成玄英《道德经义疏》中挖掘出"重玄"思想，而且发现了"重玄"与"三一"之间的关系："西华疏中，每言'三一'，知此一系，以'重玄'为道，以'三一'为归。成于疏'希、夷、微'，举藏公《三一解》云：'夫言希、夷、微者，所谓精、神、气也。精者灵智之名，神者不测之用，气者形相之目，总此三法，为一圣人。不见是精，不闻是神，不得是气，既不见、不闻、不得，即应云无色、无声、无形，何为乃言希、夷、微耶？明至道虽言无色，不遂绝无，若绝无者，遂同太虚，即成断见，今明不色而色，不声而声，不形而形，故云希、夷、微也，所谓三一者也。'"③

"希""夷""微"是老子用来界定"道"的：

视之不见，名曰夷；听之不闻，名曰希；博之不得，名曰微。此三者不可致诘，故混而为一。（《道德经》十四章）

河上公注曰：

无色曰夷，言一无采色，不可得视而见之。无声曰希，言一无音声，不可得听而闻之。无形曰微，言一无形体，不可搏持而得之。三者谓夷希微也，不可致诘者，谓无色无声无形，口不能言，书不能传，当受之以静，求之以神，不可诘问而得之也。混，合也。故合于三，名之而为一。

在老子那里，"希""夷""微"都是用来形容感官所不能把握的

---

① 参见《庄子·知北游》。
② 参见《玄珠录》卷上。
③ 蒙文通. 道书辑校十种 [M]. 成都：巴蜀书社，2001：363.

"道"。"一"是指"浑然为一"，或"浑然一体"，而不是指"由三合一"。河上公把"希""夷""微"解释为"无色""无声""无形"，并赋予了它们宗教色彩。

《道教义枢·七部义》云：

太平者，此经以三一为宗，老君所说。按甲部第一云：学士习用其书，寻得其根，根之本宗，三一为主。

孟安排认为《太平经》以"三一"为宗旨，其依据是《太平经》甲部第一云："学士习用其书，寻得其根，根之本宗，三一为主。"

《太平经》中与"三一"有关的概念很多，如"太阳、太阴、中和""天、地、人""君、臣、民"。而最有影响力的当属"精、气、神"，而它们都起源于"混沌之气"：

夫人本生混沌之气，气生精，精生神，神生明。本于阴阳之气，气转为精，精转为神，神转为明。欲寿者，当守气而合神、精，不去其形。念此三合以为一，久即彬彬自见身中，形渐轻，精益明，光益精，心中大安，欣然若喜，太平气应矣。修其内，反应于外，内以致寿，外以致理，非用筋力，自然而致太平矣。（《太平经》佚文）

由此可见"精、气、神"的重要性，因而要加以保护：

三气共一，为神根也。一为精，一为神，一为气。此三者，共一位也，本天地人之气，神者受之于天，精者受之于地，气者受之于中和。相与共为一道。故神者乘气而行，精者居其中也，三者相助为治，故人欲寿者，乃当爱气、尊神、重精也。（《太平经·令人寿治平法》）

可以看到，臧玄静《三一解》对"三一"的定义基本上是对老子的"希、夷、微"、河上公的"无声、无色、无形"以及《太平经》的"精、气、神"三者的融合。而之后的道教"三一论"，也基本上是对这三家的解读与发挥。

《抱朴子·地真》云：

余闻之师云，人能知一，万事毕。知一者，无一之不知也。不知一者，无一之能知也。道起于一，其贵无偶，各居一处，以象天地人，故曰三一也。天得一以清，地得一以宁，人得一以生，神得一以灵。金沉羽浮，山峙川流，视之不见，听之不闻，存之则在，忽之则亡，向之则吉，背之则凶，保之则遐祚罔极，失之则命彫气穷。老君曰：忽兮恍兮，其中有象；恍兮忽兮，其中有物。一之谓也。故仙经曰：子欲长生，守一当明；思一至饥，一与之粮；思一至渴，一与之浆。

《太上老君虚无自然本起经》云：

藏在太素之中，即为一也。太素者，人之素也，谓赤气初变为黄气，名曰中和，中和变为老君，又为神君，故曰黄神，来入骨肉形中，成为人也，故曰人之素藏在太始之中，此即为二也。太始者，气之始也，谓黄气复变为白气，白气者，水之精也，名太阴，变为太和君，水出白气，故曰气之始也，此即为三气也。夫三始之相包也，气包神，神包精，故曰白包黄，黄包赤，赤包三，三包一，三一混合，名曰混沌，故老君曰：一生二，二生三，三生万物，又曰混沌若鸡子，此之谓也。

夫人形者，主包含此三一，故曰三生，又曰三精，又曰三形，元包含神，神得气乃生，能使其形安，止其气，如此三事，当根生成。

夫道为三一者，谓虚无空，空者白也，白包无，无者黄也，黄包赤，赤为虚，何为虚？虚者精，光明明而无形质，譬若日月及火，其精明然，而无有形质，故为虚，何谓无？无者炁也，炁有形可见，无质可得，故为无。何谓空？空者，未有天地山川，左顾右视，荡荡潒潒，无所障碍，无有边际，但洞白无所见，无以闻，道自然从其中生，譬若琴瑟鼓萧之说，以其中空，故出声音，是以圣人作经诫后贤者，欲使守道，空虚其心，关闭其耳目，不复有所念，若有所念思想者，不能得自然之道也。

前面说过，成玄英引用臧玄静的话给"三一"下了定义，他进一步认为：

真而应，即一为三；应而真，即混三以归一。一三三一，不一不异，故不可致诘。（《道德经义疏》十四章）

老子认为"希、夷、微"无从推究，故"混而为一"。成玄英则认为由"真"变化为"应"，即"道生万物"显现为"希、夷、微"；而"希、

夷、微"作为"道"在万物中的显现还是要回归"道"，即由"应"回归
到"真"。① 成玄英通过"双遣"的方法，即"一三三一，不一不异"②，
对"真"与"应"实现了超越，把二者统一了起来。

作为一名道教学者，成玄英也要为修道成仙提供方法，他在疏解"抱
一能无离"时指出：

抱，守也；一，三一也；离，散也。既能抱魂制魄，次须守三一之
神，虚夷凝静，令不离散也。（《道德经义疏》十章）

老子的"抱一能无离"中的"一"指的是"道"，而成玄英认为
"一"是指"三一"，"三一"即"重玄之道"。与以往道教修道成仙理论
有所不同，成玄英认为修行的最高境界是获得"重玄之道"或进入"重玄
之域"。

李荣也对"三一"问题予以了阐述：

希、夷、微，三者也，俱非声色，并绝形名，有无不足诘，长短莫能
识，混沌无分，寄名为一。一不自一，一不成一，三是一三，三不成三。
三不成三则无三，一不成一则无一，无一无三，自叶忘言之理，执三执
一，翻滞玄通之教也。（《道德经注》十四章）

李荣认为"希、夷、微"虽然是三个概念，但它们又是无声、无
色、无形浑然一体的，无法用常识的有无长短来界定它们，只能托名为
"一"。李荣继承了重玄学"双遣"的思想方法，并借鉴了佛教三论宗
"四句"的模式。成玄英认为"三一"就是"重玄之道"，而李荣则认为
最高的境界应是"无一无三"。所以在李荣的思想体系里，连"三一"
也是要遣去的：

乘物犹泛泛也。乘物以游，而无系也。言乎至道不皦不昧，不可以明
暗名，非色非声，不可以视听得，希夷之理既寂，三一之致亦空，以超群
有，故曰归无。无无所有，何所复归，须知无物，无物亦无，此则玄之又

---

① 成玄英在此借鉴了佛教的"应身"与"法身"概念。应身，又称应佛、应身佛、应
化身、应化法身，即佛为教化众生，应众生之根机而变化显现之身。法身，指佛所
说之正法、佛所得之无漏法，及佛之自性真如来藏，法身实即真如、实相、涅槃
的异称。

② "不一不异"借鉴了佛教的中观学思想。"譬如水之与波不一不异"，参见《佛说仁
王般若波罗蜜经》，载《大正藏》第8册。

玄，遣之又遣也。（《道德经注》十四章）

孟安排作为初唐重玄思想的总结者，必然要涉及"三一"问题：

精神气，三混而为一。精者，虚妙智照为功；神者，无方绝累为用；气者，方所形相之法也。亦曰夷希微，夷平、希远、微细也。夷即是精，以精智圆照，平等无偏；希即是神，以神用不穷，远通无极；微即是气，以气于妙本，义有非粗。（《道教义枢·三一义》）

臧玄静认为"希、夷、微"就是"精、神、气"，并定义说"精者灵智之名，神者不测之用，气者形相之目"。①成玄英在臧玄静的基础上认为："精"即"精智"，即"言道虽窈冥恍惚，而甚有精灵，智照无方，神功不测也"；"神"是"妙物"之名；"气"是"精"在具体事物中的显现。在"精、神、气"三者中，成玄英认为"精"是根本，"神"是"精"的功用，而"气"则是"精"通过"神"的功用后的具体显现。②臧玄静指出能兼具"精、神、气"者就是"圣人"，成玄英也认为"圣人以'三一'为体"。成玄英又给"希、夷、微"下了定义："夷"就是"平"，即"言至道微妙，体非五色，不可以眼识求，故视之不见。若其有色，色则参差，只为无色，故夷然平等也"；"希"就是"简少"，即"体非宫商，不可以耳根听，故曰希也"；"微"就是"妙"，"言体非形质，不可搏触而得，故名微妙也"。③李荣没有论及"精、神、气"，但也给"希、夷、微"下了定义，只是对成玄英相关思想予以了继承。④

孟安排这段思想叙述基本上是对臧玄静、成玄英等人的总结与发挥，只不过在对"精"予以界定时成玄英引入了佛教术语"智照"，而孟安排则引用了佛教术语"圆照"⑤。僧肇在《肇论·般若无知论》中指出，"智照"是一种"无相之知"和"不知之照"。其特点是一种超主客、空物我、破"二执"的"无心之观"，这与"圆照"有相通之处，"圆照"是

---

① 参见《道德经义疏》十四章。
② 参见《道德经义疏》二十一章。
③ 参见《道德经义疏》十四章。
④ 参见《道德经注》十四章。
⑤ "圆照"一词成玄英在《庄子疏》中也引用了两次："故尧负扆汾阳而丧天下，许由不夷其俗而独立高山，圆照偏溺，断可知矣"（《逍遥游》疏）；"虽复习尚虚忘，以无心为道，而未得圆照，故不知也"（《天地》疏）。

指佛家的智慧之心对世间万象的整体超越能力。① 随着道教学者对它们的引用与吸收，"智照"与"圆照"也逐渐演变为道教术语。孟安排又引入了"圆智"一词，因它"非本非迹、能本能迹、不质不空、而质而空"，故用它来界定"三一"。成玄英认为在"精、神、气"之中，因为"真精无杂"，所以"精"是"神、气"之本。② 而孟安排却认为"精、神、气"三者是平等的，因为"精之绝累，即是神，精之妙体，即是炁。亦神之智照，即是精神之妙体，即是炁。亦气之智照，即是精气之绝累，即是神也"。

在"三一"问题上，孟安排最大的贡献是把重玄"三一"思想与传统道教修行"三一"理论统一起来。孟安排认为"三一所修，宗在静定"，因为"心正由静，静身定心，心定则识静，识静则会道也"。在修炼之前首先要安排适当的进展方法，即"方便"；其次要破除世俗观念，即"正观"；第三就是"转缘"，即"从气观转入神观"。具体的修炼方法是：一、鸣鼓。以召集各路神仙，使邪气不敢侵入。二、咽津。咽津液以溉灌百神，即可安身以守"三一"。三、拘魂制魄。魂为阳神，其义主生，好人以善；魄为阴神，其义主死，好人以恶。所以制魄拘魂就能入正除邪，也就可以存三守一，达到修行的最高境界。③ 这个"最高境界"既是道教徒所向往的修道境界，也是重玄学者所追求的境界，即"重玄之域"。

---

① 蒲震元. 说"圆照"［J］. 中国文化研究，2005（3）：53-59.

② 参见《道德经义疏》二十一章。

③ 参见《道教义枢·三一义》。

第五章

安心坐忘：道家思想同道教修行的真正融合

儒家善谈心性，但"心"与"性"也是道家哲学的两个重要概念。老子倡导"虚其心"①，庄子则提出"修心""体性"②，管子则更进一步认为"心能执静，道将自定"③。

这种思想也为道教所吸收与继承：

> 人以难伏，唯在于心，心若清静，则万祸不生，所以流浪生死，沉沦恶道，皆由心也。(《太上老君内观经》)

> 是清静心，见是一切，无量功德，智慧成就，常住自在，湛然安乐，但为烦恼，所覆蔽故，未得显了，故名为性。若修方便，断诸烦恼，障法尽故，显现明了，故名本身。(《本际经》)

成玄英也对此予以了论述：

> 命者，其性惠命。既屏息嚣尘，心神凝寂，故复于真性，反于惠命。(《道德经义疏》十六章)

李荣与王玄览也继承并发展了道家这一"心性"思想，而此时佛教的"心性论"已发展成熟：

> 心生种种法生，心灭种种法灭。(《六祖坛经·付嘱》)

> 本性是佛，离性别无佛。

> 前念迷，即凡夫；后念觉，即佛。(《六祖坛经·般若》)

> 菩提只向心觅，何劳向外求玄？听说依此修行，西方只在眼前。(《六

---

① 参见《道德经》三章。
② 参见《庄子·田子方》《庄子·天地》。
③ 参见《管子·内业》。

祖坛经·决疑》）

观一念心，即是中道如来宝藏，常乐我净佛之知见。(《观心论疏》)

心是诸法之本，心即总也。(《法华玄义》卷一上)

然而道教心性之学的构建，"并不像学术界惯常认为的那样是在禅宗影响下完成的，而是几乎与禅宗同时完成"①，完成这一任务的是司马承祯和吴筠。

司马承祯与吴筠在完成道教心性论的同时，也促使了老庄思想与修道成仙理论的真正融合，这也是初唐重玄学者的目标。

第一节 神仙之道：道教修行思想的复归

司马承祯，字子微，法号道隐，河内温（今河南温县）人。生于唐贞观二十一年（647年），卒于开元二十三年（735年）。据《全唐文》载：

炼师名承祯，一名子微，号曰天台白云。河内温人，晋宣帝弟太常馗之后。祖晟，仕隋为亲侍大都督。父仁最，唐兴为朝散大夫襄州长史。名贤之家，奕代清德；庆灵之地，生此仙才。(《唐天台山新桐柏观颂（并序）》)

司马承祯的著作丰富，现留存于世的有《服气精义论》《天地宫府图》《上清侍帝晨桐柏真人真图赞》《上清含象剑鉴图》《太上升玄消灾护命妙经颂》《坐忘论》《天隐子》。司马承祯的思想主要表现在两个方面：一是养生；二是修心。有学者认为，司马承祯的思想是重玄学与上清派养生法的结合②，这种说法基本正确。事实上，司马承祯的道教思想是传统的道教义理、初唐重玄思潮和老庄原始道家三者结合的产物。

---

① 张广保. 道家的根本道论与道教的心性学 [M]. 成都：巴蜀书社，2008：152.

② 卢国龙. 中国重玄学：理想与现实的殊途同归 [M]. 北京：人民中国出版社，1993：344.

一、纳气凝精：上清派养生思想的继承与发挥

据《旧唐书》载，司马承祯：

少好学，薄于为吏，遂为道士。事潘师正，传其符箓及辟谷导引服饵之术。师正特赏异之，谓曰："我自陶隐居传正一之法，至汝四叶矣。"承祯尝遍游名山，乃止于天台山。（《司马承祯传》）

由此我们可知，司马承祯的道教养生思想传自潘师正，并被认定为茅山宗的第四代传人。司马承祯遍游名山，后归宿于天台山玉霄峰。他目号白云子，又称白云道士，广传弟子，遂自成一派，世称天台派。

上清派的主要经典是《黄庭经》① 和《上清大洞真经》②，它们以老子清静无为思想为基础，吸收了汉代道教"五脏神"的观念，强调存思修身养气：

仙人道士非有神，积精累气以为真。（《黄庭经·仙人》）

三气徘徊得神明，隐龙遁芝云琅英。可以充饥使万灵，上盖玄玄下虎章。（《黄庭经·隐藏》）

元气本非生，五涂五行承虚出，雌雄阴阳寄神化，森罗邃幽郁。

洞阳郁灵宝魂生，金光焕焕气中精，招真固神令长生，拔出幽根基胎婴，骖晨御气升上清。（《上清大洞真经》）

陶弘景作为上清派的第九代宗师，他系统整理和吸收了前人的理论成果，特别是养气之术和形神思想：

夫禀气含灵，唯人为贵。人所贵者，盖贵为生。生者神之本，形者神之具。神大用则竭，形大劳则毙。若能游心虚静，息虑无为，服元气于子后，时导引于闲室，摄养无亏，兼饵良药，则百年耆寿，是常分也。（《养性延命录》序）

他又引《神农经》曰：

食谷者，智慧聪明。食石者，肥泽不老（谓炼五石也）。食芝者，延

---

① 《黄庭经》，全称《太上黄庭内景玉经》和《太上黄庭外景玉经》，载《正统道藏》洞玄部本文类。凡引《黄庭经》原文均出自此处。

② 《上清大洞真经》，全称《上清大洞真经三十九章》，简称《大洞真经》或《三十九章经》，载《正统道藏》洞真部本文类。凡引《上清大洞真经》原文均出自此处。

年不死。食元气者，地不能埋，天不能杀。是故食药者，与天相异，日月并列。(《养性延命录·教诫篇》)

从中可以看出，陶弘景除重视"养气"外，也推崇"服食"，这就是"形神双修"。因而陶弘景在炼丹方面也取得了很大的成就：

弘景既得神符秘诀，以为神丹可成，而苦无药物。帝给黄金、朱砂、曾青、雄黄等。后合飞丹，色如霜雪，服之体轻。及帝服飞丹有验，益敬重之。每得其书，烧香虔受。(《南史·陶弘景传》)

但他最终还是没能炼成使人飞升的"神丹"，在其晚年时转向佛教寻求解脱，这也使他成为融通儒释道三教的先驱。

司马承祯在游历途中曾与茅山道士聚义刊碑叙陶弘景事，归居王屋山时乃撰书《茅山贞白先生碑阴记》①：

若夫禀气经法，精思感通，调运丹液，形神炼化。归同一致，举升上清，自古所得，罕能尽善。兼而聚之，鉴而辩之，静而居之，勤而行之者，实唯贞白先生欤！

可以看出，司马承祯在字里行间充满了对陶弘景的崇敬之情：

阐幽前秘，击蒙后学，若诸真之下教，为百代之明师焉。睹先生写貌之象，则道存目击；览先生著述之义，则情见乎辞。纵逾千载，亦可得之一朝矣！至于思神密感之妙，炼形化度之术，非我不知，理难详据。敬以修身德业，受书道备。(《茅山贞白先生碑阴记》)

因而，司马承祯对上清派的服气养生思想予以了继承，主要体现在《服气精义论》② 中。司马承祯依然坚持元气本源论：

夫气者，道之几微也。几而动之，微而用之，乃生一焉，故混元全乎太易。夫一者，道之冲凝也。冲而化之，凝而造之，乃生二焉。故天地分乎太极。是以形体立焉，万物与之同禀；精神著焉，万物与之齐受。在物之形，唯人为正；在象之精，唯人为灵。并乾坤居三才之位，合阴阳当五行之秀，故能通玄降圣，炼质登仙，隐景入虚。无之心至妙，得登仙之法，所学多途。(《服气精义论》序)

---

① 《茅山贞白先生碑阴记》，又名《陶弘景碑阴记》，载《全唐文》。
② 《服气精义论》，载《正统道藏》洞神部方法类。凡引《服气精义论》原文均出自此处。

司马承祯在此也为我们构造了一幅宇宙生成图，"气"作为"道"的一种体现，生成天地万物。人作为万物的一种，拥有万物之灵性，故"并乾坤居三才之位，合阴阳当五行之秀"，也就具有了修炼成仙的可能。这是对老子宇宙生成论以及道教"三一"思想的吸收与发挥。而整篇《服气精义论》也都是围绕"养气"这一主题展开的，共分九个部分：五牙论、服气论、导引论、符水论、服药论、慎忌论、五脏论、服气疗病论、病候论。

与陶弘景不同的是，司马承祯对外丹术存在着明显的轻视：

> 然金石之药，实虚带而难求；习学之功，弥岁年而易远。若乃为之速效，专之克成，虚无合其道，与神灵合其德者，其唯气妙乎！（《服气精义论》序）

二、与道冥一：庄子修道思想与道教修行的结合

在《真灵位业图》中，庄子的地位并不显赫，但陶弘景对庄子的思想却是推崇备至：

> 仰寻道经上清上品，事极高真之业；佛经《妙法莲华》，理会一乘之致；仙书《庄子内篇》，义穷玄任之境。此三道足以包括万象，体具幽明。（《真诰序录》）①

而在《养性延命录》中，陶弘景除吸收了庄子的养生思想外，还直接引用庄子言论：

> 《庄子·养生篇》曰：吾生也有涯（向秀曰：生之所禀，各有极也），而智也无涯（嵇康曰：夫不虑而欲，性之动也。识而发感，智之用也。性动者，遇物而当足，则无余智，从感不求，倦而不已。故世之可患，恒在于智困，不在性动也）。以有涯随无涯殆已（郭象曰：以有限之性寻无趣之智，安得而不困哉）。已而为智者，殆而已矣（向秀曰：已困于智矣。又为智以攻之者，又殆矣）。

> 《庄子》曰：达生之情者，不务生之所无以为（向秀曰：生之所无以为者，性表之事也。张湛曰：生理自全，为分外所为，此是以有涯随无涯

---

① 赵益点校. 真诰 [M]. 北京：中华书局，2011. 凡引《真诰》原文均出自此书。

也）。达命之情者，不务智之所无奈何（向秀曰：命尽而死者是。张湛曰：乘生顺之理，穷所禀分，岂智所知何也）。

《庄子》曰：真人其寝不梦。（《养性延命录·教诫篇》）

而东晋的葛洪却认为：

至于文子庄子关令尹喜之徒，其属文笔，虽祖述黄老，宪章玄虚，但演其大旨，永无至言。或复齐死生，谓无异以存活为徭役，以殂殁为休息，其去神仙，已千亿里矣，岂足耽玩哉？其寓言譬喻，犹有可采，以供给碎用，充御卒乏，至使末世利口之奸佞，无行之弊子，得以老庄为窟薮，不亦惜乎？（《抱朴子内篇·释滞》）

葛洪认为，庄子思想与道教的修道成仙是相去千里的，几乎没有什么关系，而老庄思想已成为一些行为卑劣小人逃避现实的归宿。这与后世所认为《庄子》中的神仙思想，直接对道教的神仙理论产生影响是矛盾的。由此可见，道教吸收《庄子》不是因为它的神仙信仰之说，道教之于《庄子》的也不只是神仙信仰的印证。道教从《庄子》中所能得到的，也必定是《庄子》所能够给予的，这就是庄子思想的灵魂[1]：

夫求长生，修至道，诀在于志，不在于富贵也。苟非其人，则高位厚货，乃所以为重累耳。何者？学仙之法，欲得恬愉澹泊，涤除嗜欲，内视反听，尸居无心。

仙法欲静寂无为，忘其形骸，而人君撞千石之钟，伐雷霆之鼓，砰磕嘈囐，惊魂荡心，百技万变，丧精塞耳，飞轻走迅，钓潜弋高。（《抱朴子内篇·论仙》）

从中可以看出，所谓"尸居""静寂无为""忘其形骸"，这些思想均来自庄子。庄子认为，"真人""神人""至人"都是得了"道"的人。而庄子这一思想也被葛洪所吸收，并充斥其整本《抱朴子内篇》，只不过所谓的"真人""神人""至人"在葛洪那里都是"仙人"。由此可见，庄子的思想已经深入葛洪的灵魂深处，这一点恐怕连葛洪自己也没有意识到。既然如此，出现以下现象也就成为必然："自魏晋而后，老、庄诸书入道

---

① 卢国龙. 庄子与道教［M］//胡道静主编. 十家论庄. 上海：上海人民出版社，2004：143.

教，后之道教徒莫不宗之，而为道教哲学精义所在，又安可舍老、庄而言道教？"①

蒙文通的观点无疑是正确的，但事实情况不尽如此。我们认为，不管是葛洪不经意地对庄子思想的流露，还是陶弘景对庄子思想的刻意追求，都没能使庄子在道教中的地位得到太大的提升。这种现象到隋代时似乎有所改观：

大业中，道士以术进者甚众。其所以讲经，由以《老子》为本，次讲《庄子》及《灵宝》《升玄》之属。（《隋书·经籍志四》）

在这种风气之下，许多道士都读《庄子》，也讲《庄子》，入唐之后这种现象更为盛行。隋唐道教虽同时讲论《老子》《庄子》，但意义不同。讲论《老子》《西升经》《灵宝升玄经》等皆属宗教活动，是道教科戒仪范的重要内容，而唯独讲论《庄子》是个例外。如能通讲《老子》受称高玄法师，能通解《灵宝升玄经》则受称升玄法师，等等。这是衡量道士资格的标准，但不会因为通解《庄子》而获得类似的资格或名号。②

由此可以看出，道士讲读《庄子》多是出于个人需要，一种精神层面的东西。而至唐初，道士成玄英改变了这种状况。我们前面已进行过论述，成玄英通过注疏《庄子》完成了重玄学思想体系的构建。成玄英主观上是为了完善道教义理，为道教徒修道成仙提供理论依据，而体现出来的结果却是在追求个体精神境界的提升。虽经李荣、王玄览等力图将成玄英的重玄理论道教化，他们也都不同程度地受到庄子思想的影响，但没有根本改变《庄子》在道教经典中的地位。而司马承祯《坐忘论》的问世，彻底改变了这一现状。

《坐忘论》的篇名直接来源于庄子：

故庄周云：堕肢体，黜聪明，离形去智，同于大通，是谓坐忘。（《坐忘论·信敬》）③

---

① 蒙文通. 古学甄微［M］. 成都：巴蜀书社，1987：317.
② 卢国龙. 庄子与道教［M］//胡道静主编. 十家论庄. 上海：上海人民出版社，2004：126.
③ 《坐忘论》，载《正统道藏》太玄部。凡引《坐忘论》原文均出自此处。

关于"坐忘"，郭象注曰：

夫坐忘者，奚所不忘哉！既忘其迹，又忘其所以迹者。内不觉其一身，外不识有天地，然后旷然与变化为体而无不通也。（《庄子·大宗师》注）

对此，成玄英疏曰：

大通，犹大道也。道能通生万物，故谓道为大通也。外则离析于形体，一一虚假，此解"堕肢体"也。内则除去心识，恍然无知，此解"黜聪明"也。既而枯木死灰，冥同大道，如此之益，谓之坐忘也。（《庄子·大宗师》疏）

而司马承祯的理解是：

夫坐忘者，何以不忘哉！内不觉其一身，外不知乎宇宙，与道冥一，万虑皆遣，故庄子云，同于大道。（《坐忘论·信敬》）

可以看到，司马承祯对庄子"坐忘"的理解，深深受到郭象和成玄英的影响，基本上是对郭象、成玄英二者思想的融合。

陶弘景虽然对庄子推崇备至，但其思想却不能不受刚刚过去的玄学思潮的影响。同样，司马承祯的《坐忘论》虽是依托老庄思想而作，也不能不受初唐以来的重玄思潮的影响：

内心既无所著，外行亦无所为。非静非秽，故毁誉无从生；非智非愚，故利害无由至。实则顺中为常，权可与时消息，苟免诸累，是其智也。若非时非事，役思强为者，自云不著，终非真觉。何耶？心法如眼也。纤毫入眼，眼则不安；小事关心，心必动乱。既有动病，难入定门。是故修道之要，急在除病，病若不除，终不得定。（《坐忘论·收心》）

这是对重玄学的"双非"与"中道"思想的应用。

《坐忘论》对老庄思想的继承，有直接引用和引申发挥两种。

直接引用：

故庄周云：堕肢体，黜聪明，离形去智，同于大通，是谓坐忘。

故经云：信不足，有不信。（《坐忘论·信敬》）

故经云：塞其兑，闭其门，终身不勤。

故经云：开其兑，济其事，终身不救。

故庄子云：不将不迎。又云：无为名尸，无为谋府，无为事任，无为

知主。(《坐忘论·断缘》)

故经云:夫物芸芸,各归其根。归根曰静,静曰复命。复命曰常,知常曰明。

故经云:玄德深矣远矣!与物反矣!然后乃至大顺。(《坐忘论·收心》)

故庄子云:达生之情者,不务生之所无。

故庄子云:行名失己,非士也。(《坐忘论·简事》)

故经云:常无欲,以观其妙。

故庄子云:业入而不可舍。

故经云:及吾无身,吾有何患?(《坐忘论·真观》)

庄子云:宇泰定者,发乎天光。(《坐忘论·泰定》)

引申发挥:

人之有道,如鱼之有水。涸辙之鱼,犹希升水。

所恨朝菌之年,已过知命,归道之要,犹未精通。(《坐忘论》序)

静定日久,病消命复。

既有动病,难入定门。是故修道之要,急在除病。病若不除,终不得定。

此病最深,虽学无益。

如其信言不美,指事陈情,闻则心解,言则可行者,此实不可思议,而人不信。(《坐忘论·收心》)

巢林一枝,鸟见遗于丛苇;饮河满腹,兽不吝于洪波。

财有害气,积则伤人。虽少犹累,而况多乎!(《坐忘论·简事》)

是故收心简事,日损有为。体静心闲,方能观见真理。

夫人事衣食者,我之船舫。我欲渡海,事资船舫。渡海若讫,理自不留。何因未渡,先欲废船?衣食虚幻,实不足营。

前虽断简,病有难除者,且依法观之。若色病重者,当观染色,都由想耳。

又观色若定是美,何故鱼见深入,鸟见高飞?仙人以为秽浊,贤士喻之刀斧?一生之命,七日不食,便至于死。

若苦贫者,则审观之,谁与我贫?天地平等,覆载无私,我今贫苦,非天地也。父母生子，欲令富贵，我今贫贱，非由父母。人及鬼神，自救无暇，何能有力，将贫与我？进退寻察，无所从来，乃知我业也，乃知天命也。

去乐就苦，何可愍焉！若病者，当观此病，由有我身，我若无身，患无所托。（《坐忘论·真观》）

形如槁木，心若死灰，无感无求，寂泊之至。无心于定而无所不定，故曰泰定。

黜聪隳体，嗒焉坐忘，不动于寂，几微入照。（《坐忘论·泰定》）

慧是心用，用多则体劳。初得小慧，悦而多辩，神气散泄，无灵润身，生致早终，道故难备。经云尸解，此之谓也。是故大人舍光藏晖，以期全备。凝神宝气，学道无心，神与道合，谓之得道。

炼神入微，与道冥一。（《坐忘论·得道》）

夫得道之心，心有五时，身有七候。

心有五时者：一、动多静少。二、动静相半。三、静多动少。四、无事则静，事触还动。五、心与道合，触而不动。心至此地，始得安乐，罪垢灭尽，无复烦恼。

身有七候者：一、举动顺时，容色和悦。二、夙疾普消，身心轻爽。三、填补夭伤，还元复命。四、延数千岁，名曰仙人。五、炼形为气，名曰真人。六、炼气成神，名曰神人。七、炼神合道，名曰至人。其于鉴力，随候益明。得至道成，慧乃圆备。虽久学定心，身无五时七候者，促龄秽质，色谢归空，自云慧觉，复称成道，求诸通理，实所未然，可谓谬矣。（《坐忘枢翼》）

《坐忘论》的核心是"安心坐忘之法"，具体是围绕信敬、断缘、收心、简事、真观、泰定、得道七个"阶次"展开的。在这七个"阶次"中，"信敬"是主观上的准备，是对主体而言的，"断缘"是相对于客观事物而言的。而"收心"与"简事"则是坐忘的环节，这样就能达到"真观"。能做到"无心于定而无所不定"，即"泰定"。"泰定"后的结果就是"得道"，这也是最终目的。

"得道"即可"成仙"：

凝神宝气，学道无心，神与道合，谓之得道。故经云：同于道者，道亦得之。

山有玉，草木因之不凋；人怀道，形体得之永固。资薰日久，变质同神。炼神入微，与道冥一。

故《西升经》云：与天同心而无知，与道同身而无体，然后大道盛矣。而言盛者，谓证得其极。又云：神不出身，与道同久。且身与道同，则无时而不存。心与道同，则无法而不通。（《坐忘论·得道》）

三、存我之神：《天隐子》的修道成仙思想

司马承祯在《天隐子》序中对修道成仙做了总结：

神仙之道，以长生为本。长生之要，以养气为先。夫气受之于天地，和之于阴阳。阴阳神虚谓之心，心主昼夜寤寐，谓之魂魄。如此，人之身大率不远乎神仙之道。①

司马承祯由早期的主讲"服气"，到中期的安心坐忘，到后来又回到"养气为先"。这不是简单的循环，而是在更高层次上的回归。此时的"养气"是以修道为前提的，或者说是与道合一的。

司马承祯给予了《天隐子》很高的评价：

天隐子，吾不知其何许人，著书八篇，包括秘妙，殆非人间所能力学。观夫修炼形气，养和心虚，归根契于伯阳，遗照齐于庄叟。长生久视，无出是书。（《天隐子》序）

《天隐子》开篇即为"神仙"下了定义：

人生时禀得灵气，精明通悟，学无滞塞，则谓之神。宅神于内，遗照于外，自然异于俗人，则谓之神仙。（《天隐子·神仙》）

每个人所具有的"形"，都是"神"所能寄托的"宅"。只要能脱离世俗，并修虚气、遂自然，就能成为神仙。所以说，神仙也是人。

天隐子认为修仙之道应该"易简"，但他又认为不能"顿悟"：

《易》有渐卦，老氏有妙门。人之修真达性，不能顿悟，必须渐而进之，安而行之，故设渐门。一曰斋戒，二曰安处，三曰存想，四曰坐忘，五曰神解。（《天隐子·渐门》）

---

① 《天隐子》，载《正统道藏》太玄部。凡引《天隐子》原文均出自此处。

所谓"斋戒"不是所谓的沐浴更衣等仪式，而是类似于庄子所说的"心斋"。通过这样的"斋戒"，就能做到"安心"，也就能做到"安处"。"安心"之后要"收心"，"收心"即"本心"的呈现，这是实现"存想"的重要方法。"存想"就是"存我之神，想我之身"，这是修道成仙最为关键的一步，能做到这一点，也就成功了一半。

"存想"之后的结果是"坐忘"：

坐忘者，因存想而得，因存想而忘也。行道而不见其行，非坐之义乎？有见而不行其见，非忘之义乎？何谓不行？曰：心不动故。何谓不见？曰：形都泯故。或问曰：何由得心不动？天隐子默而不答。又问：何由得形都泯？天隐子瞑而不视。或者悟道，乃退曰：道果在我矣！（《天隐子·坐忘》）

"坐忘"的结果就是"得道"，也就能做到"神解"：

信、定、闲、慧四门通神，谓之神解。故神之为义，不行而至，不疾而速，阴阳变通，天地长久，兼三才而言谓之易，齐万物而言谓之道德。本一性而言，谓之真如。

是以生死、动静、邪贞，吾皆以神而解之。在人谓之人仙，在天曰天仙，在地曰地仙。故神仙之道，五归一门。（《天隐子·神解》）

《天隐子》无论从思想上还是从语言上来说，都要比《坐忘论》简练。《坐忘论》对老庄思想的引用是很直接的，而《天隐子》对老庄思想的运用则更加成熟，已把老庄思想灵魂融入自己的思想体系之中。另外，《天隐子》引入了《周易》，这是《坐忘论》所没有做的。孔子曾说："加我数年，五十以学《易》，可以无大过矣。"[1] 如果说《天隐子》是司马承祯所作的话，那一定是他晚年之作。但是，关于《天隐子》作者的争议由来已久，任继愈主编的《道藏提要》对此做了总结："承祯与天隐子似为二人。但本书题名为'上清十三代宗师有天师贞一先生司马承祯述'，而他本则题'无名氏撰'。陆游《跋天隐子》云：'东坡先生以为《天隐子》真司马子微所著也。'（《渭南文集》卷二六）《郡斋读书志》卷十六引王古语，以及陈振孙《书录解题》卷九、宋濂《诸子辨》皆疑天隐子为承祯

---

① 参见《论语·述而》。

托名，则以是书为承祯所著。而吴曾《能改斋漫录》引洪兴祖云：'司马子微得天隐子之学'（卷五），则以天隐子在承祯之前也。《四库提要》及周中孚《郑堂读书志》亦以为承祯自有《坐忘论》，已自著名。无需诈名天隐子。孰是孰非，尚待详考，但此书为唐人所著，则可论定。"①

由此可见，《天隐子》系唐代所作，这一点是大家所公认的。还有一点可以肯定，那就是历史上应该没有天隐子这个人：

自伯阳而来，唯天隐子而已矣。（《天隐子》序）

天隐子生乎易中，死乎易中，动因万物，静因万物，邪由一性，真由一性。（《天隐子·神解》）

由此可以看出，天隐子完全是一个寓言式的人物，且《天隐子》的语言风格颇似《庄子》寓言。另外，如司马承祯所说，魏伯阳之后把《周易》引入道教的只有天隐子，那为何除司马承祯外整个唐代无其他人知晓。这只有一种解释，《天隐子》系他人托天隐子之名而作。胡璉在给《天隐子》作跋时认为"此书八篇，当是子微所著"，宋晁公武通过《郡斋读书志》也指出"天隐子即子微也"，明代宋濂在《诸子辩》中也提出："岂天隐子即承祯欤？"②

综合分析，司马承祯托名而作《天隐子》的可能性最大。那司马承祯为什么要这样做呢？《坐忘论》是司马承祯的成名之作，他本人也早已是功成名就。而晚年的司马承祯无论从思想上还是从修行上都已达到很高的境界，他想把这种意境表达出来，就只有依托天隐子。我们从《天隐子》全文可以看出，天隐子是人却近乎神，而司马承祯认为《天隐子》本身也是空前绝后的。这种思想的表达只能托他人之名，否则就会授人以柄。

第二节　形神兼修：道教修行的最高境界

司马承祯曾与陈子昂、卢藏用、宋之问、王适、毕构、李白、孟浩

---

① 任继愈主编. 道藏提要 [M]. 北京：中国社会科学出版社，1991：765.
② 邓瑞全，王冠英主编. 中国伪书综考 [M]. 合肥：黄山书社，1998：875-876.

然、王维、贺知章交游，号为"仙宗十友"。作为司马承祯后辈的吴筠也与文人交往密切，好"与文士为诗酒之会"，曾与贺知章一起向玄宗推荐李白。

吴筠师从潘师正弟子冯齐整，是唐代道教心性论的集大成者。吴筠一生著作丰厚，现存作品见《宗玄先生文集》和《玄纲论》。吴筠的才华无论是在道士当中还是与文人相比，都是举世公认的：

筠在翰林时，特承恩顾，由是为群僧之所娒。骠骑高力士素奉佛，尝短筠于上前，筠不悦，乃求还山。故所著文赋，深诋释氏，亦为通人所讥。然词理宏通，文彩焕发，每制一篇，人皆传写。虽李白之放荡，杜甫之壮丽，能兼之者，其唯筠乎！（《旧唐书·吴筠传》）

吴筠在《进玄纲论表》中说：

臣闻道资虚契，理籍言彰。臣曩栖岩穴之时，辄撰修行之事。伏以重玄深而难赜其奥，三洞秘而罕窥其门，使向风之流，浩荡而无据。遂总括枢要，谓之玄纲。冀循流派而可归其源，阐幽微而不泄其旨。①

可以看出，吴筠在此谈到"重玄"思想、"三洞"经典，他力图对道家与道教思想予以总结。吴筠没能完成这个任务，这是因为隋唐道家与道教还远未到总结的时候。但是，吴筠完成了两个任务：一、老庄思想与仙道理论的结合；二、道教心性论体系的构建。

一、神仙可学：道教修行理论向老庄思想的回归

成玄英通过注老疏庄，完成了重玄学理论体系的构建。成玄英著《庄子疏》用了近三十年的时间，这充分体现出他对《庄子》的重视。成玄英力图将庄子思想融入道教义理，后经李荣、王玄览等几代重玄学者努力，但都没有达到预期目标。这是因为重玄思想过多关注个体境界的提升，这既不会为统治者所重视，也不会为道教徒所采纳。统治者不管是抑制道教还是推崇道教，主要是为了维护自己的统治，唐朝统治者也不例外，其主要目的有：一、除了依附老子以抬高出身门第外，更重要的是利用道教来维护自己的统治；二、对长生不老的追求，这也是历代帝王将相的梦想。

---

① 《进玄纲论表》《玄纲论》，载《正统道藏》太玄部。凡引《进玄纲论表》《玄纲论》原文均出此处。

而道教徒所需要的是：一、修道成仙，这也是道教的根本宗旨；二、迷惑世人，这是他们的生存之道；三、迎合统治者，为道教的发展争取有利的发展空间。可以看到，这些都不是重玄学理论所能给予的。

成玄英的心愿是通过道教心性论实现的，其历史性标志是司马承祯《坐忘论》的完成和吴筠进献《玄纲论》。严格说来，司马承祯与吴筠都不属于重玄学者，但二人均受到初唐重玄思潮的影响。司马承祯的《坐忘论》是依托老庄思想，再加上重玄方法和道教传统相结合的产物。其具有里程碑式的意义：　如果说唐初年道士讲老庄哲学是开花，那么司马承祯融通老庄之学与宗教实践则是蓓蕾，至内丹道性命兼修为硕果。"① 这是从隋唐道教心性论发展的角度来说的，但这里还应包含其他的意义。前面说过，成玄英作《庄子疏》的目的，除完善道教义理外，还想把《庄子》变成一部真正的道教经典，但最终没能实现。司马承祯《坐忘论》的问世，促使《庄子》最终引起了统治者的注意。天宝元年（742 年），庄子被号为南华真人，《庄子》也被奉为四子真经之一。② 因而可以说，成玄英的心愿是由司马承祯来完成的。天宝十三年（754 年），吴筠进献《玄纲论》，实现了庄子思想与仙道理论的真正融合，这一思想也渗透到《神仙可学论》等其他著作中。

吴筠首先讨论的还是作为道教根本的"道"：

道者何也？虚无之系，造化之根，神明之本，天地之源。其大无外，其微无内，浩旷无端，杳冥无对，至幽靡察而大明垂广，至静无心而品物有方，混漠无形，寂寥无声。万象以之生，五音以之成，生者有极，成者必亏，生生成成，今古不移，此之谓道也。（《玄纲论·道德章》）

这是对庄子有关"道"的思想的发挥：

夫道，有情有信，无为无形；可传而不可受，可得而不可见；自本自根，未有天地，自古以固存；神鬼神帝，生天生地；在太极之先而不为高，在六极之下而不为深，先天地生而不为久，长于上古而不为老。（《庄子·大宗师》）

---

① 卢国龙. 中国重玄学：理想与现实的殊途同归［M］. 北京：人民中国出版社，1993：368.

② 参见《旧唐书·玄宗本纪下》。

可以看到：一、二人都认为"道"是世间万物的根本；二、"道"又是无所不在的；三、充满神秘性。对于庄子的"夫道，有情有信，无为无形"，吴筠在《神仙可学论》① 中还予以了直接引用。

吴筠进一步认为：

夫道者，无为之理体，玄妙之本宗，自然之母，虚无之祖。高乎盖天，深乎包地，与天地为元，与万物为本。将欲比并，无物能等；意欲测量，无处而思。于混成之中为先，不见其前；毫厘之内为末，不见其后。一人存之，不闻有余；天地存之，不闻不足。（《形神可固论·守道》）②

这里融合了老子的"道常无为""有物混成"，庄子的"虚无无为""于大不终，于小不遗"的思想。③ 吴筠虽未提出什么有创建的观点，却实现了真正把老庄思想融入了道教，这是一种更大的贡献。

吴筠既然认为"道"是"自然之母，虚无之祖"，而他在前面又已提出：

余常思大道之要，玄妙之机，莫不归于虚无者矣。虚无者，莫不归于自然矣。自然者，则不知然而然矣。是以自然生虚无，虚无生大道，大道生氤氲，氤氲生天地，天地生万物，万物剖氤氲一气而生矣。故天得一自然清，地得一自然宁，长而久也。（《形神可固论》序）

吴筠的这段话，可以看作对老子"道生一，一生二，二生三，三生万物""人法地，地法天，天法道，道法自然"和"天得一以清，地得一以宁"④，以及"虚无生自然，自然生道"⑤ 相关思想的发挥。吴筠在此展示的宇宙生成模式是：

自然→虚无→大道→氤氲→天地→万物

从这个模式我们可以看到，在"道"的前面出现了"自然"和"虚无"，这就与"夫道者，自然之母，虚无之祖"产生了矛盾。老子说"道法自然"，是指道德本质是自然的，或者说"道"始终处于一种自然而然

① 《神仙可学论》，载《宗玄先生文集》。《宗玄先生文集》，载《正统道藏》太玄部。凡引《神仙可学论》原文均出自此处。

② 《形神可固论》，载《宗玄先生文集》。凡引《形神可固论》原文均出自此处。

③ 参见《道德经》二十五章、三十七章，《庄子·刻意》《庄子·天道》。

④ 参见《道德经》二十五章、三十九章、四十二章。

⑤ 参见《西升经·虚无章》。

的状态。有学者认为："'虚无生大道'或'虚无→大道'，实际上是指'道'从'无'的本真状态运作至'有'的呈现状态，即从'无'之'道'运作至'有'之'道'，而不是指在'大道'之外，另有个什么'虚无'的本体。所谓'虚无生大道'，不过是指'道'从'无'至'有'而自生和自我呈现而已。"① 这种观点是有可取之处的。

"虚无"一词并不是吴筠的独创，由庄子首先提出，后经历代道教学者继承并发挥。现把与"道"相关的"虚无"观点摘录如下：

故曰，夫恬淡寂漠虚无无为，此天地之平而道德之质也。(《庄子·刻意》)

夫静漠者，神明之宅也；虚无者，道之所居也。(《淮南子·精神训》)

故道者，虚无、平易、清静、柔弱、纯粹素朴，此五者，道之形象也。虚无者，道之舍也。(《文子·道原》)

天静以清，地定以宁，万物逆之死，顺之生。故静漠者，神明之宅，虚无者，道之所居。(《文子·九守》)

虚无无形谓之道，化育万物谓之德，君臣父子人间之事谓之义，登降揖让、贵贱有等、亲疏之体谓之礼，简物、小未一道。杀僇禁诛谓之法。(《管子·心术上》)

贤明智乃包裹天地，积书无极，而不能自寿益命，此名空虚无实道也，术士之师也，久久还自穷之。(《太平经·阙题》)

道以自然，为洞虚无，一旦自来。(《太平经·八卦还精念文》)

虚无者，乃内实外虚也，有若无也。反其胞胎，与道居也。独存其心，县龙虑也。遂为神室，聚道虚也。但与气游，故虚无也。在气与神，其余悉除也。以心为主，故得无邪也。详论其意，毋忘真书也。得之则度，可久游也。何不趣精，反与愚俱也。凶祸一至，被大灾也。弃其真朴，反成土灰也。贤者见书，诚之诚之。

自然之法，乃与道连，守之则吉，失之有患。

道兴无为，虚无自然，高士乐之，下士患焉。

---

① 何建明.道家思想的历史转折 [M].武汉：华中师范大学出版社，1997：277.

详学于师，亦毋妄言，有师道明，无师难传。学不师诀，君子不言。妄作则乱文，身自凶焉。道已毕备，便成自然。（《太平经·虚无无为自然图道毕成诚》）

河上公总结说：

或言虚无，或言自然，或言无名，皆同一耳。（《老子想尔注》）

关于"道"与"德"的关系，老子认为"道生之，德畜之"，庄子认为"故通于天地者，德也；行于万物者，道也""物得以生，谓之德""故德总乎道之所一"。① 而吴筠也认为：

德者何也？天地所禀，阴阳所资，经以五行，纬以四时，牧之以君，训之以师，幽明动植，咸畅其宜，泽流无穷，众生不知谢其功，惠加无极，百姓不知赖其力，此之谓德也。

然则通而生之之谓道，道固无名焉。畜而成之之谓德，德固无称焉。（《玄纲论·道德章》）

吴筠在此指出，"道""德"是天地万物赖以存在的条件，而万物却不知晓，这是对老子"道生之，德畜之"的引申。

那么"道""德"与"修道成仙"是什么关系呢？

尝试论之，天地人物灵仙鬼神，非道无以生，非德无以成。生者不知其始，成者不见其终，探奥索隐，莫窥其宗，入有之末，出无之先，莫究其朕，谓之自然。自然者，道德之常，天地之纲也。（《玄纲论·道德章》）

"灵仙鬼神"同天地万物一样，也是靠"道生之，德畜之"，而且是一个自然化生的过程。

有人认为老庄不尚仙道，故对吴筠的仙道理论提出了疑问：

或问曰：道之大旨，莫先乎老庄。老庄之言，不尚仙道，而先生何独贵乎仙者也？

吴筠回答说：

老子云死而不亡者寿。又曰子孙祭祀不辍。庄子曰孰能以死生为一条。又曰圣人以形骸为逆旅。此其证乎？愚答曰：玄圣立言，为中人尔，中人入道，不必皆仙。是以教之，先理其性，理其性者，必平易其心，心

---

① 参见《道德经》五十一章、《庄子·天地》《庄子·徐无鬼》。

平神和，而道可冀。故死生于人，最大者也。谁能无情？情动性亏，柢以速死。令其当生不悦，将死不惧，偷然自适，忧乐两忘，则情灭而性在，形殁而神存，犹愈于形性都亡，故有齐死生之说，斯为至矣。何为乎不尚仙者也？夫人所以死者，形也。其不亡者，性也。圣人所以不尚形骸者，乃神之宅，性之具也。其所贵者，神性尔。若以死为惧，形骸为真，是修身之道，非修真之妙矣。（《玄纲论·长生可贵章》）

吴筠认为老庄之所以教人"齐生死"，是对"中人"而言的。吴筠把众生分为三类，即睿哲、中人和顽凶，认为只有中人才需要教化，这在后面还要论及，在此不予赘述。因为就中人的本性而言是不能成仙的，所以要"先理其性"。这样就能保持一种超然的心态，做到生死、忧乐都置之度外，也就能灭情而存性。圣人之所以不崇尚形骸，是因为它只是"神之宅"和"性之具"。如果惧怕死亡，只注重形骸的保养，那是修身之道而不是修仙之道。即使形体没有了而神却在，这就是老子所说的"谷神不死"，也就能做到庄子所说的"千载厌世，去而上仙，乘彼白云，至于帝乡"。修仙得道后就能"神将守形，形乃长生"，也就能体会到什么是"人皆尽死，而我独存"了。吴筠最后又总结说：

斯则老庄之言长生不死，神仙明矣。曷谓无乎？又《道德经》《南华论》，多明道以训俗，敦本以静末，神仙之奥，存而不议。其幽章隐书，炼真妙道，秘于三洞，非贤不传。故轻泄者获戾于天官，钦崇者纪名于玄录，殃庆逮乎九祖，升沉击乎一身。何可使行尸之徒，悉闻悉见耳。（《玄纲论·长生可贵章》）

吴筠以修仙之道来解读老庄之道，又以老庄之道来论证修仙之道。有学者总结说："这种将老庄之学与神仙之学紧密结合在一起的做法，无疑是吴筠在葛洪、陶弘景等人仙学理论基础上为推展仙学的更新发展所进行的一种尝试。"①

吴筠又把老庄的有无观引入仙道理论：

或问曰：道本无象，仙贵有形，以有契无，理难长久。曷若得性遗形者之妙乎？愚应之曰：夫道至虚极也，而含神运气，自无而生有。故空洞

----

① 李大华，李刚，何建明. 隋唐道家与道教［M］.北京：人民出版社，2011：392.

杳冥者，大道无形之形也。天地日月者，大道有形之形也。以无系有，以有合无，故乾坤永存，而仙圣不灭。（《玄纲论·以有契无章》）

有人提出，以无形的"道"来获得有形的仙体，这似乎难以理解。吴筠指出，"道"虽然虚无缥缈却"含神运气"，能生天地万物。天地能永存，故依"道"而修的"仙圣"也可永存，这就是"以无系有，以有合无"。既然"道"可以自无生有，那么修仙亦可自有还无，即"有以无为用，无以有为资"①。吴筠就这样将道之有无体用结合了起来，那么，"老庄之学就不但是修养心性的典则，而且是修炼神仙长生的理论依据"。②

二、神灵之府：隋唐心性论的终结

"形神"关系问题是中国哲学中一个古老的命题，也是历代道教学者所热议的问题：

使人身自化为神者，是也；身无道而不成神，自言使神者，非也，但可因文书相驱使之术耳。（《太平经·学者得失诀》）

夫神明精气者，随意念而行，不离身形，神明常在，则不病不老，行不遇邪恶。（《太平经·思神君响随人诀》）

夫有因无而生焉，形须神而立焉。有者，无之宫也。形者，神之宅也。（《抱朴子内篇·至理》）

故人所以生者，神也；神之所托者，形也。神形离别则死，死者不可复生，离者不可复返，故乃圣人重之。（《养性延命录·教诫篇》）

坐忘炼神，舍形入真。（《玄珠录》）

神性虚融，体无变灭，形与之同，故无生死。（《坐忘论·得道》）

吴筠通过《形神可固论》对此予以了总结，他在序言中指出，虚无缥缈的大道产生了氤氲之气，氤氲之气又化生出天地万物。天地得以长久存在，而为什么人却不能？这是过于贪图身体感官方面享受所造成的，所以《玄和经》说："人绝十二多少，抱宗元一，可得长生。"如果再做到《玉京山经》所讲"常念餐元精，炼液固形质。胎息静百关，寥寥究三便。泥

---

① 参见《神仙可学论》。
② 卢国龙. 中国重玄学：理想与现实的殊途同归［M］. 北京：人民中国出版社，1993：395.

丸洞明景，遂成金华仙"，就可"与天地齐寿，日月齐明"。然而不管是道门中人还是达官之士，均不知形神之术而形体枯槁，因而他教导人们要践行"守道、服气、养形、守神、金丹之术"。

吴筠认为"道"是万物的本源，是无所不能、无所不在的，因而要"养形、守神"先要"守道"：

> 故岐伯曰：上古之人知道者，法则阴阳，和于术数，饮食有节，起居有度，为而不为，事而无事，即可柔制刚、阴制阳、浊制清、弱制强，如不退骨髓，方守大道。大道者，多损而少益，多失而少得，益之得之，至真之士也。益者益形，得者窈冥，感通神明。《说苑》曰：山之高，云雨起，水之深，鱼鳖归，人守道，福自至。（《形神可固论·守道》）

探讨道教哲学思想，如果撇开其修道理论，则无疑是釜底抽薪。因而吴筠往往在前面讲"道"，后面必然要说如何修道。① 吴筠借岐伯②之口告诉我们具体的守道方法，即和于阴阳、精通术数、饮食起居有规律，再做到诸事无为就可以了。能做到"与道冥一"，就是"至真之士"，也就会"福自至"了。吴筠认为"守道"必须精通术数，这就是"由道入术"，首先要"服气"：

> 《德经》曰：可以走马以粪，如婴儿之未孩。故《龟甲经》云：我命在我不在天。不在天者，谓之元气也。人与天地，各分一气。天地长存，人多夭逝，何也？谓役气也。气者，神也；人者，神之车也，神之室也，神之主人也。主人安静，神则居之；躁动，神则去之。神去则身死矣！（《形神可固论·服气》）

人要像天地一样长久，就要"服气"，这个气就是"元气"。服气就要养气安神，而养气安神的关键是要"安静"。这里的"车""室"是对"形"的比喻，以此说明"神"与"形"是生存与共的，"神"去则"形"亡。因而要"养形"：

> 况人受道气，则剖得神，分得一，有此形骸，而不能守养之，但拟取

---

① 李刚. 重玄之道开启众妙之门：道教哲学论稿［M］. 成都：巴蜀书社，2005：434-435.

② 岐伯是我国远古时代最著名的医生，家居岐山（今陕西省岐山）一带，另有说为甘肃省庆阳市庆城县人。

余长之财，设斋铸佛，行道吟咏，祈祷鬼神，以固形骸，还同止沸加薪，缉纱为缕，岂有得之者乎。形之与神，常思养之。自以色声香味以快其情，以或其志，以乱其心，此三者败身逆道、亡形沉骨、丧身之所由生者也。（《形神可固论·养形》）

"养形"的关键是去"情"，这样才能坚定意志、安定心绪，还是要"安静"。舍身而外求，就会加速形体的消亡，这都是"养形"之大忌。人身之"形"有"神"才能安，故要"守神"：

《阴符经》曰：经冬之草，覆之不死，露之见伤，火生于木，祸发必克，精生于身，精竭而死。人之气与精神，易浊而难清，易暗而难明，知之修炼，实得长生。岂不见鲸鱼失水，被蝼蚁之所食。人不守神，被虫蛆之所溃。得道者，鱼常游于泽则不涸，人若常固于气，则不死矣。人皆好长生，而不知有益精易形。人皆畏其死，而不知有守神固气。能依此者，子无丧父之忧，弟无哭兄之患，则不可握无形之风、捕无见之物，天年之寿，自然而留矣。（《形神可固论·守神》）

形体只有在"神"的庇护下才能长久，而人们只知道好生恶死，却忘记了"守神固气"。如能做到"守神固气"，人们自然可得"天年之寿"，无须再承受生死离别之痛。能"守神"即可得"天年之寿"，然而要"飞升成仙"，还需服食"金丹"：

贤者待行道，北方水是金，赫然还丹成，玄黄焕烂燋艳，焜煌炜烨，日月五星不足比其光泽也。生阴长阳，变化无伦，翱翔碧落，纵旷玄漠，飘飘太素，归虚反真，体造化之所成。以刀圭入口，共天地齐寿，可与鸡犬同飞，室宅拔上，谓之灵圣，真人感应也。（《形神可固论·金丹》）

前面说过，陶弘景主张"形神双修"，推崇"养气"也推崇"服食"，他一生都在努力炼制使人飞升的"神丹"。司马承祯虽然对陶弘景推崇备至，却认为"金石之药实虚费而难求"，把"服气"放在了首要位置。而吴筠不但继承了上清派的服气养生思想，还认为金丹可与日月齐辉，服食后能"共天地齐寿，可与鸡犬同飞"。

关于"形神"与"心"的关系，吴筠认为"心动则形神荡"①，所以

---

① 参见《形神可固论·养形》。

对"神"要有敬畏之心，戒除贪念即可安心。吴筠又指出，人之所以会"乱心"，是由于"目"的原因：

> 人之所生者神，所托者形，方寸之中，实曰灵府。静则神生而形和，躁则神劳而形毙，深根宁极，可以修其性情哉。然动神者心，乱心者目，失真离本，莫甚于兹。（《心目论》）①

吴筠在此指出，形神是相互依存的，"静"则形神相和，"躁"则神劳形毙。守静去躁是吴筠认识方法论的一个纲，也是其生命修炼的总原则，只有从正确的认识途径入手才能最终达到修道成仙的目的。《心目论》从假设思维器官"心"与感觉器官"目"的对话入手，探究了"体"与"用"的关系问题。②吴筠认为对"神"直接产生影响的是"心"，而"乱心者目"。"心"意欲"恬淡无为"，而"目"面对的却是色彩缤纷的世界。这样就打乱了"心"的无为静止状态，并使得"心"引发贪念、动荡不安，于是"心"把这一切都归咎于"目"。"目"当然不愿承担这个责任，认为"心"作为"统形之主"，当做出正确的取舍判断，应防患于未然，不应该事发之后而迁怒于别人。对此，"心"似有所悟，但仍然不从自身找原因，而是劝"目"与其一起"超尘烦之疆，步清寂之乡"。"目"则进一步对"心"说，要想"睹金阙之煌煌，步紫庭之寥寥，同浩劫之罔极"，达到"与道冥一"的境界，终归还是要靠自己的修行。

"心"终于幡然醒悟，对"目"谢曰：

> 幸我以善道，弘我以至言，觉我以大梦，启我以重玄，升我以真阶，纳我以妙门。纵我于广漠之野，游我于无穷之源。既匪群而匪独，亦奚静而奚喧？协至乐之恒适，抱真精而永存。遣之而无遣，深之而又深，通乎造化之祖，达乎乾坤之心。（《心目论》）

可以看出，只有"心静"才能"目安"。吴筠以此告诉人们，修仙悟道还是要依靠自己，首先要"安静"，这样才能做到"物我两忘"，不被外界因素所干扰。吴筠在此提到了"重玄"，而且运用了重玄学的"双遣"思想方法。

吴筠作《心目论》是引导人们要潜心修行悟道，同时需要"教化"，

---

① 《心目论》，载《宗玄先生文集》。凡引《心目论》原文均出自此处。
② 李刚. 重玄之道开启众妙之门：道教哲学论稿 [M]. 成都：巴蜀书社，2005：441.

而吴筠也指出并不是所有的人都需要"教化"。他把人分为三类：

> 故禀阳灵生者为睿哲，资阴魅育者为顽凶。睿哲惠和，阳好生也。顽凶悖戾，阴好杀也。或善或否，二气均合而生中人。三者各有所禀，而教安施乎。教之所施，为中人尔。何者？睿哲不教而自知，顽凶虽教而不移，此皆受阴阳之纯气者也。亦犹火可灭，不能使之寒。冰可消，不能使之热。理固然矣。夫中人为善则和气应，为不善则害气集。故积善有余庆，积恶有余殃，有庆有殃，教于是立。（《玄纲论·天禀章》）

董仲舒把"人性"分为"圣人之性""斗筲之性"与"中民之性"，即著名的"性三品说"。① 吴筠对此予以了借鉴，把人分为"睿哲""顽凶"和"中人"三类。"睿哲"天性自知而无须教化，"顽凶"生性顽固已无教化的可能。只有"中人"才需要教化，因其兼具阴阳二气。教化的目的，是使"中人"成为纯阳无阴、逍遥自在、身心俱寿的神仙。而"教化"首先要做的是去"情"，因为对人性危害最大的是"情"。"情"能使人乐生而恶死，而"情"灭则"性"存，就能忘忧乐、齐生死，这是因为"夫人所以死者，形也。其不亡者，性也"②。

吴筠最后总结道：

> 故生我者道，灭我者情。苟忘其情，则全乎性，性全则形全，形全则气全，气全则神全，神全则道全，道全则神王，神王则气灵，气灵则形超，形超则性彻，性彻则返覆流通，与道为一。（《玄纲论·同有无章》）

吴筠在此向我们展示了一个由"情、性、形、气、神、道"的双向循环，最后的归宿是"与道为一"，也就是"人性"与"道性"的完美统一。吴筠至此也完成了他的历史使命，实现了老庄思想与仙道理论的结合，构建了自己的道教心性论体系。

---

① 侯外庐，等. 中国思想通史：第 2 卷 [M]. 北京：人民出版社，1957：111-115.

② 参见《玄纲论·长生可贵章》。

第六章

理身理国：理想与现实的殊途同归

景云二年（711年），唐睿宗遣司马承祯之兄司马承祎就天台山迎之至京城，问以阴阳术数之事：

承祯对曰："道经之旨：'为道日损，损之又损，以至于无为。'且心目所知见者，每损之尚未能已，岂复攻乎异端，而增其智虑哉！"

帝曰："理身无为，则清高矣！理国无为，如何？"

对曰："国犹身也。《老子》曰：'游心于淡，合气于漠，顺物自然而无私焉，而天下理。'《易》曰：'圣人者，与天地合其德。'是知天不言而信，不为而成。无为之旨，理国之道也。"（《旧唐书·司马承祯传》）

司马承祯的回答深深触动了唐睿宗，因而对其大加赞赏。司马承祯还山之时，睿宗赐予宝琴及霞纹帐。由此可见，与"修身"相比，统治者更关心的还是"理国"，但唐睿宗没能解决这个问题。

唐玄宗也曾向吴筠请教道法和神仙修炼之事：

帝问以道法，对曰："道法之精，无如五千言，其诸枝词蔓说，徒费纸札耳！"又问神仙修炼之事，对曰："此野人之事，当以岁月功行求之，非人主之所宜适意。"每与缁黄列坐，朝臣启奏，筠之所陈，但名教世务而已，间之以讽咏，以达其诚。玄宗深重之。（《旧唐书·吴筠传》）

在道家思想中，自老庄开始就有一股深深的忧患意识。这就是心怀天下，以天下苍生为念的悲悯情怀。这种理念也为一些有良知的道教学者所继承，他们没有以一教之私去迷惑统治者。而是积极地劝导统治者以国事为重，司马承祯如此，吴筠也是如此。因为他们深深知道，只有"国泰"才能"民安"，也才能促进道教事业更好地发展。在司马承祯与吴筠之后，又出现了陆希声、罗隐、谭峭等一批"心怀天下"的道家与道教学者。与司马承祯和吴筠不同的是，他们多是站在劳动人民的立场上展开对社会和统治者的抨击。这是因为他们生活于唐末，而此时的唐王朝经过"安史之乱"的冲击已是逐渐没落。虽然国家走向衰落，而统治者的骄奢淫逸却与日俱增。于是社会矛盾日益激化，农民起义不断、藩镇之间争斗不止，人民生活于水深火热之中，而这种混乱局面对于开创了"开元盛世"的唐玄宗来说是无法预料的。

唐玄宗深谙黄老之道，也是借此取得皇位。再加之受道教学者言论的影响，玄宗通过注疏《道德经》完成了理身与理国思想体系的构建，实现了理论与实践的结合。唐玄宗虽然受过符箓，但作为一代君王，他更为关心的还是整个国家的命运以及与之相连的皇位。从此可以看出，唐玄宗自然也不能算作一位重玄学者。然而，唐玄宗的思想深处却深受重玄学理论的影响。

第一节 清静无为：唐玄宗《道德经》注疏思想的真谛

"无为"是老子思想的精髓：

是以圣人处无为之事，行不言之教。（《道德经》二章）

爱人治国，能无为？（《道德经》十章）

道常无为而无不为。侯王若能守，万物将自化。化而欲作，吾将镇之以无名之朴。无名之朴，亦将不欲。不欲以静，天下将自正。（《道德经》三十七章）

这种思想是唐玄宗所要继承的：

道性清静，妙本湛然，故常无为也。万物恃赖而生成，有感而必应，故无不为也。夫有为者，则有所不为也。故无为者，则无所不为也。（《御制道德真经疏》三十七章）①

---

① 《御制道德真经疏》，载《正统道藏》洞神部玉诀类。凡引《御制道德真经疏》原文均出自此处。

"清静无为"既是唐玄宗对道家思想的继承，也是其实践经验的总结，这种思想贯穿其整个理论体系。

一、妙本生化：修身治国理论体系的建立

"妙本"一词，最早是由南朝顾欢提出的，① 成玄英予以了发挥：

无物者，妙本也。夫应机降迹，即可见可闻。复本归根，即无名无相。故言复归于无物也。

是先状之状，无物之象。状貌象形，妙本希夷，故称无状。无物亦能生化，故云状之象。

妙本非有，应迹非无。非有非无，而无而有。有无不定，故言惚恍。（《道德经义疏》十四章）

无为妙本，所谓冥寂之地也。言天地万物，皆从应道有法而生，即此应道从妙本而起，元乎妙本，即至无也。（《道德经义疏》四十章）

至道妙本，幽隐窈冥，非形器之所测量，岂名言之能诠辩也。（《道德经义疏》四十一章）

唐玄宗继承了成玄英这一观念：

道者，虚极之妙用。无名者，妙本也。（《御注道德真经》一章）②

虚极者，妙本也。（《御注道德真经》十六章）

道者，虚极妙本之强名。（《御制道德真经疏》一章）

虚极妙本，强名曰道。妙本无物，故谓之惚。生化有形，故谓之恍。物者，即上道之为物，谓妙本也。（《御制道德真经疏》二十一章）

有物者，妙物也，即虚极妙本也。（《御制道德真经疏》二十五章）

首先，"妙本"是无名的；其次，具有"虚极"性；第三，"妙本"产生世间万事万物。而有观点认为，此处的"妙本"是世界万事万物的本体，而"道"则是"虚极妙本之强名"。所以说，"妙本"是较"道"更

---

① "凡庸之人，妄执强知之病，以自分别，往而不返，良可叹息。其唯圣人，真知妙本，洞遣言教，独能以其慈仁，哀悯众生强知之病，盖以其自无病也。"（顾欢《道德真经注疏》卷七，载《正统道藏》洞神部玉诀类。）

② 《御注道德真经》，载《正统道藏》洞神部玉诀类。凡引《御注道德真经》原文均出自此处。

深层次的世界本体。① 也有观点认为，唐玄宗的"妙本说"融通了本体本原二论，解决了唐代重玄学家从本体论向本原论的过渡，找到了"全世界共同本原作为精神依倚"。② 有学者认为这个评估过高，因为"道"代表宇宙本体与本原两种内涵，这在《道德经》原文中已经明确肯定。而成玄英、李荣都曾对老子"道"的宇宙本体和本原性进行过精彩的描述，只不过具体内容略有不同而已。成玄英用"虚通之妙理，大众之正性"去说明，李荣以"虚极之理"来形容，而唐玄宗则用"妙本"加以界说。因而对于隋唐重玄学来说，并不存在本体论向本原论过渡的问题。③

其实这个问题的答案老子已经告诉我们：

有物混成，先天地生，寂兮寥兮，独立不改，周行不殆，可以为天下母。吾不知其名，字之曰道，吾强为之名曰大。大曰逝，逝曰远，远曰返。（《道德经》二十五章）

世界上原本不存在"道"这个名称，却存在一个生天生地的"本原"，对这个"本原"勉强叫作"道"。这个"本原"被唐玄宗称为"妙本"，"妙本"也应是"强为之"。所以，唐玄宗认为"妙本"就是"道"：

妙本，道也，至道降气，为物根本，故称妙本。（《御制道德真经疏》五十一章）

但唐玄宗认为"妙本"与"道"又是存在差别的：

且尝试论曰：虚无者，妙本之体。体非有物，故曰虚无；自然者，妙本之性。性非造作，故曰自然；道者，妙本之功用。所谓强名，无非通生，故谓之道。幻体用名，即谓之虚无。自然道尔，寻其所以，即一妙本。（《御制道德真经疏》二十五章）

前面说过，《西升经》认为"虚无生自然，自然生道"，李荣也引用了这一思想。唐玄宗在此认为，"虚无"是体，"自然"是性，而"道"则是用，从而得出"妙本"即"虚无自然之道"。

由此可以看出，唐玄宗还是力图将"妙本"至于"道"之上：

① 何建明. 道家思想的历史转折［M］. 武汉：华中师范大学出版社，1997：83-84.
② 卢国龙. 中国重玄学：理想与现实的殊途同归［M］. 北京：人民中国出版社，1993：432.
③ 董恩林. 唐代《老子》诠释文献研究［M］. 济南：齐鲁书社，2003：155.

道无不在，所在常无。在光在尘，皆与为一。一光尘尔，而妙本非光尘也。（《御注道德真经》四章）

而他又指出：

道之为物，其运动形状若何？言此妙本不能不无，难为名称。欲谓之有，则寂然无象；欲为之无，则湛然似或存。无有难名，故谓之为恍惚尔。（《御制道德真经疏》二十一章）

在此处，唐玄宗又将"道"与"妙本"等同起来。从老子开始，道家学者无不公认"道"是世界万物的本原，这种观念已经深入人心，唐玄宗要想对此予以超越，谈何容易。因而，在其思想中出现自相矛盾之处也就不足为怪了。

唐玄宗既然沿用并发挥了"妙本"一词，说明其深受初唐以来盛行的重玄思潮的影响，并对这一思想方法予以了运用：

摄迹归本，谓之深妙，若住斯妙，其迹复存，与彼异名，等无差别。故寄又玄以遣玄，欲令不滞于玄，本迹两忘，是名无住，无住则了出矣。注云意因不生者，《西升经》云：同出异名色，各自生意因。今不生意因，是同于玄妙。无欲于无欲者，为生欲心，故求无欲。欲求无欲，未离欲心。今既无有欲，亦无无欲，遣之又遣，可谓都忘。正观若斯，是为众妙。其妙虽众，若出此门，故云众妙之门也。（《御制道德真经疏》一章）

"双遣"是重玄学的根本思想方法，通过遣有、遣无、再遣非有非无而达到"重玄"的境界。唐玄宗继承了这一思想方法，只不过他所要遣去的是"本迹"。关于"本迹"问题，魏晋玄学家以及其后佛教学者都有论及，成玄英对此予以了专门论述，有学者对此进行了归纳总结。① 我们认为，成玄英有关"本迹"的总体观点是以"道"为"本"，以"万物"为"迹"。唐玄宗又称"道"为"至无""至一"，称"万物"为"有"，从这个层面上也可以说遣"本迹"也就是遣"有无"。但是，唐玄宗的有无观与成玄英的有无观是不同的，成玄英认为"无"不能等同于"道"。在唐玄宗这里，通过"双遣"即可"本迹两忘"，也就达到了理想的境界。从此可以看出，唐玄宗"不仅是要遣除宇宙万事万物之间的任何差别、界

---

① 李刚. 重玄之道开启众妙之门：道教哲学论稿 [M]. 成都：巴蜀书社，2005：220-240.

限，而是连宇宙本体与本原也要加以忘却，从这个意义上来说，唐玄宗重玄思想的宗旨不是体'道'悟'道'，而是要忘'道'忘'本'，'可谓都忘'"①。而经过"遣""忘"就可达到人生的最高境界：

> 损之者，谓损为道者之功行也。又损之者，谓除忘功行之心也。斯乃前损忘迹，后损忘心，心迹俱忘，可谓造极，则以至于无为矣。(《御制道德真经疏》四十八章)

唐玄宗之所以强调个体境界的提高，"其主要目的是要在人们心中建立起一个约束自身行为的内在权威，以此来和谐个体与社会的关系，而并非出于宗教上的需要"②。要想社会安定，首先要个体安分，所以唐玄宗把"无为"界定为人生的最高境界。唐玄宗认为"理国"应当从"理身"中汲取经验，即"夫理国者，复何为乎？但理身尔"，首要的一点还是"无为"。③ 而"道常无为"不但是老庄思想的核心，也是黄老之学的主要治国理念。因而唐玄宗对此是倍加重视，他首先认为做君主的要能"守道清净，无为无事"，这样就能感化民众使其淳朴善良。如果有人想"动作有为"，要以"无名之朴"使其"清静"下来。那么，这种"善教"和"镇静"是"有为"还是"无为"呢？

> 上言凡人欲动作有为，人君则将无名之朴而镇静之，今言于彼无名之朴，亦将不欲者，若执无名，还将有迹，令此众生寻迹丧本，复入有为，则与彼欲心等无差别。故初用无名之朴以镇静苍生欲心，苍生欲心既除，圣人无名亦舍。喻如药以理病，病愈而忘药；舟以济水，水济而遗舟。若水已济而仍守舟，病已除而复尝药，岂唯不达彼岸，亦复更生患累矣。夫无名之朴既将不欲，不欲之欲于此亦忘，则泊然清静，是名了出。君无为而上理，人遂性而下化，不烦教令，而天下自正平。故云天下将自正也。(《御制道德真经疏》三十七章)

唐玄宗认为，这种以"无名之朴"来"镇静"欲动之人的做法，与那些有"欲心"之人是一样的，都属于"有为"。所以说，在消除"苍生欲心"之后，这种行为本身也要一并"消除"，即"遣之又遣"。这就像治

---

① 董恩林. 唐代《老子》诠释文献研究 [M]. 济南：齐鲁书社，2003：163.

② 熊铁基，马良怀，刘韶军. 中国老学史 [M]. 福州：福建人民出版社，2005：277.

③ 参见《御制道德真经疏》三章。

病一样，病好了就不要再吃药；乘舟渡河，到对岸之后就不要再惦记舟了。由此可见，"唐玄宗的重玄思想，既不是修道的境界观，也不是认识自然的宇宙观，而仅仅是一种方法论，本质地说是一种统治民众的方法论，目的是在于探讨如何使民众无欲无为，安居守分"①，最终还是为其阶级统治服务的。

二、能守慈柔：理身理国的实践原则

弘道元年（683 年），唐高宗李治驾崩，唐中宗李显即位，大唐王朝也从此开始了长达三十余年的政局动荡。次年，武后废中宗而立其弟豫王李旦。垂拱元年（685 年），李旦之子李隆基出世，也在这场政治动荡中开始了他的成长。天授元年（690 年），武后废李旦而称帝，改国号为周，自称则天皇帝，立李显为太子。武则天在当政期间，"滥用禄位，以收买人心；又任用酷吏，严刑峻法，以威吓异己的人，而防其反动；骄奢淫佚的事情，更不知凡几；以致政治大乱"②。

神龙元年（705 年），武则天病重，宰相张柬之等乘机奉中宗复位。唐中宗昏庸无能，又致使皇后韦氏专权。韦后与武三思私通，导致武氏势力复兴。后张柬之遭武三思排挤流放泷州，加之安乐公主、上官婉儿等都干预政治，此时的朝野比武则天时代更加混乱。景龙元年（707 年），太子李重俊发动政变，后失败被杀，史称"重俊之变"。景龙四年（710 年），韦后毒死中宗李显，立其幼子李重茂为少帝。同年，李隆基联合太平公主诛杀韦后，拥立睿宗复位。太平公主颇具武则天的气质和才干，自不会把同样平庸的睿宗与年幼的侄儿李隆基放在心上，遂也做起了皇帝梦。先天元年（712 年），睿宗让位于李隆基。同年，唐玄宗粉碎了太平公主谋反的阴谋，太平公主被赐死。至此，唐玄宗李隆基真正掌权，开始了长达四十多年的政治生涯。

在这场延续三十余年的政治斗争中，中宗被毒死，又有两位太子和两位皇子被杀，李隆基的生母德妃窦氏也被秘密处死。李隆基能幸免一死，并最终登上皇位，这也称得上是一个奇迹。在此期间，李隆基与多位道士

① 董恩林. 唐代《老子》诠释文献研究 [M]. 济南：齐鲁书社，2003：164.
② 吕思勉. 中国通史 [M]. 上海：上海古籍出版社，2009：386.

来往密切，并深谙道家隐忍退让之术。

唐玄宗最深刻的体会是"守雌柔"①，而柔弱莫过于"水"：

> 水性甘凉，散洒一切，被其润泽，蒙利则长，故云善利，此一能也。天下柔弱莫过于水，平可取法，清可鉴人，乘流遇坎，与之委顺，在人所引，尝不竞争，此二能也。恶居下流，众人恒趋，水则就卑受浊，处恶不辞，此三能也。（《御制道德真经疏》八章）

成玄英认为"水善利万物，又不争，处众人之所恶"为水之"三能"，所以"近于道",② 唐玄宗继承了成玄英这一思想。做他人之不能做，忍他人所不能忍，这就是李隆基的全身之道。唐玄宗又把水的"三能"总结为"利物""不争""处恶"：

> 利物，明其弘益；不争，表其柔弱；处恶，示其含垢。此水性之三能，唯至人之一贯，其行如此，去道不退，故云近尔。（《御制道德真经疏》八章）

水之"三能"表现在政治上就是爱民、不贪和敬业，这类似于老子所说的"三宝"。③ 唐玄宗认为人们除了能"守雌柔"外，还要能"守静"：

> 人生而静，天之性。感物而动，性之欲。若常守清静，解心释神，返照正性，则观乎妙本矣。若不正性，其情逐欲而动，性失于欲，迷乎道原，欲观妙本，则见边徼矣。（《御注道德真经》一章）

"清静无为"是《道德经》中的一个重要概念，是老子政治思想的总原则。后世道家多以此作为修身养性的基本法则，而忽略了其是理身理国的主旨。而"静"又是老子"清静无为"思想的第一要旨，也可以说"无为"的精髓就在这一个"静"字。④ 唐玄宗认为"静"是人的天性，但不需要刻意地去追求，只要能守住就可以了。如果能守住"静"，就能保持天性、合于"妙本"，反之则会"性失于欲，迷乎道原"。那么，怎样才能"守静"呢？

> 夫重则静，轻则躁，躁则静轻者根，则静为躁者君矣。是知重有制轻

---

① 参见《道德经义疏》十章。

② 参见《道德经义疏》八章。

③ 孙以楷主编. 道家与中国哲学：隋唐五代卷 [M]. 北京：人民出版社，2004：328.

④ 何建明. 道家思想的历史转折 [M]. 武汉：华中师范大学出版社，1997：120-121.

之功，静有持躁之力，故权重则属鼻之绩斯举，心静则朵颐之求自息。（《御制道德真经疏》二十六章）

君主如果能做到厚重自然就会静定，轻狂就会躁动，这是对老子"重为轻根，静为躁君"思想的发挥。针对统治者的骄奢淫逸，老子也很无奈："奈何万乘之主，而以身轻天下？"这是老子内心的沉痛，也是对为君者的告诫。① 唐玄宗对此深有体会，他本人也是身体力行。在此基础上，唐玄宗又提出"雌静"一词：

少纵令虚极妙本必自致于身者，当须守此雌静，笃厚性情而绝欲，无为无狭而不厌，则虚极妙本自致于身。（《御制道德真经疏》十六章）

能守雌静，常德不离，德虽明白，当如暗昧，如此则为天下法式。常德应用，曾不差忒，德用不穷，故复归于无极。（《御注道德真经》二十八章）

要想与"虚极妙本"相和，必须守住"慈静"，这样就会得到"常德"的呵护，使其不会失去"虚极妙本"。守住了"慈静"也就能巩固人的本性，而对人性危害最大的是"情"和"欲"：

代情多欲，动与道违，舍其利物之慈，苟且害人之勇，舍其节用之俭，苟且奢泰之广，舍其谦退之后，苟且矜伐之先，如此之行，有违慈俭。以之理国，则国亡，以之修身，则身丧。（《御制道德真经疏》六十七章）

"情"和"欲"都是与"道"相违背的，它们也是与"慈俭"相背离的。用它们来"理国"则国灭，用它们来"理身"则身亡。所以，要"忘情去欲"：

神所居者心也，人当忘情去欲，宽柔其怀，使灵府闲豫，神栖于心，身乃存也。身所生者神也，厌，恶也。人由神而生，故谓神为所生也。神明托虚好静，人当洗心息虑，神自归之。若嗜欲黩神，营为滑性，则精气散越，则生忘故，劝令无厌所生之神，以存长久之道。（《御制道德真经疏》七十二章）

可以看到，唐玄宗的这种形神观与吴筠在《玄纲论》中所表达的观点

---

① 陈鼓应注译. 老子今注今译 [M]. 北京：商务印书馆，2003：178.

非常相似。唐玄宗的《御注道德真经》完成于开元二十年（732 年）左右，而《御制道德真经疏》完成于开元二十三年以前，但正式颁布则在天宝十四年。① 据《进玄纲论表》所述，吴筠进献《玄纲论》是在天宝十三年（754 年）。而唐玄宗在《御注道德真经》中也表达过类似观点，因而这就有两种可能：一、吴筠借鉴于唐玄宗；二、这种观点是当时道教学者的共识。

而抑制"情""欲"最简单的办法是"知足"：

人之受生，所禀有分，则所禀材器是身货宝，分外妄求，求不可得，故云难得。(《御制道德真经疏》三章)

难得之货者，言人身以材器为货，难得之货者，则性分所无，求不可得。云不安本分，矫性妄求，既其乖失天然，所以妨伤道行。(《御制道德真经疏》十二章)

夫生也有涯，安分则足，既不可违，亦不可加。(《御制道德真经疏》七十五章)

人们所能得到的一切都是天生注定的，不能"分外妄求"，即使"妄求"也不可能得到。先秦儒家讲"死生有命，富贵在天"②，先秦道家要求顺应"自然"，都含有"宿命论"的色彩。佛教提倡"因果报应"，也是教人安于现状。道教对先秦"宿命论"思想予以了突破，提出了"我命在我不在天"。唐玄宗汲取了先秦思想家和佛教的思想，他希望他的臣民都能安安分分。如果每个人都像道教所倡导的把命运掌握在自己手里，那谁还会甘于被统治的地位。当然，唐玄宗教导人们不要"分外妄求"还是有一定积极意义的，这是因为"自然之分定则生全，若养过其分，分过则生亡矣"③。

如果李隆基一味地"守慈柔""守静""知足"的话，也许能保全性命，但很难登上皇位。就是说，该出手时还是要出手的，而且要果断出手。这即：

得其性而为之，虽为而无为也。(《御制道德真经疏》三章)

---

① 董恩林. 唐代《老子》诠释文献研究 [M]. 济南：齐鲁书社，2003：146-147.

② 参见《论语·颜渊》。

③ 参见《御注道德真经》七十五章。

唐玄宗在为自己的登基找借口，就是说他杀韦后、诛太平都是合情合理的，是"得其性而为之"。李隆基借此登上王位，接下来要解决的就是"为君之道"：

圣人治国理身，以为教本。夫理国者，复何为乎？但理身尔。故虚心实腹，绝欲忘知，于为无为，则无不理矣。（《御制道德真经疏》三章）

就是说"理国"如同"理身"：

是以理天下之圣人，睹行随之不常，知矜执之必失，故约己检身，割贵制欲，去造作之甚者，去服玩之奢者，去情欲之泰者。论名数，且为三目。征其实，乃同其一条。甚奢泰者，皆过分尔。（《御制道德真经疏》二十九章）

圣人临大宝之位，居至极之尊，劳身而逸人，薄己而厚物。在上，人得以生，故不以为重。处前，人得以理，故不以为害。（《御制道德真经疏》六十六章）

此处的"圣人"指"君主"。唐玄宗这么说了，也这么做了。他继位之后，厉行节俭。把皇宫内的珠玉、锦绣、服玩等在殿前焚毁，以示警戒。又把金银等器物销毁，充作军需之用。这确实是良好的示范，文武百官莫不效仿。

唐玄宗阐明了为君之道，那么接下来他要处理的就是君臣关系问题了。为此，他在注疏中大量引入儒家思想，这在以往的道家或道教经典中是没有的。道家学者往往也会借鉴别家思想，以完善道家义理，唐玄宗却更多地出于统治的需求。道家讲"绝仁弃义"，唐玄宗认为这里的"仁""义"指的是"兼爱之仁和裁非之义"。墨子讲"兼爱"，唐玄宗则认为"兼爱难遍"，所以他提倡"上仁"。什么是"上仁"？"上仁"就是"行仁而忘仁"①。唐玄宗所要用的人是不求回报的人，也就是"贤人"。真正有才能的人会"各当其分"，而不会有什么分外的企求。那么，"智诈"的人只会使用权谋，对国家社会造成巨大的危害，可称为"国之贼"。而"淳德之士"能守"无为之道"，行"大朴之风"，可称为"国之福"。② 在明确了用人对象之后，唐玄宗又提出了"为臣之道"：

---

① 参见《御制道德真经疏》十八章、三十八章。
② 参见《御制道德真经疏》三章、六十五章。

为人臣者，当量能受爵，无速官谤。若矫迹干禄，饰诈祈荣，躁求若斯，祸败寻至，坐招窜殛，焉得事君？故云躁则失君，此申戒人臣也。（《御制道德真经疏》二十六章）

言为人臣者，当用道化无为辅佐人主，政君尧舜，是曰股肱。（《御制道德真经疏》三十章）

合拱之璧，璧之大者，驷乘之马，马之良者。言三公辅相，虽以璧马献之至尊，未足珍贵，不如进无为之道，令化恶归善尔。（《御制道德真经疏》六十二章）

作为臣子，不能急功近利、欺上瞒下，这样会招致不应有的祸端。而应用"无为之道"来辅佐君主，使君主成为尧舜那样的帝王，自己也会成为股肱重臣，定会位列三公。唐玄宗虽然倡导无为，但终归还是要求臣子对自己尽忠。玄宗朝的一批贤臣良相，如姚崇、宋璟、张九龄，的确为实现唐玄宗的政治理想立下了汗马功劳。凭借着这些理念，唐玄宗在执政期间取得了史无前例的"开元盛世"。

历代帝王，在身处困境时总能躬身勤政，而在所谓的"太平盛世"后都会腐化堕落。唐玄宗也没有例外：

开元之末，明皇殆于庶政，志求神仙，或方士之言，自以为老子其祖也，故感而梦见，亦真诚之形也。自是以后，言祥瑞者众，而迂怪之语日闻，谄谀成风，奸宄得志，而天下之理乱也。（《唐鉴》卷九）①

至天宝年间，唐玄宗外用武功、内贪美色，完全忘记了自己所应当奉行的为君之道：

夫亡败之祸缘何而来？由贪土地，求而无厌，不知止足，致神道不佑，而婴祸害。人之有过，过非一途，贪之为祸，祸之大尔。（《御制道德真经疏》四十六章）

君上不能寡欲以御人，而欲彰法令以齐物，人既苟免而无耻，吏则窃盗而为奸，上下相蒙，故令盗贼多有也。（《御制道德真经疏》五十七章）

明宝位之有所在，以戒奸乱之臣。执者失之一句，示历数之不于常，将警昏淫之主。故物下辩物倚伏之数，是以圣人下戒人君甚泰之尤。（《御

---

① 范祖禹. 唐鉴［M］. 上海：上海古籍出版社，1980.

制道德真经疏》七十五章）

可以看到，这些君主应该引以为戒的行为，后来对唐玄宗来说都习以为常了。开元前期，唐玄宗励精图治、知人善任，注重协调臣子之间的关系，保证了政局的相对稳定。开元中期以后，唐玄宗在选人中杂用文学、吏治和将才，一方面希望发挥他们的各自所长，另一方面利用他们之间的矛盾使其相互牵制。唐玄宗此时已开始耍权谋，但也无可厚非。而天宝以后，唐玄宗耽于享乐、懒于政事。在后期用人方面，唐玄宗先用李林甫，后用杨国忠，内宠高力士，外纵安禄山。[①] 他完全忘记了应该"戒奸乱之贼臣"：

> 天下大宝之位，所以不可力为也者，为是天地神明之器，将以永终圣德之君，而令流布恺悌之化，岂使凶暴之夫力为而得毒螫天下乎？是知必不可为，为亦必败。此戒奸乱之贼臣也。（《御制道德真经疏》二十九章）

如此肆意妄为的结果，导致天宝十四年（755 年）爆发了"安史之乱"。唐玄宗被迫让位于肃宗，并对自己的政治生涯做了总结：

> 朕承五圣之谟训，师三代之淳朴，常以道德为念，不以富贵为心。爰自弱龄，即尚玄默；属神龙之际，邦家中否，是用愤发，扫除橇枪。翼戴先皇，再正宸极，盖宗庙是为，岂私朕躬哉！……朕来临御，垂五十载，尝师我烈祖玄元之道，保其清静之宗，伊万方事殷，或日昃不暇食。……朕将凝神静虑，偃息大庭，踪姑射之人，绍鼎湖之事。（《明皇令肃宗即位诏》）

"安史之乱"平息后，唐玄宗移居太极宫甘露殿。于是唐玄宗便沉溺于炼丹、辟谷，宝应元年（762 年）唐玄宗在忧郁寡欢中走完了自己的一生。唐玄宗前后反差很大，可以说是一位功过都很突出的帝王。但是，唐玄宗还不失为一位开明的政治家。他继承了老子的"高以下为基"[②] 的思想，注意从两个方面去调整阶级关系。既企图诱导众生恬淡无欲，也主张对贵族的奢侈欲望予以限制，对帝王的行为加以约束，[③] 这在一定程度上缓解了阶级矛盾。另外，其《御注道德真经》和《御制道德真经疏》也成

---

① 李鸿宾. 隋唐五代诸问题研究［M］. 北京：中央民族大学出版社，2006：241.

② 参见《道德经》三十九章。

③ 孙以楷主编. 道家与中国哲学：隋唐五代卷［M］. 北京：人民出版社，2004：340.

为注疏《道德经》的经典之作。

第二节　忧国忧民：晚唐道家与道教学者的悲悯情怀

"安史之乱"对李唐王朝来说是一次空前的浩劫，可以说是"宫室焚烧，十不存一。百曹荒废，曾无尺椽，中间畿内，不满千户。井邑榛荆，豺狼站嗥，既乏军储，又鲜人力，东至郑、汴，达于徐方，北自覃怀，经于相土，人烟断绝，千里萧条"①。其对后世的影响也是深远的，"由是祸乱继起，兵革不息，民坠涂炭，无所控诉，凡二百余年"②。

黄河中下游地区是唐代人口最稠密和经济最发达的地区，而众多百姓为了躲避战乱向南流徙导致了南方人口的持续增长和北方人口的下降，③ 这对北方的生产力无疑是巨大的破坏。唐王朝经太宗、高宗屡次开疆拓土，先后讨平东西突厥、高句丽等，建成一个幅员辽阔的泱泱大国。而安史之乱后，藩镇割据的局面已经形成，李唐王朝事实上已经失去对全局的控制。

尽忠于皇帝，尽忠于朝廷，是中国士人的一种理想品格。士人与国家政权从感情上来说是一体的④，唐朝也不例外。透过韩愈的《平淮西碑》，可以看到韩愈一流士人对于强大的国家与权力的呼吁。而唐代儒家整体的知识与思想却处在普遍的平庸之中，士人的地位也不是很高，⑤ 这种局面非韩愈等一些儒家学者所能改变的。由于道教在李唐王朝的特殊地位，道家与道教学者承担起了这个历史责任。

面对唐王朝政局的失控和处于凄惨境地的百姓，陆希声首先想到了老子"小国寡民"的理想社会。陆希声想以此来改变混乱不堪的社会现状，

①　参见《旧唐书·郭子仪传》。

②　参见《资治通鉴·唐纪三十六》。

③　唐长孺. 魏晋南北朝隋唐史三论 [M]. 北京：中华书局，2011：238-242.

④　罗宗强. 玄学与魏晋士人心态 [M]. 天津：天津教育出版社，2005：4.

⑤　葛兆光. 中国思想史：第2卷 [M]. 上海：复旦大学出版社，2007：114，119.

这是因为他把唐朝后期的失控局面归结于疆土面积太大。殊不知这种局面的出现，首先应归咎于统治者决策的失误，而后造成了藩镇割据与宦官专权①。陆希声企图通过解读《道德经》来获得挽救李唐王朝命运的良方，也只能是一种美好的愿望而已。而罗隐与谭峭则更多地表达了对广大百姓的同情，他们站在劳动人民的立场上针对统治者的腐败与无能展开了无情的鞭挞。

一、执古御今：对老子"小国寡民"理想社会的向往

唐玄宗《道德经》注疏颁布后，令广泛传抄以供世人研习。这在当时是利用道家学术以治国化民的策略，结果却因皇家权威制约了其后学者对《道德经》思想的自由阐发，造成了唐初以来老学思想自由放任局面的终结。② 因而陆希声认为：

> 斯传之不作，则老氏之指或几乎息矣。今故极其致，显其微，使昭昭然与群圣人意相合。有能体其道，用其名，执古以御今，致治如反掌耳。（《道德真经传》序）③

陆希声认为，如果他不做《道德真经传》，那么老子的思想就有可能销声匿迹。明白了《道德经》所包含的微言大义，就会发现其与圣人之意是相合的。如果能够领会它的哲理与方法，那么治理社会就会变得易如反掌。

陆希声，字鸿磬，自号君阳遁叟（一称君阳道人），唐代苏州府（于1995撤销）人。生年不详，卒于乾宁三年（896年）。因博学善属文，昭

---

① 也有学者认为唐朝中后期的痼疾不是藩镇，真正的根源是在宦官。（吕思勉. 中国通史 [M]. 上海：上海古籍出版社，2009：394.）

② 卢国龙. 中国重玄学：理想与现实的殊途同归 [M]. 北京：人民中国出版社，1993：408.

③ 《道德真经传》，载《正统道藏》洞神部玉诀类。凡引《道德真经传》原文均出自此处。

宗时召为给事中，后任户部侍郎、同平章事，乾宁二年罢为太子少师。①
陆希声著作颇丰，《新唐书》记载的有《周易传》二卷、《春秋通例》三
卷、《道德经传》四卷、编纂《李观集》三卷，现仅存有《全唐文》所收
的六篇文章和《正统道藏》中的《道德真经传》。因而《道德真经传》就
成了解陆希声思想的主要著作，陆希声本人对此书也是十分满意。他
认为：

> 自昔言老氏术者，独太史公近之；为治少得其道，唯汉文耳。其他诐
> 辞诡说，皆不足取。（《道德真经传》序）

陆希声认为真正接近老子思想的只有太史公司马迁，而获得老子治世
之道的则是两汉黄老之学，而其他相关言论皆为虚妄之词。他同时指出，
杨朱主张"贵身贱物"而"失于不及"，庄子一心"绝圣弃智"而"失于
太过"，申不害、韩非子由于"苛徼刻急"而"失老氏之名"，何晏、王
弼倾心"虚无放诞"而"失老氏之道"。陆希声认为他们都是老子思想几
欲断绝的罪魁祸首，以致：

> 而世因谓老氏之指，其归不合于仲尼。故訾其名则曰槌提仁义，绝灭
> 礼学；病其道则曰独任清虚，何以为治。于乎！世之迷其来远矣，是使老
> 氏受诬于千载，道德不行于当世，良有以也。（《道德真经传》序）

老子被世人认为"绝仁弃义"，与孔子思想大相径庭，责任全在"六
子"：致使人们忽视了老子的治世思想，而"独任清虚"，结果使"老氏受
诬于千载，道德不行于当世"。

可以看到，陆希声不但对"六子"进行了否定，对隋唐以来的重玄思
潮也予以了忽略。更为甚者，他对唐玄宗的《道德经》注疏也只字未提。
作为唐朝的一名官吏，陆希声为何对皇家如此不敬？这是因为陆希声处于
唐朝末期，此时的皇室外惧藩镇拥兵自重、内遭宦官专权所控，整个皇室
已失去了应有的尊严，唐玄宗《道德经》注疏在盛唐时期所产生的影响此

---

① 据《新唐书·陆希声传》载："李茂贞等兵犯京师，舆疾避难。卒，赠尚书左仆射，
谥曰文。"据《资治通鉴·唐纪七十六》载，（乾宁二年）"户部侍郎、同平章事陆
希声罢为太子少师"。而据《新唐书·昭宗纪》载，乾宁二年五月李茂贞等兵犯京
师，太子少师李磎被杀，陆希声才得以被任命为太子少师，故陆希声有可能死于乾
宁三年李茂贞再次兵犯京师之时。

时已荡然无存。

虽然如此,《道德真经传》与唐玄宗《道德经》注疏存在思想上的重合:

> 夫天地之间,万物之用,雄强而雌弱,牡动而牝静,至于尊卑先后,莫不如此。老氏深原物理,法而为术,知弱胜于强,故以弱为用,知静胜于动,故以静为主。是以后其身而身先,卑其道而道尊,故处前而民不厌,居上而民不重。是故知雄强之不可久,而以雌弱自守,则可以为天下溪矣。(《道德真经传》二十八章)

我们知道,经过残酷政治斗争的唐玄宗深谙"柔弱"之道,并把这一理论发挥到了极致,这样才得以保全性命并战胜韦后和太平公主登上皇位。唐玄宗在此基础上又提出了"雌柔"一词,而陆希声则提出了"雌弱"。唐玄宗很自然地把"雌柔"与"水"联系到一起,并总结出"水"之"三能"。陆希声也认为,如果"道"以"柔弱"为用的话,那么"水"则以"至柔"为用,然可以穿透石头的"至坚"。①

唐玄宗认为除了"守雌柔"外,还要能"守静",因为"人生而静,天之性"。陆希声也强调"以静为主",所以:

> 静者,动之君也。性者,情之根也。夫人生而静,天之性,感物而动,人之情。情复于性,动复于静,则天理得矣。(《道德真经传》十六章)

同唐玄宗一样,陆希声也认为"人生而静,天之性"。只要能"守静",就可以回归人的自然本性,而唐玄宗认为关键要"忘情去欲"。陆希声又认为"复性"的关键要"以性正情",他认为这与"情复于性"有异曲同工之妙。② 同时,陆希声也主张"去欲":

> 夫情所贵尚,则物徇其欲。徇则生伪,伪则生奸。故尚贤则争夺之心萌,贵货则盗贼之机作。夫唯以性正情者,不见贵尚之欲,从事于道而无奸伪之心。(《道德真经传》三章)

陆希声认为,只要去除了不应有的欲望就能"以性正情",这样就能"无为无不为",那么"天下莫不臻于治矣"。我们可以看到,陆希声又把

---

① 参见《道德真经传》四十三章。
② 参见《道德真经传》二章。

他的"复性"理论与政治联系了起来，也就是把"修身"与"理国"统一了。陆希声的"复性"思想除受唐玄宗影响外，与韩愈的"性情论"和李翱的"复性说"也应有一定联系。只不过李翱"复性说"的根本方法是佛教的，而陆希声使用更多的还是道家的思想方法。但同是出于修身与治国的需要，二者必然有相通之处。如果说宋代理学的产生受唐朝"复性"思想影响的话，不能只想到李翱等儒家学者，还应有陆希声等道家学者的功劳。①

针对老子的"贵以贱为本，高以下为基"，唐玄宗提出了"贱为贵本"。陆希声同样认为"贱者为根本"，如果没有"下民"，王侯则不可能"高居大位"。而王侯之所以自称"孤寡不谷"，是认识到了"下贱为本"的本质。"士农工商"之于"国家"，就像"轮辕箱轴"之于"车子"一样，都是不可或缺的。因而：

今指舆而数之，则皆轮辕箱轴耳，不见有舆也。指国而数之，则士农工商耳，不见有国也。然则士农工商，国之贱下者也，国之所以存，以贱下为本耳。故侯王当以贵自戒，不欲琭琭然如玉之贵异；当以贱下为本，故宜珞珞然如石之凡贱也。（《道德真经传》三十九章）

当然，唐玄宗提出"贱为贵本"，其目的是维护阶级统治，因为"亡本则无位"。而陆希声却具有了"民本"思想，且警告统治者不要"纵欲无已，虐用其民"，否则老百姓就会"相率而去之"。② 我们可以看到，陆希声对《道德经》的解读深深留下了唐玄宗老学思想的烙印。所以说，虽然陆希声对汉代以后的老学思想发展予以了忽略，其思想却很难脱离隋唐以来整个道家思想发展的大背景。其中也包括"重玄学"：

得于德者，必失于道，故有无为之心者，必有无为之迹。后世将寻其迹而忘其本，故为无为而至有为，故云无名之朴，亦将不欲者，将使心迹兼忘，则至于玄之又玄矣。夫能心迹兼忘，事理玄会，则天下各正其性命，而无累于物之迹焉。首篇以常道为体，常名为用，而极之于重玄。此篇以无为为体，无不为为用，而统之以兼忘。始末相贯，而尽其体用也。（《道德真经传》三十七章）

---

① 何建明. 道家思想的历史转折［M］. 武汉：华中师范大学出版社，1997：414-415.
② 参见《道德真经传》二十六章。

陆希声论述体用关系的目的在于阐发性情关系，把性情关系看作道的体用关系的具体表现。① 陆希声虽然不能算一位重玄学者，但他在此提到了"重玄"，并使用了重玄学的"本迹"概念与"兼忘"方法。虽然他所说的"心迹兼忘"的境界也不是重玄学者所指的"重玄之境"，但至少说明他对重玄学有所了解并受到了影响。

陆希声在《道德真经传》序言中就已说明，他注解老子思想的目的是"执古以御今"。他希望"还淳返朴，复于太古之初"②，这自然令他想到老子的"小国寡民"。他认为这就是理想中的社会：

> 夫小国寡民，势不足以自存者。使有道莅之，犹能使民虽有什伯之器，终不用之于戎事，故民乐其生而重其死，安乎土而不转徙。不远交以求援，故虽有舟舆无所乘；不近攻以取利，故虽有甲兵无所陈。（《道德真经传》八十章）

陆希声认为在这样的社会里就可"上下相安，幽明不欺"，而人们就会崇尚简朴、清心寡欲，统治者也会"征税甚薄"。陆希声认为这是结束唐朝末年兵荒马乱混乱局面的好办法，是一剂良方。然而，这只能是陆希声一个美好的愿望。拥兵自重的藩镇为了自己的利益，不会放弃争斗；外族势力虎视眈眈，不会消除侵略的野心；而唐朝皇室也不会轻易交出自己的统治权力；深处凄惨境地的农民不甘于任人宰割的命运，必然奋起抗争。

在如此残酷的现实面前，个体的生命显得是那么的渺小，而所谓人类智慧结晶的救世理论思想也是那么的苍白无助。这根源于人类的"自私"，所以"人类不是渺小，是悲惨；悲惨在受制于他自己（制与受制是一）。渺小是错误的见解。几时你超脱了自私，几时你超脱了渺小"③。也就是说，人类只有摆脱了世俗的自私和贪婪，才能真正摆脱悲惨的命运。陆希声舍弃了隋唐道家心性思想，企图从先秦思想源头上寻求解除唐王朝困境的方法。虽然陆希声没能挽救李唐王朝的覆灭命运，但学者们"心怀天下"，以天下苍生为念的情怀不会改变。

---

① 孙以楷主编. 道家与中国哲学：隋唐五代卷［M］. 北京：人民出版社，2004：403.

② 参见《道德真经传》十四章.

③ 方宁. 风雅颂：百年来百位老学人珍闻录［M］. 北京：新世界出版社，2007：136.

二、罨江百篇：罗隐儒道兼容的治国理念

罗隐，字昭谏，新城（今浙江富阳区新登镇）人，生于唐文宗太和七年（833年），卒于五代后梁开平三年（909年）。原名横，因屡试不第，而有归隐之意，遂更名为隐，自号江东生。据史料记载，罗隐著作很丰富，但现仅存《甲乙集》《谗书》《两同书》及其他杂著四十余篇，[①] 而他的思想也就比较集中地反映在《谗书》《两同书》两部论文集中。

罗隐与陆希声属同一时代人，命运却远没有陆希声幸运。陆希声先是在僖宗朝授右拾遗，又擢升歙州刺史，后昭宗召他入朝，历任给事中、户部侍郎、同平章事、太子少师，可谓顺风顺水。罗隐出身寒微，据说其祖父罗知微曾任福唐县令，而他的父亲罗修古参加过唐代"开元礼"[②] 的考试，但未被录取。胸怀大志的罗隐自然希望通过科考来实现自己的抱负，唐宣宗大中十三年（859年）初次参加科考的罗隐下第。唐懿宗咸通八年（867年），罗隐又名落孙山。这距离他初次应试已过去了近十年光阴，罗隐此时已是心灰意冷：

> 病想医门渴望梅，十年心地仅成灰。
>
> 早知世事长如此，自是孤寒不合来。
>
> 谷畔气浓高蔽日，蛰边声暖乍闻雷。
>
> 满城桃李君看取，一一还从旧处开。（《丁亥岁作》）

罗隐在此表达了对科场黑暗的抨击，又对自己命运的坎坷发出了感叹，为了实现自己的理想而付出了十年的心血，到头来却成了望梅止渴。但他并未就此消沉，也就在这一年的春正月，罗隐完成了《谗书》五卷的编纂。他感慨道：

《谗书》者何？江东罗生所著之书也。生少时自道有言语，及来京师七年，寒饥相接，殆不似寻常人。丁亥年春正月，取其所为书诋之曰：

---

① 薛亚军. 江东才俊：罗隐传［M］. 杭州：浙江人民出版社，2007：167-169. 潘慧惠校注. 罗隐集校注［M］. 杭州：浙江古籍出版社，2011：569-573。凡罗隐著作引文均出自《罗隐集校注》。

② 《大唐开元礼》取法唐贞观和显庆两代礼仪，并对汉魏以来的礼制做了比较系统的总结，使唐朝礼制臻于完善。唐德宗时将《开元礼》立于官学，成为科举考试的必读之书。

"他人用是以为荣，而予用是以为辱。他人用是以富贵，而予用是以困穷。苟如是，予之旧乃自谗耳。"目曰《谗书》。卷轴无多少，编次无前后，有可以谗者则谗之，亦多言之一派也。而今而后，有诮予以哗自矜者，则对曰："不能学扬子云寂寞以诳人。"（《谗书》序）

罗隐首先声明此书为本人所作，接着感叹自己命运的曲折。并且，对"此书"予以了"斥责"：别人读书写作得来的是荣华富贵，而自己的结果却是"屈辱贫困"。难道是自己说了自己的"坏话"？于是取名为《谗书》。罗隐在此表明了自己的决心，即使遭到别人的讥讽也要表明自己的心志，而不会去学西汉的扬雄。

通读罗隐的《谗书》，就会发现"几乎全部是抗争和愤激之谈"①。罗隐之发"愤懑不平之言"，是因为"不遇于当世而无所以泄其怒"。② 所以说，如此"恃才傲物"，必"为公卿所恶"。③ 然而，罗隐居然用《谗书》来投书行卷④，其结果就是"博簿集成时辈骂，《谗书》编就薄徒憎"⑤。我们可以看到，"罗隐在'寒饥相接，殆不似寻常人'的时候编次《谗书》的举动，还折射出他隐约保留的对科举的幻想以及中国传统文人对'立言'的向往"⑥。也有学者认为，"在罗隐身上存在着这样一种背谬现象：一方面他想通过科举考试跻入政治权力的中心，从而拯大道于既衰，实现理想王国，即实现君主贤明，人民安居乐业；另一方面他想保持自己独立的人格，坚持自己的价值取向。但是前者实现的途径则是以降低后者的力度而达到的。二者之间难以调和。于是形成一定的张力，罗隐在困难的抉择中痛苦地煎熬着。有时偏向前者，有时偏向后者。"⑦

然而，即便处境如此艰难，罗隐还是迎来了人生中的一次大好机会。

---

① 鲁迅. 鲁迅全集：第4卷［M］. 北京：人民文学出版社，2005：591.

② 参见方回《罗昭谏谗书跋》，载《罗隐集校注》附录三序跋。

③ 参见《五代史补·罗隐传》，载《罗隐集校注》附录一传记。

④ 唐代知贡举等科举主考官员除详阅试卷外，有权参考举子平日的作品和才誉决定去取。应试举人为增加及第的可能性和争取较好的名次，多将自己平日的诗文编辑成卷轴，在考试前送呈有关当权者以求推荐，此后形成风尚，即称为"行卷"。

⑤ 参见徐寅《寄两浙罗书记》，载《全唐诗》。

⑥ 薛亚军. 江东才俊：罗隐传［M］. 杭州：浙江人民出版社，2007：59.

⑦ 惠联芳. 夹缝中的生存：罗隐生存状态析论［J］. 河西学院学报，2004（6）：45-47.

据载，唐昭宗打算以甲科录用罗隐，却有大臣反对说："隐虽有才，然多轻易，明皇圣德，犹横遭讥谤，将相臣僚，岂能免乎凌轹？"并举出"讥谤之词"《华清宫》为据："楼殿层层佳气多，开元时节好笙歌。也知道德胜尧舜，争奈杨妃解笑何。"昭宗听了，就取消了原来的打算。① 罗隐就这样又一次失去了为李唐王朝效力，从而实现自己理想抱负的机会。但如果唐昭宗看到下面这段话，一定会录用罗隐：

> 天宝中，逆胡用事，銮舆西幸，贵妃死于马嵬驿。臣在草野间，得本朝书读，未尝不恨生不得批虏颡，以快天子意。今复百余年后，右轶边陇，衮莽平远，发人宿愤。然明皇帝时，天下太平矣，卒有宠僻之咎，不足之恨者，何耶？夫水旱兵革，天之数也。必出圣人之代，以其上渎社稷，下困黎民，非圣人不足以当其数。故尧之水，汤之旱，而玄宗兵革焉。（《谗书·书马嵬驿》）

我们可以看到，罗隐在此把唐玄宗因"宠僻之咎，不足之恨"而导致的"兵革"之祸同尧舜的"水旱"之灾相提并论，认为这都是"圣人"所应当承担的"天之数"。罗隐对唐玄宗无丝毫不敬之词，只恨自己生不逢时，不能上阵杀敌，为唐玄宗分忧解难，罗隐借此再次表达了自己的一腔报国之情。罗隐最终也看到自己报效朝廷的梦想很难实现了，他于是说：

> 盖君子有其位，则执大柄以定是非。无其位，则著私书而疏善恶。斯所以警当世而诫将来也。自扬孟以下，何尝以名为？而又念文皇帝致理之初，法制悠久，必不以虮虱痒痛，遂偃斯文。（《谗书重序》）

罗隐似乎已开始感悟，在朝为官是为国出力，而在民间著书立说同样可以惩恶扬善。其《谗书》处处显露针砭时弊之词：

> 若某者，正在此机窖中。不惟性灵不通转，亦进退间多不合时态。故开卷则悒悒自负，出门则不知所之。斯亦天地间不可人也。而执事者提健笔，为国家朱绿，朝夕论思外，得相如者几人，得王褒者几人，得之而用之者又几人。夫昔之招贤养士，不惟吊穷悴而伤冻馁，亦将询稼穑而问安危。呜呼！良时不易得，大道不易行，某所以迟迟者，为执事惜。苟燕台

---

① 参见姚士麟《两同书跋》，载《罗隐集校注》附录三序跋。

始隗，汉殿荐雄，则斯人也，不在诸生下。(《谗书·投知书》)

由于自己的不入时宜，再加之当权者在选拔人才与任用人才上都存在重大缺陷，因而迟迟不能得到国家的重用。罗隐于是感叹生不逢时，自己虽然有经天纬地之才，然既未遇"燕台始隗"之时风，也未得汉代扬雄之机遇。这样就造成"有用者丝粟之过，得以为迹；无用者具体之恶，不以为非"① 的尴尬，进而就会出现"吴任太宰，国始无人；楚委靳尚，斥逐忠臣"② 的结局。而出现如此混乱不堪的局面，作为一国之君有不可推卸的责任。唐皇室对藩镇割据、宦官专权束手无策，却依然陶醉于"东封之呼"而不管老百姓的死活，③ 这就是"绳其小而不绳其大"，④ 因而也就避免不了灭亡的命运，此时所能做的也只有扼腕叹息了。

罗隐另一部重要的著作是《两同书》，关于书名立意历来有多种观点，总结起来大致有三点：一、采《崇文总目》说，以老子修身之道为内、孔子治世之方为外，会其旨而同其玄；二、十篇文章的标题为贵贱、强弱、损益、敬慢、厚薄、理乱、得失、真伪、同异、爱憎，"两同"即指它们实质上是相同的；三、据《四库全书总目》，其说以儒道为一致，故曰"两同"。另据晁公武《郡斋读书志》认为，"两同"是取孔老思想"两者同出而异名"之意。由此可以说，"两者同出而异名"的观点对上述三种观点也都是适用的。如果说《谗书》过多地抨击时弊，那么《两同书》则力图从理论上寻求解决这些"时弊"的方法。

通过以上分析可知，整篇《两同书》都应该是围绕"同"这个思想原则展开的。在《贵贱》篇中，罗隐发挥了老子的"贵以贱为本"，认为一个地位再高的人，如果不能守"德"，那么"其贵不足贵也"；而地位很低下的人，如果能够得"道"，那么"其贱未为贱也"。罗隐认为只要能奉守"道尊德贵"，那么世界上就没有贵贱之分。罗隐吸收了庄子的"万物一齐"的思想，只不过罗隐认为"万物之中唯人为贵"，他所追求是一种人与人之间的平等，在本篇中"同"就表现为"平等"。《强弱》认为"强

---

① 参见《谗书·杂说》。
② 参见《谗书·屏赋》。
③ 参见《谗书·汉武山呼》。
④ 参见《谗书·秋虫赋》。

弱"是"上下相制"的，以示君主如果能"自制其嗜欲"，就可以"盛德以自修，柔仁以御下"，这是因为"胜人者有力自胜者强"。《损益》即"道损有余补不足"，人首先要知足，一味地追求奢侈豪华就会"崇虚丧实，舍利取危"。《敬慢》是指人要有敬畏之心，即"以敬理国则人和，以慢事天则神欺，以慢理国则人殆"。《厚薄》教人不要"厚此薄彼"，如同养生一样要"形神双修"，就能"外其身而身存"。这是罗隐从道家的角度来讲修身养性，同时指出"理身"与"理国"是一体的。

儒家历来把"文武之道"作为治理国家的法宝，然而，"盗窃者亦何尝不以文武之道乱天下乎？"从儒家的角度讲，如果要消除"有理不能无其乱"，只有圣明的君主才能做到。如果能做到道家的"恬淡无为"，就能"恒以逸而待劳则攻战无不利，有耻且格则教化无不行"，这才是《理乱》思想的真谛。《得失》讲君臣之道，也是指为君之道。《真伪》讲对人才的鉴别，只有圣明的君主才能区分小人与君子、庸才与贤能，这也是罗隐对自己的才能无人赏识所发出的感慨。罗隐认为自己之所以不被所用，是因为统治者不能"求同存异"，不能容忍"异己者"，这即《同异》篇的宗旨。不能"求同存异"就会喜欢与自己观点相同者，而憎恶"异己者"，这就导致了君主的"爱憎分明"，《爱憎》篇指出这样就会善恶不分、是非颠倒，其结果就是天下大乱。

我们可以看到，罗隐试图从先秦思想源头（孔孟老庄）来寻求解决现实问题的办法，并且对儒道思想予以了融通。所以说，罗隐虽然以儒者自居，试图振兴儒学，并表达了对释道兴盛而儒学衰微的不满，① 但从其人际交往和作品来看，至少在晚年他已成为一位儒道兼修的学者。② 罗隐虽有道家思想，却不相信修炼成仙，这是出于对统治者热衷于服食成仙的抵制。罗隐这也是从减轻劳动人民负担出发，希望统治者厉行节俭，能从根本上关心劳动人民的疾苦。其"贵贱不离"的平等思想与陆希声的"以贱下为本"共同构成了唐末中国民本思想中的宝贵资源，③ 这种思想又为谭峭所继承与发挥。

---

① 参见罗隐《谒文宣王庙》《代文宣王答》。

② 郭武. 罗隐《太平两同书》的社会政治思想［J］. 宗教学研究，2006（3）：10-16.

③ 何建明. 道家思想的历史转折［M］. 武汉：华中师范大学出版社，1997：468.

三、均食之道：谭峭解决现实问题的根本原则

谭峭，字景升，唐末五代道士，著名道教学者。生卒年不详，泉州府清源县（今属莆田市华亭）人。谭峭系国子司业谭洙之子，自幼聪明伶俐，记忆超凡，其父希望他熟读儒经以便将来应科举。而谭峭自幼爱好黄老诸子及列仙传记，并立志修道学仙。一日辞父出游终南山，后从终南山到太白山、太行山、王屋山、嵩山、华山、泰山，越走越远而无回归之意。其父驰书责之，谭峭复信说："茅君昔为人子，少辞父学仙，今峭慕之，冀其有益。"父知其求道心坚，遂不复强求。谭峭行为脱俗且怪异，非常人所能理解。后终老于青城山，世人称之为"紫霄先生"。[①]

开平元年（907 年），朱温废唐哀帝，自行称帝，改名为朱晃，国号为"大梁"，史称"后梁"。后各藩镇遂纷纷效仿，中国进入五代十国时期。这种兵荒马乱的局面并未因唐王朝的灭亡而改变，五代十国本质上是中晚唐藩镇割据的延续。五代的开国之君，都是前朝的藩镇首领，靠军事割据发展起来的。而有实力的将领经常发动兵变夺取政权，各个割据政权之间也相互攻伐，从而导致统治者多重武功而轻文治。在这样一个残酷的时代里，最遭殃的还是处在底层的老百姓，他们处于任人宰割的地位却又无法改变。

谭峭虽然热衷修道成仙，却也十分关心世道治乱、民生疾苦，乃著《化书》六卷一百一十篇。[②] 他辞父出游，虽历经名山大川，但对沿途因社会动荡而饱受灾难的民众更为关注。唯有如此，其书中才会饱含对社会现实的批判。他认为，统治者的剥削、压迫，才是造成人民痛苦、社会动乱的根本原因；统治者的骄奢淫逸、享乐腐化，是加重剥削压迫、激化社会矛盾的重要因素。他企图以《化书》作为一剂良方，来医治现实社会的弊病，从而使人民过上幸福安定的生活。

---

① 参见《作者（谭峭）生平史传辑要》，载丁祯彦、李似珍点校《化书》附录四。另，凡《化书》相关原文均出自此书。

② 对《化书》的作者问题历来有所争议，现公认谭峭为《化书》的作者。参见：《考释》，载丁祯彦、李似珍点校《化书》附录四。卿希泰主编. 中国道教思想史：第 2 卷 [M]. 北京：人民出版社，2009：311-316. 邓瑞全、王冠英主编. 中国伪书综考 [M]. 合肥：黄山书社，1998：532-533.

作为道教学者，谭峭寻求解决现实问题的办法还是先从"道"开始：

道之委也，虚化神，神化气，气化形，形生而万物所以塞也。道之用也，形化气，气化神，神化虚，虚明而万物所以通也。是以古圣人穷通塞之端，得造化之源，忘形以养气，忘气以养神，忘神以养虚。虚实相通，是谓大同。故藏之为元精，用之为万灵，含之为太一，放之为太清。是以坎离消长于一身，风云发泄于七窍，真气薰蒸而时无寒暑，纯阳流注而民无死生，是谓神化之道者也。（《化书·道化》）

明人李绅卿在《化书》序言中指出，在天地之间"道"是看不到的，能体验到的是"化"，而"化"与具体的万事万物相比也是难以捕捉的，我们所能看到的是万事万物所体现出来的"形"。他认为"道"与"化"的关系，是一种"一而二、二而一"的关系。① 我们认为，谭峭所谓的"化"是幻化生成的意思，相当于老子"道生一，一生二，二生三，三生万物"中的"生"。我们在上一章讲到吴筠提出的宇宙生成模式：自然→虚无→大道→氤氲→天地→万物，而谭峭向我们展示的是：（道）虚→神→气→形→万物→形→气→神→虚（道）。我们可以看到，谭峭的宇宙生成模式是从"道"开始，又于"道"结束的一个循环过程，这要比吴筠前进了一步。所以谭峭认为，如果能守"神化之道"，就会"真气薰蒸而时无寒暑，纯阳流注而民无死生"。

既然如此，那么又怎样解释现实社会的悲惨现状？这是因为：

虚化神，神化气，气化形，形化精，精化顾盼，而顾盼化揖让，揖让化升降，升降化尊卑，尊卑化分别，分别化冠冕，冠冕化车辂，车辂化宫室，宫室化掖卫，掖卫化燕享，燕享化奢荡，奢荡化聚敛，聚敛化欺罔，欺罔化刑戮，刑戮化悖乱，悖乱化甲兵，甲兵化争夺，争夺化败亡。其来也势不可遏，其去也力不可拔。是以大人以道德游泳之，以仁义渔猎之，以刑礼笼罩之，盖保其国家而护其富贵也。故道德有所不实，仁义有所不至，刑礼有所不足，是教民为奸诈，使民为淫邪，化民为悖逆，驱民为盗贼。上昏昏然不知其弊，下恍恍然不知其病，其何以救之哉！（《化书·大化》）

① 参见李绅卿《明弘治十七年刘达刻本化书序》，载丁祯彦、李似珍点校《化书》附录一序跋。

谭峭认为，社会之所以如此混乱不堪，是因为"道"在化生"万物"之后，"万物"按照各自的需求任意发展下去，没能回归所赖以存在的"道"，其结果就只能是"败亡"。为了避免"败亡"的命运，于是产生了"道德"① 标准、"仁义"信念、"刑礼"规范，认为以此可以维护现有的秩序。而这样做的结果却是使人变得淫邪奸诈，成为摧毁现有秩序的动力。老子认为"失道而后德，失德而后仁，失仁而后义，失义而后礼"，而"礼"却是"忠信之薄，而乱之首"，庄子也认为"毁道德以行仁义，圣人之过也"。② 可以看到，谭峭这是对老庄思想的继承。谭峭对此又了以了发挥，他认为"三皇"是与"道"合一的，而至"五帝"就只剩下"德"了，到"三王"时代产生出了"仁义"，最后到秦汉时代"仁义"演化出"战争"。③ 这也是谭峭对自己所处时代真实现状的描述，而当权者上下对此却浑然不知，谭峭只能感叹道："其何以救之哉！"

尽管如此，谭峭还是力图挽救这个惨绝人寰的社会。他首先警告统治者，不要"礼失于奢，乐失于淫"，而挽救的办法只有"俭"，这是因为"俭者，均食之道也"。人只有吃饭才能生存，如果没有东西吃，那所谓的"仁义礼智信"也就无从谈起，即"食为五常之本，五常为食之末"。如果能做到"俭"，人民就会幸福平安，而不要刻意去做什么，这就是"无为"，即"我服布素则民自暖，我食葵藿则民自饱"。他同时指出，"仁义礼智信"作为一种统治的手段不是不可以用，但一定要符合"道"，如果违背了"道"就会招来灾难。然而，统治者往往认为拥有"弓矢"就可以威慑天下，于是疯狂聚敛财富，再招募军队以保护自己所拥有的一切，殊不知天下人可以用同样的手段夺走这一切。④ 这与罗隐在《两同书》中的思想有异曲同工之妙，罗隐就发出"盗窃者亦何尝不以文武之道乱天下乎"的感慨。

同罗隐一样，谭峭也对劳动人民表达了深切的同情：

---

① 此处的"道德"，是指伦理层面的"道德"，而非作为道家主体思想的"道"与"德"。

② 参见《道德经》三十八章、《庄子·马蹄》。此处的"道德"，是指作为道家主体思想的"道"与"德"。

③ 参见《化书·稚子》。

④ 参见《化书》之《太平》《鸱鸢》《无为》《常道》《弓矢》篇。

民事之急，无甚于食，而王者夺其一，卿士夺其一，兵吏夺其一，战伐夺其一，工艺夺其一，商贾夺其一，道释之族夺其一，稔亦夺其一，俭亦夺其一。所以蚕告终而缫葛苎之衣，稼云毕而饭橡栎之实。王者之刑理不平，斯不平之甚也；大人之道救不义，斯不义之甚也。而行切切之仁，用戚戚之礼，其何以谢之哉！（《化书·七夺》）

"民事之急，无甚于食"，谭峭在《化书》中多处表达了这种观点。由此可见"食"对老百姓的重要性，而经过"七夺"之后已丧失殆尽。在这种世道里，所谓的"仁义礼智信"都成了助纣为虐的工具。百姓的贫瘠就像被剜了筋骨，百姓的饥饿就像被夺了食物。所以说，不要埋怨老百姓的"狡诈"和"不安分"，这都是统治者的贪婪、残酷造成的，这就是"慎勿怨盗贼，盗贼惟我召；慎勿怨叛乱，叛乱禀我教"。①

可以看到，统治者不是靠劝诫就能够醒悟的，劳动人民也不是通过同情就能帮助他们脱离苦难。谭峭也明白这一点，但在这种黑暗的社会里他所能做的也只有幻想了：

蝼蚁之有君也，一拳之宫，与众处之；一块之台，与众临之；一粒之食，与众蓄之，一虫之肉，与众啮之；一罪之疑，与众戮之。故得心相通而后神相通，神相通而后气相通，气相通而后形相通。故我病则众病，我痛则众痛，怨何由起，叛何由始？斯太古之化也。（《化书·蝼蚁》）

陆希声为了解决唐朝末年的社会动荡，想到了老子的"小国寡民"。谭峭则设想了"蝼蚁之国"，如果统治者能像"蝼蚁之君"那样对待民众，那么整个世界就会变得平安祥和，这也就是谭峭"乌托邦"式的理想社会。

从隋唐至五代时期，道家思想在不同时期发挥了不同的社会作用。在初唐至盛唐时期，统治者通过道家的"无为而治"开创了"贞观之治"与"开元盛世"。而在唐末五代，被统治者阶级则把它作为批判封建秩序的理论武器，表达了对劳动人民苦难的同情以及对统治者残酷统治的抗争。由此可以看出，道家思想不仅仅是人们寄托失落情绪的精神避难所，同时更是关心人民疾苦、解救社会危难的理论基础。② 道家自老子开始，就表达了对人类

---

① 参见《化书》之《雀鼠》《太和》篇。

② 孙以楷主编. 道家与中国哲学：隋唐五代卷 [M]. 北京：人民出版社，2004：486.

社会秩序及其状态的忧虑，体现了对人类命运的关切，这就是"道家式责任感"。这种责任感也表现在他们对于当时社会的现状有一种不安，对人类社会的理想状态有一种憧憬，以及对人类社会如何实现这一理想状态有一套价值标准和原则性方法。①　所以我们说，不管是生活在太平盛世的成玄英、李荣、王玄览、司马承祯、吴筠，还是身处乱世的陆希声、罗隐、谭峭，他们在完成作为一名学者使命的同时，都或多或少地关注着国家、社会和天下芸芸众生的命运。他们不管是历经磨难还是身处顺境，始终不变的是那心怀天下、以天下苍生为念的悲悯情怀。诚如诗云：

行迈靡靡，中心摇摇。知我者，谓我心忧；不知我者，谓我何求。悠悠苍天，此何人哉！(《诗经·黍离》)

---

① 刘笑敢. 道教［M］. 陈静，译. 上海：上海古籍出版社，2008：108.

第七章

竟掇珠玑：杜光庭对隋唐道家与道教的总结

据《历世真仙体道通鉴》载，杜光庭"博极群书，志趣超万。唐懿宗朝与郑云叟赋万言不中。乃奋然入道，事天台道士应夷节"①。就这样，杜光庭成为上清派道士司马承祯的五传弟子。

杜光庭虽然在科举仕途上不顺，但是在道教事业上的贡献却是举世公认的，时人赞为"学海千寻，辞林万叶，扶宗立教，海内一人"②。杜光庭在隋唐道教学者中著作最为丰富，仅收入《正统道藏》的就有二十七种，《全唐文》收入其文章三百零二篇，其哲学思想主要集中在《道德真经广圣义》和《太上老君说常清静经注》中。

第一节　谦静雌柔：理国理身的最高境界

"安史之乱"自公元755年开始，至762年史思明被杀而结束，虽然只有八年时间，却使李唐王朝从此陷入了内忧外患的动荡格局。此时，内有各藩镇拥兵自重，外有回纥、吐蕃、南诏虎视眈眈，而朝廷上又有宦官把持朝政。然而，自"安史之乱"至公元907年朱温篡位，李氏政权居然又维持了一百五十余年，这也不能不算一个奇迹。

① 《历世真仙体道通鉴》，载《正统道藏》洞真部记传类。凡引《历世真仙体道通鉴》原文均出自此处。
② 参见《历世真仙体道通鉴》卷之四十。

杜光庭就是在这种动荡的时代中出生、成长，并目睹了李唐王朝的覆灭。在应夷节的指导下，杜光庭的道教理论水平得到迅速提高。公元876年以后，杜光庭开始在蜀地求经访道。公元881年，黄巢攻陷潼关，唐僖宗遂逃往成都。而此时潘尊师也在成都，僖宗有意请他主持朝廷道教活动，潘尊师因年事已高予以推辞，于是就把杜光庭推荐给僖宗。僖宗赐以紫袍①，充麟德殿文章应制，为内供奉，杜光庭从此开始了长达五年的伴君生涯。杜光庭之所以依附朝廷，其目的主要有二：一、为李唐王朝效力，这也是魏晋以后的道教特别是隋唐道教的传统；二、复兴道教，经过连年内乱，道教也受到严重的摧残。许多道观被毁，道教典籍大量流失。这就如他本人所言：

> 臣夙慕元徽，早崇清静。躬逢圣日，既叨辅赞之荣；梦想灵山，常贮逍遥之志，尚萦多事，徒郁素怀。今节及仲秋，礼当望秩，遐瞻翠巘，杳隔红尘，虔备醮坛，用申城祝。伏冀虎旗龙斾，远辞八极之宫；鹤驭鸿骖，聊降二仙之驾。歆兹薄礼，锡以殊休，俾稼穑有年，凶灾不起；幽明共福，家国咸安。比帝祚于崇冈，续唐年于劫历，必期修洁，以奉灵光。（《葛仙山化醮词》）②

出于对僖宗的知遇之恩，杜光庭在此表达了对李唐王朝的良好祝愿。而他又把这种感激之情全部倾注到了《道德真经广圣义》的写作之中，希望借此寻求帮助李唐王朝渡过劫难的方法，再现"开元盛世"的辉煌。

一、洪纤毕举：对唐玄宗《道德经》注疏的高度推崇

天复元年（901年），杜光庭完成了《道德真经广圣义》。上一章已指出，陆希声认为真正接近老子思想的只有太史公司马迁，获得老子治世之道的则是两汉黄老之学，而其他相关言论皆为虚妄之词。如果他不作《道德真经传》，那么老子的思想就有可能销声匿迹，对唐玄宗的《道德经》

---

① 关于杜光庭被赐紫的时间主要有两种观点：一种观点认为是在僖宗自西蜀回到长安以后；另一种则认为是在僖宗入蜀之前。有学者认为这两种观点都不正确，大致时间应在僖宗入蜀后不久，本文采用这种观点。具体参见《杜光庭赐紫时间考辨》，载蔡堂根《道门领袖——杜光庭传》。

② 《葛仙山化醮词》，载《全唐文》卷九百三十九。

注疏也只字未提。与陆希声相比，杜光庭字里行间则充满谦虚之词，他认为自己只是对唐玄宗《道德经》的"广疏"而已，而且充满对唐玄宗的崇敬之情。他在序言中写道：

> 我开元至道昭肃孝皇帝降神龙变，接统象先，戡内难以乘乾，咨中兴而御极。无为在宥，四十五年，汾水襄城，靡劳辙迹，具茨大隗，自得朋游。廓八溟为仁寿之庭，普万寓为华胥之国，至道至德，超哉明哉。钦若尊经，本朝家教，《象》《系》不足以拟议，《风》《雅》不足以指陈。横亘古今，独立宇宙。虽诸家染翰，未穷众妙之门；多士研精，莫造重元之境。凝疏多暇，属想有归，躬注八十一章，制疏六卷。内则修身之本，囊括无遗；外即理国之方，洪纤毕举。宸藻遐布，夺五云之华；天光焕临，则两曜之色。固可以季仲"十翼"，辉映"二南"。若亲禀于玄元，信躬传于太上，冠九流而首出，垂万古而不刊。则《大风》《赤雁》之歌，诚难接武；《典论》《金楼》之作，讵可同年？但以疏注之中，引经合义，周书、鲁史，互有发明，四始漆园，或申属类。后学披卷，多蕾本源，辄采摭众书，研寻篇轴，随有比况，咸得备书，纂成《广圣义》三十卷。大明在上，而爝火不休；巨泽溥天，而灌浸不息。诚不知量，粗备阙文。

杜光庭在此先是对唐玄宗本人吹捧一番，后又对其《道德经》注疏大加赞赏。他认为唐玄宗的注疏不管《象》《系》还是《风》《雅》都不能与之相比，可谓"前无古人，后无来者"，其理身理国的思想理念已是无所不括。然既已达到无可附加的地步，又何须"广疏"呢？其实，杜光庭所表达的是对李唐王朝的一种感激之情。唐代统治者可以说是道教的大恩人，这是不争的事实。杜光庭参加科举，目的是为朝廷出力。数试不中遂"奋然入道"，对朝廷却未有丝毫的怨气。后追随僖宗，一方面想振兴道教，另一方面还是想为朝廷出力。他弃僖宗而去，实是无奈之举，心中也充满了愧疚。他的《道德真经广圣义》是想对隋唐道教做一个思想上的总结，更想从中寻求一剂救世良方，幻想着又一个"开元盛世"的出现。《道德真经广圣义》完成于公元 901 年，离公元 907 年朱全忠篡位只差六年时间。而此时蜀中王建也是独霸一方，唐王朝的灭亡只是个时间问题，杜光庭不可能看不到这一点。作《道德真经广圣义》只能是表达一种美好的愿望，或是寻求一点心灵上的慰藉。

唐玄宗认为《道德经》"其要在乎理身理国"①，杜光庭也认为"此乃理身之指归，理国之机要"②。因而杜光庭提出：

> 夫一人之身，一国之象也。胸腹之位，犹宫室也。四肢之别，犹郊境也。骨节之分，犹百官也。神，犹君也。血，犹臣也。气，犹民也。知理身则知理国矣。爱其民，所以安国也。吝其气，所以全身也。民散则国亡，气竭则身死。亡者不可存，死者不可生。所以至人销未起之患，理未病之疾。气难养而易浊，民难聚而易散。理之于无事之前，勿追之于既逝之后。（《道德真经广圣义·不尚贤章第三》）

这是对司马承祯以来"理国如同理身"思想的形象解读，也是杜光庭由唐王朝的现实而发出的感慨。人身的各个组成部分是一个有机的整体，每个部位都是不可或缺的。推之到一个国家，君主、大臣、百姓也都是不可或缺的，只有他们相互组成一个有机的整体，整个国家才能像一个生命体一样充满活力。而"气"对个体生命来说是至关重要的，同样对一个国家来说"民"也是主要的。所以，一国之君要像"养气"一样"爱其民"，否则就会"民散则国亡，气竭则身死"。而所有的这一切都要在事发之前完成，等到"身死"或"国亡"之后就晚了，这也是杜光庭所面对的唐王朝的现实状况。

可以看到，同陆希声一样，杜光庭也具有了民本思想，这也逐渐演变成唐末五代道家学者的一种共同理念。所以杜光庭引用古人的话说，君主如果像"舟"，老百姓就是"水"，二者也是相互依存的。但"水"离开"舟"尚可自流，而"舟"离开"水"却寸步难行，这依然是杜光庭民本思想的体现。唐王朝自玄宗以后，除德宗尚有点作为外，其余皆为庸碌无能之辈，故杜光庭强调"有道之君"的重要性。如果"有道之君"不崇尚武功，能做到清静无为，那么天下就会出现《诗经·甫田》所描绘的太平盛世。而这都是因为"曾孙不怒，农夫克敏"，还是"无为"的结果。杜光庭又对"有道之君"的行为做出了具体规定：

> 《礼记》云：人者，天地之德，阴阳之交，鬼神之会，五行之秀。故圣人作则，必以天地为本，阴阳为端，四时为柄，日星为纪，鬼神以为

---

① 参见《御制道德真经疏释题》。
② 参见《道德真经广圣义·释御疏序下》。

徒，五行以为质，礼义以为器，人情以为田，四灵以为畜。故人情者，圣王之田也。情田无为，几于道矣。(《道德真经广圣义·天下有道章第四十六》)

如果"有道之君"能做到"情田无为"，其行为也就与"道"相合了，那么天下也就太平了。杜光庭"身国同构"的思想是对唐玄宗"理身理国"思想的继承与发挥，也体现了道家传统思想中对人间太平盛世的真诚向往。杜光庭在描述超现实的神仙世界的同时，幻想把残酷的现实生活转变成理想世界。道教不但寻求修道成仙，而且追求现实生活的更加美好。因而设想世俗社会能与"道"相合，这样就会出现一个没有天灾人祸、生老病死、人人安居乐业的太平盛世。① 这就是杜光庭的治国理念，也只能是一个美好的愿望而已。

唐玄宗从自己亲身体验出发，认识到"雌柔""守静"的重要性，杜光庭也是如此：

理国在于谦静，理身在于雌柔，万物顺从，众德归凑，则常享其祚，克全其身。婴儿者，未分善恶，未识是非，和气常全，泊然凝静，以喻有德之君、全道之士。其德若此，乃合道真。理身则神所归，理国则民交会之也。(《道德真经广圣义·知其雄章第二十八》)

如果能做到"谦静""雌柔"，那么就能"万物顺从，众德归凑"，也就能做到与"道"合一。这样对于个体来说就能做到形神合一，对于国家来说就会得到老百姓的拥护。

杜光庭认为，如果人人都能做到"谦静""雌柔"，那么整个社会也就太平了。那么又如何解释现实中兵荒马乱的局面呢？杜光庭认为这都是穷兵黩武的结果，君主与大臣各取所需，或者侵略邻国，或者各藩镇相互攻伐，即"主贪不急之功，臣冒无厌之赏"。这样的结果是，一边耗费大量的军队与钱粮，另一边农业生产荒废，最后造成国家动荡、灾民遍野。② 这是杜光庭对唐王朝现实状况的真实描写，而这都是肆意妄为的结果，其根源在"心"：

善恶二趣，一切世法，因心而灭，因心而生。习道之士，灭心则契

---

① 卿希泰主编. 中国道教思想史：第2卷［M］. 北京：人民出版社，2009：192.
② 参见《道德真经广圣义·以道佐人主章第三十》。

道。世俗之士，纵心而危身。心生则乱，心灭则理。所以天子制官僚，明法度，置刑赏，悬吉凶，以劝人者，皆为心之难理也。无心者，令不有也。定心者，令不惑也。息心者，令不为也。制心者，令不乱也。正心者，令不邪也。净心者，令不染也。虚心者，令不着也。明此七者，可与言道，可与言修其心矣。（《道德真经广圣义·不尚贤章第三》）

杜光庭把"理身"问题归结为"理心"，即"理身之道，先理其心"。① 杜光庭之所以特别强调"理心"问题，绝不单纯为了阐发道教的修习理论，而是为人们指出与"道"合一的途径。这样人们积极向善成为一种自觉，就能形成一种良好的社会氛围，从而实现自己的政治理想。②

唐玄宗虽然强调"理身"的重要性，但出于统治的需要，还是把"理国"放在了重要位置。杜光庭则把"理身"放在了首位：

文子问老君曰：理国之本如何？老君曰：本在理身也。未闻身理而国乱，身乱而国理者。夫理国者静以修身，全以养生，则下不扰。下不扰则人不怨。为理之本，在于足用；足用之本，在于勿夺；勿夺之本，在于省事；省事之本，在于节用；节用之本，在于去就；去就之本，在于无为。夫天致其高，地致其厚，日月照，星辰期，阴阳和，非有为也。正其道而物自然化也。此乃绝矜尚，弃华薄，无为不言之旨也。（《道德真经广圣义·释御疏序上》）

杜光庭之所以把"理身"放在首位，是因为"理身"既是"理国之本"，也是"修道成仙"的前提。"理身"与"理国"虽为"道"的不同体现，也能在同一原则和目的下达到统一，但身与国毕竟有个先后、本末、内外关系问题，杜光庭认为身为国之先、有诸己而后有诸人、先成己后成物。③ 即身理而后国理，这与《管子》中的治国理念是极为相似的。④

---

① 参见《道德真经广圣义·曲则全章第二十二》。
② 孙以楷主编. 道家与中国哲学：隋唐五代卷 [M]. 北京：人民出版社，2004：510.
③ 李大华，李刚，何建明. 隋唐道家与道教 [M]. 北京：人民出版社，2011：534.
④ "心安，是国安也；心治，是国治也。"（《管子·心术下》）"本理则国固，本乱则国危。"（《管子·霸言》）由此可以看出，杜光庭的思想基本上可以看作对这两句话的综合发挥。

二、心寂境忘：重玄思想方法的运用

"重玄学"萌芽于魏晋，发展于隋代，成玄英通过注老疏庄完成了理论体系的构建，其后经李荣、王玄览对之继承与发展，最后由孟安排做了总结。而道教心性论学者司马承祯、吴筠，包括唐玄宗都深受初唐重玄思潮的影响，杜光庭也没能例外。

效仿成玄英，杜光庭也对历代重玄学者予以了归纳：

> 梁朝道士孟智周、臧玄静，陈朝道士诸糅，隋朝道士刘进喜，唐朝道士成玄英、蔡子晃、黄玄赜、李荣、车玄弼、张惠超、黎元兴，皆明重玄之道。（《道德真经广圣义·释疏题明道德义》）

同成玄英一样，杜光庭也认为孙登的"重玄"思想最为正宗。只不过二者所说的"孙登"朝代不同，这在前面已予以说明。与成玄英不同的是，杜光庭并未把自己当作一位重玄学者。虽然从严格意义上来说，杜光庭确实不能算作一位重玄学家，事实上他却对重玄思想自觉或不自觉地予以了运用。

"有""无"问题是自魏晋玄学至重玄学所重点讨论的问题，杜光庭自然不会忽视这一主题。杜光庭认为：

> 一曰以无为体，以有为用。可道为体道，本无也；可名为用名，涉有也。二曰以有为体，以无为用。室车器以有为体，以无为用。用其无也。三曰以无为体，以无为用，自然为体，因缘为用。此皆无也。四曰以有为体，以有为用，天地为体，万物为用。此皆有也。五曰以非有非无为体，非有非无为用，道为体，德为用也。又于本迹门中，分为二别。以无为本，以有为迹。无名，有名也。以有为本，以无为迹。互相明也。万物自有而终，归于无也。夫以玄源澄寂，妙本杳冥，非言象可求，非无有可质，固亦讨论理绝，拟议道穷，而设教引凡，示兹阶级。然在于冥心感契，渐顿随机，不可滞教执文，拘于学相。澡心浴德之士，勖乎勉哉。（《道德真经广圣义·道可道章第一》）

"有""无"这对范畴的提出最早始于老子，老子又提出两对命题：一

是"有无相生",二是"有生于无"①。而庄子则提出了"无有"的范畴②。根据东汉郑玄与高诱对此的解释,人们自觉地认识到其中生出万物的"有"物和作为其本体的"无"物的关系。在此基础上,何晏与王弼把"本末"与"有无"联系了起来,从而使"有无之辨"成为魏晋玄学的主题。③ 魏晋玄学的"有无之辨"主要是由老子的"有生于无"引发开来的,而老子的"有生于无"与"有无相生"其实是一个命题。世界上本来无所谓"有"或"无",当万事万物呈现在人们面前的时候,人们把它们界定为"有",而与之相对应的就是"无",这就是"有无相生"。因而,与其说"有生于无"不如说是"无"生于"有"。后又经佛道学者的不断解读,使"有无论"变为一个愈加艰深的哲学课题。仅道教典籍中就保存有十分丰富的资料,贵无、崇有、自然独化、玄道、重玄等可谓异彩纷呈。而隋唐重玄学以"有无双遣"实现了对魏晋玄学有无观的超越,其成就较高的当数成玄英、李荣以及以"有无义"做里程碑式总结的孟安排。④

我们可以看到,杜光庭在前人的思想基础上,利用"有""无"对"体用五别"与"本迹二别"做了理论的分类,从而进一步深化了对"本末体用"的认识。杜光庭的"体用五别"实际上就是通过"有"与"无"的五种不同结合方式来揭示"道"与"物"的体用关系,说明"道"与"物"是不可分离的。⑤ 这种"物不离道""道不离物"既是先秦老庄的主题思想,也是隋唐重玄学者历来所倡导的思想。在"本迹"问题上,成玄英提出以"道"为本,以"万物"为迹;杜光庭则提出了"以无为本,以有为迹"和"以有为本,以无为迹"两种观点。"以无为本,以有为迹"是指"道生万物"的过程,而"以有为本,以无为迹"则是指万物与"道"相合的过程,也是指众生"修道成仙"的过程。

---

① 参见《道德经》二章、四十章。
② "有乎生,有乎死;有乎出,有乎入。入出而无见其形,是谓天门。天门者,无有也,万物出乎无有。有不能以有为有,必出乎无有,而无有一无有。"(《庄子·庚桑楚》)
③ 户川芳郎. 古代中国的思想 [M]. 姜镇庆,译. 北京:北京大学出版社,1994:139.
④ 李养正. 道教义理综论:上编 [M]. 北京:宗教文化出版社,2009:142-143.
⑤ 孙亦平. 杜光庭思想与唐宋道教的转型 [M]. 南京:南京大学出版社,2004:142.

杜光庭虽然提出了"体用五别"与"本迹二别"，他又教导人们不要为这些条条框框所拘束。因为修道成仙的过程"非言象可求，非无有可质"，理论固然有一定的指导意义，但道教修行更需要个人的天赋与心态的虔诚。

杜光庭又用"无有"来释"道"：

太初者，未见气也。有无无有无名者，无有故无名号也。此名未立强名之道以前，大道无名，强而名之，谓之道。强名之初，天地之始也。（《道德真经广圣义·释御疏序下》）

如前所述，"无有"是由庄子提出的，而高诱解释为"无有，无形也。道无形，无形言得道也"①。高诱认为"无有"与"道"都是无形的，所以"无有"即"道"。而杜光庭认为"无有"与"道"都是无名的，"天地之始"即"无有"，即"道"。

同重玄学者一样，杜光庭认为"有""无"也是要遣去的：

夫其道也，极虚通之妙致，穷化济之神功，理贯生成，义该因果。纵之于己则物我兼忘，荡之于怀则有无双绝。

明道之为无，亦无此无，德之为有，亦无此有。斯则无有无无，执病都尽，乃契重玄，方为双绝。故经云仙道无不无、有不有也。（《道德真经广圣义·释疏题明道德义》）

成玄英所谓的"物我兼忘"的重玄境界是得"道"的境界，也是人生的最高境界，而杜光庭"有无双绝"后的重玄境界却是成仙的境界。这种"有无双遣"的方法在杜光庭的著作中得到广泛的应用：

至道自然，亦非有为，亦非无为。故至道自然，湛寂清静，混而不染，和而不同，非有非无。几学仙之士无以执非，但俱无执见，则自达真道。（《太上老君说常清静经注》）②

如果能做到"俱无执见"，也就能达到"至道"的境界，也是修道成仙的最高境界。杜光庭将"清静"作为"道"的根本特征，而且用"有无双遣"的方法来获得心性清静。所以说，"杜光庭不仅丰富了重玄学的

---

① 参见高诱注《吕氏春秋·审分览》。
② 《太上老君说常清静经注》，载《正统道藏》洞神部玉诀类。凡相关原文均出自此处。

内容，而且推进了道体重玄向道性重玄的演化，并为道教的长生成仙说开出了新的路径"①。

前面说过，蒙文通通过对成玄英《道德经义疏》的梳理，不但从中挖掘出他的"重玄"，而且发现了"重玄"与"三一"之间的关系，这就是"以'重玄'为道，以'三一'为归"。"希""夷""微"是老子用来界定"道"的，杜光庭对此予以了继承与发挥：

> 夷希微三者，假标以名道，亦皆无也。三者凝化为三境，次为三界，下为三才，明为三光，于身为三元，于内为三一，皆大道分精运化之所成也。混而为一，复归于妙本之道也。（《道德真经广圣义·视之不见章第十四》）

传统"三一"问题是由"希""夷""微"引申出"精""气""神"，这是从道家本体思想向道教修行的转化。在此基础上，杜光庭又引申出了"三境"（青、黄、白）、"三界"（欲界、色界、无色界）、"三才"（天、地、人）、"三光"（日、月、星）、"三元"（上元、中元、下元）、"三一"（元一、真一、正一），这些都是大道分精运化而形成的。其中"三一"是核心与最终归宿，于是杜光庭又提出了"三一元神"与"三一之道"。修"三一之道"即可守"三一元神"，也就能"运气固精、宝神留形"，从而达到修道成仙的目的。

杜光庭进一步把"三一"问题与"有无"问题联系了起来：

> 三一乃有中之无，三元乃无中之有，以有无相感，而为精神气。三者共生于人，故世人得之则生，失之则死。（《道德真经广圣义·视之不见章第十四》）

在"有无"关系上，老子指出"有无相生"。杜光庭继承了这一思想，继而认为"三一"与"三元"也是互为存在的，它们相互作用才产生了精神气。

---

① 孙亦平. 杜光庭思想与唐宋道教的转型［M］. 南京：南京大学出版社，2004：173.

第二节 扶宗立教：杜光庭对道教事业的卓越贡献

光启元年（885 年），随着黄巢起义军被击败，杜光庭伴随僖宗返回长安。他四处游访搜求道教资料，从此为道教的复兴而奔波。然而，这种繁忙而又充实的生活不到一年，王重荣联合李克用与朝廷对抗，杜光庭跟随僖宗被迫再次仓皇出逃。杜光庭历尽艰辛搜集到的道教典籍也在逃亡途中遗失，这使他不得不重新考虑自己的未来。心灰意冷的杜光庭选择了离开僖宗，回到蜀中重新开始他所钟情的道教事业。因"喜青城山白云溪气象盘礴"①，杜光庭选择了定居青城，其一生的著作大多在此地完成。

一、道契神明：道家与道教的真正融合

如前所述，杜光庭虽然把《道德经》的主旨归结为"理身之指归，理国之机要"，但他还是把"理身"放在了首要的位置。故有观点认为，《道德经》洋洋五千言，说到底还是个修身问题。至于其立言的目的，不外乎两方面的含义：一是修道成仙，或者"长生久视之道"；二是治国方略，也即"君人南面之术"。而历代对老子思想的解读与发挥都没有超出这个范围，只是在二者之间有所偏重而已。② 杜光庭虽然把"理身"作为"理国"的前提，但他的最终目标还是"修道成仙"。这也成为杜光庭一以贯之的思想：

圣人之理也，任自然之化，无独见之专，不厚其生，不伐其善，不为天下之先，故能处人之上，不为天下之贵，故能享祚久长。所以亿兆宅心，夷蛮稽颡，干戈止息，宗庙安宁。此之为私也大矣。由其不以私为私，故成此光大。理身则德充人服，道契神明，身寿长生，其私大矣。亦由其不徇私逐欲，成就此大私也。《灵宝经》云：居世之人贪欢逐欲，前乐后苦。何哉？极其逸乐而坠于三涂也。学道之士绝利忘名，寒栖炼

①　参见《历世真仙体道通鉴》卷之四十。
②　卿希泰主编. 中国道教思想史：第 2 卷 ［M］. 北京：人民出版社，2009：192.

行，终得仙道。先苦后乐，何者？积其功行，升乎九天也。（《道德真经广圣义·天长地久章第七》）

"理身"不仅能使国家安宁、人民幸福，只要坚持"绝利忘名，寒栖炼行"，就能得道成仙。就这样，杜光庭把"理身理国"与"修道成仙"联系了起来，对隋唐以来的理身与理国观念予以了突破，实现了"理身""理国"与"成仙"的三位一体。"圣人"是与"天地合其德，日月合其明，四时合其序，鬼神合其吉凶"的，即使君临天下也能得道成仙，例如伏羲、黄帝、颛顼、少昊、尧、舜就是成仙的"圣君"。① 杜光庭又通过庄子之口告诉人们：

《庄子·大宗师》云：狶韦氏得之以挈天地，伏羲氏得之以袭气母，黄帝得之以登云天，颛顼得之以处玄宫，所以神农司于南极，殷汤莅于北玄，武丁位为紫府，阳甲位为苍元，文王位为太虚，武王位为太平，康王位为少华，穆王位为九元，汉景位为太一，汉文位为通玄，八帝位为八魁，汉武位为玄成，此皆理国之君，登真得道，上列真官之任。则尧舜登仙，固其宜矣。元凯之臣者，即八元八恺也。昔高辛氏有才子八人，伯奋、仲堪、叔献、季仲、伯虎、仲熊、叔豹、季狸，忠肃恭懿，宣慈惠和，天下之人谓之八元。（《道德真经广圣义·不尚贤章第三》）

不但殷汤、武丁、阳甲、文王、武王、康王、穆王、汉景、汉文、汉武等"理国之君"能够"登真得道"，而且像伯奋、仲堪、叔献、季仲、伯虎、仲熊、叔豹、季狸八才子也能成仙。② 杜光庭以此告诫统治者，要像爱惜自己的身体一样爱惜自己的国家，这样就能"干戈止息，宗庙安宁"。我们可以看到，杜光庭不但希望众生修炼成仙，而且希望建立一个"人间仙境"。同陆希声的"小国寡民"和谭峭的"蝼蚁之国"一样，这就是杜光庭心目中的理想社会。其用心也可谓良苦，道家学者心怀天下的情怀显露无遗。另外，我们又可以看出，杜光庭大量引用庄子的思想，刻意"复归到老庄从人的心境上追求精神超越的思想上"③，从而实现老庄道家思想与道教的进一步融合。

---

① 参见《道德真经广圣义·天下皆知章第二》。
② 参见《道德真经广圣义·不尚贤章第三》。
③ 孙亦平. 杜光庭思想与唐宋道教的转型 [M]. 南京：南京大学出版社，2004：166.

杜光庭在《道德真经广圣义》中不但大量引用了《庄子》《文子》《列子》《周易》《管子》等先秦道家经典，还有其他历代道家道教经典达三十余种。另外，他还引用了《诗经》《论语》《尔雅》《礼记》《孟子》等儒家经典。而其中引用最多的是《庄子》：

《庄子·大宗师》云：狶韦氏得之以挈天地，伏羲氏得之以袭气母，黄帝得之以登云天，颛顼得之以处玄宫。（《道德真经广圣义·不尚贤章第三》）

《庄子·应帝王篇》云：变化颓靡，世事波流，无往不同矣。委顺者，委心顺道也。体兹七善，遵彼三能，国泰长生之要也。（《道德真经广圣义·上善若水章第八》）

庄子曰：适来者，夫子时也，时自生耳。适去者，夫子顺也，理当死耳。安时处顺，忧乐不入。此达人之忘身也。

《庄子·知北游篇》承答为曰：身非汝有，天地之委形也；生非汝有，天地之委和也；性命非汝有，天地之委顺也。言天地结气而生，气上气下曰顺尔。若身是汝有，美恶生死当制之由汝。今气聚而生，汝不能禁也，气散而死，汝不能止也，明其委结而自成，非汝有也。故行不知所往，处不知所持，食不知所味，皆在自然中也。达此则近于道矣，何大患之可忧乎？（《道德真经广圣义·宠辱若惊章第十三》）

前面说过，成玄英作《庄子疏》的目的是将庄子思想引入道教义理，但由于他过多地关注了个体境界的提高，使其看起来更像一位庄子思想的继承者而不是一位道教学者。后虽经李荣、王玄览努力将其思想道教化，但还是未能实现成玄英的愿望。司马承祯通过《坐忘论》成功地将庄子思想融入道教义理，随着《庄子》被奉为《南华真经》，《庄子》才名副其实地成为一部道教经典。其中司马承祯功不可没，而吴筠的《玄纲论》则是锦上添花之作。到杜光庭则把包括《庄子》在内的道家经典进行了深入的道教化。如果说隋唐以前道家与道教是各自发展的话，那么自隋唐以后，道家与道教也就融合了。中国所谓的"三教"，此时才真正形成，而杜光庭是最终完成者。

　　另外，杜光庭通过《释老君事迹氏族降生年代》①，对太上老君各种名号的由来进行了解释，是汉唐以来关于老子神化过程的一次全面系统的总结，提升和巩固了老子在道教中的地位。而在中国思想发展史上，却存在着三个不同面貌的老子。先秦时期的哲学家老子，西汉初年的政治家老子以及东汉末年被抬上神坛的老子。② 初唐成玄英等重玄学者对老子的解读偏重思想，实际上属于哲学家老子。而唐玄宗以及后来的陆希声对老子的解读重点在治国安邦，应当属于政治家老子。所以说，老子在唐代虽然被给予了至高的地位，但被奉为道门圣君老子的宗教色彩事实上是被淡化的。杜光庭在《释老君事迹氏族降生年代》中对老子的描述与总结主要有三个方面：一、降生显灵。老君的降生大异于凡人，是大道应化的结果。二、创造天地。老君是天地之根本，万物莫不由之而生成。三、发明应化。老君应化人间，"或为国主，或为师君，或为宾友，或为人臣，乃有郁华、录图等号"。把老子神化为太上老君是道教开宗立教的需要，而杜光庭可谓集历代神化经典之大成。因而我们可以说，由于杜光庭的努力，太上老君的神话色彩达到了空前的高度。③

　　为了统治的需求，唐玄宗进行了"援儒入道"。杜光庭少喜六经，工于词章翰墨，被誉为"巨儒"，因科举不中才"奋然入道"。他自然不会排斥儒家思想：

　　理国不以礼，犹无耜以耕也；为礼不本于义，犹耕而不种也；为义而不讲之以学，犹种之而不耨也；讲之以学而不合之以仁，犹耨之而弗获也；合之以仁而不安之以乐，犹获之而不食也；安之以乐而不达之于顺，犹食之而不肥也。夫四体既安，肤革充盈，人之肥也。父子笃，兄弟睦，夫妇和，家之肥也。大臣法，小臣廉，官职相序，君臣相正，国之肥也。天子以德为车，以乐为御，诸侯以礼相与，大夫以法相序，士以信相考，百姓以睦相守，天下之肥也。是谓大顺。（《道德真经广圣义·古之善为道章第六十五》）

　　由于杜光庭在入道之前对儒家经典已十分精通，又受到唐玄宗"援儒

---

①　《释老君事迹氏族降生年代》，载《道德真经广圣义》卷二。
②　唐明邦. 论道崇真集［M］. 武汉：华中师范大学出版社，2006：12.
③　刘固盛. 道教老学史［M］. 武汉：华中师范大学出版社，2008：132-136.

入道"的影响，因而在《道德真经广圣义》中除接受了儒家的"仁义礼智"外，还大量引用了儒家经典。此外，杜光庭也借助了佛教思想：

> 法性清净，本合于道。道分元气而生于人，灵府智性元本清净，既生之后，有诸染欲渎乱其真，故去道日远矣。善修行之人，闭其六欲，息其五情，除诸见法，灭诸有相，内虚灵台，而索其真性，复归元本，则清净矣。虽约教法三乘之行，修复其性，于法不住，行相之中，亦不滞着，次来者修，次修者灭，灭空离有，等一清净，故无心迹可得而见。于内曰心，心既寂矣，于外曰境，境亦忘之。所以心寂境忘，两途不滞。既于心而悟，非假远求，无车辙之迹出于四外矣。帝王以清净之道以化于人，混然大同，万国风靡，固不烦车辙马迹布于天下，此谓理身与国，皆得善行之妙也。（《道德真经广圣义·善行无辙迹章第二十七》）

在隋唐道教学者中，成玄英"援佛入道"，对儒家思想却很排斥，李荣则积极地"联儒抗佛"。也有学者力图汇通"三教"，但没有人能像杜光庭那样把儒家与佛教思想运用得如此恰当。提到整个隋唐思想发展，人们总是习惯用"三教合一"或"三教合流"来形容它。如果这种说法成立的话，那作为一代宗师的杜光庭自是功不可没。然而，"所谓'三教合一'或'三教合流'，很容易使人理解为三教在思想理论上融合为一，或在组织上合并为一。而事实上，中国历史上，儒、释、道三教从来没有合一、合流过，三者之间只是既相互斗争又相互融摄对方的思想理论，以丰富自己的理论体系。准确的表述应是'三教互摄'，或'三教会通'"①。

所以说，杜光庭表达了三教"理一"的观点：

> 凡学仙之士，若悟真理，则不以西竺、东土为名，分别六合之内，天上地下，道化一也。若悟解之者，亦不以至道为尊，亦不以象教为异，亦不以儒宗为别也。三教圣人，所说各异，其理一也。（《太上老君说常清静经注》）

但他又借他人言论表达了另外的观点：

> 道家者，按太史司马迁着六家之说，先黄老而后六经，道家居先，最为通美。司马迁曰：阴阳者繁而致惑，儒者博而损虑，墨者苦而伤性，名

---

① 董恩林. 唐代《老子》诠释文献研究 [M]. 济南：齐鲁书社，2003：225.

者华而少实，法者酷而少恩。唯道家之教为大道焉。以其清虚无为，使人精神专一，动合无形，赡足万物。其为术也，因阴阳以大顺，与时推迁，应物变化，无所不宜。指约而易操，事少而功多，其实易行，其辞难知。以虚无为本，以因循为用，无成势，无常形，故能究万物之情。不为物先，不为物后，故能为万物之主。此所谓道家也。《淮南子》曰：道家者，理性情理心术，养以和，持以适，乐道而忘贱，宁德而安贫。圣贤之所贵，家国之所赖。故曰道家也。（《道德真经广圣义·释御疏序上》）

唐末五代儒释道思想相互融合是大势所趋，杜光庭也不得不承认这一点，所以他说"三教圣人，所说各异，其理一也"。杜光庭借此希望三教能和平相处而不再相互诋毁，这体现了一代宗师应有的胸怀。但是，作为道门领袖的他自然割舍不了对道教的那份深情。因而在杜光庭的灵魂深处，最为尊崇的还是道家思想，这也是情理之中的事。这是因为作为道教徒，杜光庭的最终目的还是希望天下众生能够"修道成仙"，而这还是要依靠道教：

老君设教垂训，明此罪之因，申能刳可欲之心，必享无涯之祉，理国可期于九五，理身可企于神仙。勉而行之道之要也。（《道德真经广圣义·天下有道章第四十六》）

二、辞林万叶：杜光庭道教理论研究的丰硕成果

杜光庭在《道德真经广圣义序》中说，该文是对唐玄宗《道德经》注疏的"广疏"。这是出于对君主的一种敬畏，又或许是杜光庭过谦之词。杜光庭在序言中指出，自《道德经》问世以来，经历代学者的努力，各类诠疏笺注已达六十余家。杜光庭对这些注疏的特点予以了分析：

所释之理，诸家不同。或深了重玄，不滞空有；或溺推因果，偏执三生；或引合儒宗，或趣归空寂，莫不并探骊室，竞掇珠玑，俱陟钟山，争窥珪瓒。连城在握，照乘盈怀，敷宏则光粲缣缃，演畅则彩文编简。语内修则八琼玉雪，雾霭于丹田；九转琅膏，晶荧于绛阙。尽六气回环之妙，臻五灵夹辅之功，忘之于心，息之于踵，得无所得，而了达化元矣。语品证也。则摆落细尘，超登上秩，游八外而放旷，指三境而跻升，蹈太乙之位矣。而总内外之要，兼人天之能者，未有其伦。（《道德真经广圣义

序》）

杜光庭所记录的《道德经》注疏种类超过了《正统道藏》，这说明许多注疏已经失传。如果不是杜光庭的记录，我们今天已不可能知道历史上曾经有过这些论著。

杜光庭又对这六十余家注疏做了具体分类：

道德尊经，包含众义，指归意趣，随有君宗。河上公、严君平皆明理国之道，松灵仙人、魏代孙登、梁朝陶隐居、南齐顾欢皆明理身之道。符坚时罗什、后赵图澄、梁武帝、梁道士窦略，皆明事理因果之道。梁朝道士孟智周、臧玄静，陈朝道士诸粲，隋朝道士刘进喜，唐朝道士成玄英、蔡子晃、黄玄赜、李荣、车玄弼、张惠超、黎元兴，皆明重玄之道。何晏、钟会、杜元凯、王辅嗣、张嗣、羊佑、卢氏、刘仁会，皆明虚极无为理家理国之道。此明注解之人意不同也。又诸家禀学立宗不同，严君平以虚玄为宗，顾欢以无为为宗，孟智周、臧玄静以道德为宗，梁武帝以非有非无为宗，孙登以重玄为宗。（《道德真经广圣义·释疏题明道德义》）

这表面看来是对汉唐以来老学思想的总结，实际上是对自先秦以来整个道家与道教思想的总结，这也是杜光庭所要达到的目的。

如前所说，杜光庭追随唐僖宗除了为朝廷效力外，其主要目的还是想依靠朝廷的力量来复兴道教，他离开僖宗也是为了复兴道教。此时整个统治阶级荒淫无道又飞扬跋扈，再加之藩镇割据、宦官专权、官吏党争，因而唐皇室已无力自保，更无暇顾及道教。朝廷的腐败无能令杜光庭很失望，唐僖宗对他虽有知遇之恩，他最终还是选择了离开。最让杜光庭痛心的是，他搜集的几千卷道教经典又在随僖宗逃亡时遗失。这些典籍是杜光庭历尽艰辛才得到的，而不像南宋金允中在《上清灵宝大法》中所描述的那样轻松：

广成先生编集斋科之时，身居翰苑，任兼执正，朝廷典籍，省府图书，两街道官，二京秘藏，悉可指索，皆得搜扬。所以著书立言，各有经据，天下后世，无不遵行。（《上清灵宝大法》卷四十）①

说杜光庭"著书立言，各有经据"，而"天下后世，无不遵行"，这应

---

① 《上清灵宝大法》，载《正统道藏》正一部。

该都是事实。而认为"朝廷典籍，省府图书，两街道官，二京秘藏，悉可指索，皆得搜扬"，这就有失事实依据了。事实是，经过"安史之乱"和黄巢起义，加之各藩镇频繁兵犯京师，致京城内宫观尽毁，道教典籍所剩无几，而杜光庭千方百计搜集到的典籍复又遗失。杜光庭对此也是深为感叹：

自三古已降，迄于巨唐。宝轴灵文，或隐或见。或出于史册，或著在别传。至宋朝简寂先生，校雠之际，述珠囊经目，万八千卷。其后江表干戈，秦中兵革。真经秘册，流散者多。后周武帝，立通玄观。收集众经，犹及万卷。洎隋火燔荡，唐室龙兴。剪扫氛祅，底宁寰宇。至开元之岁，经诀方兴。玄宗著琼纲经目，凡七千三百卷。复有玉纬别目，记传疏论，相兼九千余卷。寻值二胡猾夏，正教凌迟。两京秘藏，多遇焚烧。上元年中，所收经箓六千余卷。至大历年，申甫先生，海内搜扬，京师缮写，又及七千卷。长庆之后，咸通之间。两街所写，才五千三百卷。近属巨寇凌犯，大驾南巡。两都烟煤，六合榛棘。真宫道宇，所在凋零。玉笈琅函，十无三二。余属兹艰会，漂寓成都。扈跸迁京，淹留未几。再为搜据，备涉艰难。新旧经诰，仅三千卷，未获编次。又属省方，所得之经，寻亦亡坠。重游三蜀，更欲搜扬。累祖兵锋，未就前志。时大顺二年，辛亥八月，三日庚辰，成都玉局化，阅省科教，聊记云耳。（《太上黄箓斋仪》卷五十二）①

杜光庭的这段话，既讲述了自己的经历，也记录了道教发展至唐末以来其典籍整理发展的过程。而我们今天所能见到的道教典籍，主要还是收录在《道藏》之中。道教自汉代创立其典籍不多，至魏晋以后具有了一定的规模，据《抱朴子内篇·遐览》记载约670卷，另有符500余卷，共约1200卷。南北朝时的宋陆修静又广为搜访，于泰始七年（471年）上《三洞经书目录》，以洞真、洞玄和洞神三洞为标准，计"道家经书，并方药、符图等，总一千二百二十八卷"②。后梁孟法师又撰《玉纬七部经书目》，是为七部之称的由来。北周天和五年（570年），玄都观道士所上《玄都经目》，共计6363卷。建德三年（574年），周武帝敕置通道观，令道士王

---

① 《太上黄箓斋仪》，唐广成先生杜光庭删减整理，载《正统道藏》洞玄部威仪类。
② 参见《广弘明集》卷十二，载《大正藏》第52册。

延"校三洞经图，缄藏于观内。延作《珠囊》七卷，凡经传疏论八千三十卷，奏贮于通道观"①。隋有《隋朝道书总目》4卷，《隋书·经籍志》著录道书即本于此。唐高宗时，尹文操撰《玉纬经目》藏经7300卷。而与尹文操同时代的王悬河在成都立《道藏经序碑》两通，一系唐高宗制，一系武则天制。唐开元年间，玄宗诏令多方搜集道经，命名为《三洞琼纲》，计7300卷，② 而"安史之乱"使两京道教经典被焚烧殆尽。到唐玄宗开元年间，又搜集道教经典6000余卷。至代宗大历年间，经各方贤士努力，经书一度达到7000余卷。长庆（821—824年）至咸通（860—873年）年间，官方所记录的道教典籍为5300卷。黄巢起义使道教事业遭受打击，道教典籍所剩"十无三二"。

当杜光庭所搜集的近3000卷道教典籍遗失之后，他选择了隐居青城山。从光启二年（886年）至天复七年（907年），在这长达二十余年的岁月里，杜光庭潜心著述道经，他一生的主要著作都是在此完成的，同时他也努力搜集道教典籍。所以说，唐代《道藏》经战乱数次损毁后，而"至五季重建道藏，其可考者：一在蜀中，杜光庭建。一在天台桐柏宫，忠懿王建"③。虽有观点认为杜光庭的努力没有取得很大成果④，但却为北宋真宗时期重修《道藏》打下了坚实的基础⑤。

如果说人们对杜光庭重修《道藏》的成果还存有异议的话，那么其在道教斋醮科仪上的贡献则是举世公认的。杜光庭继陆修静、张万福之后，对道教的斋醮科仪进行了搜集与整理，既有删定之作也有全新之作。他的这些著作包括与金箓斋有关的《道门科范大全集》87卷、《太上黄箓斋仪》58卷、《无上黄箓斋立成仪》57卷、《金箓启坛仪》1卷、《金箓忏方仪》1卷，与明真斋有关的《太上灵宝玉匮明真大斋言功仪》等，这使其成为道教仪礼的集大成者。在这些斋仪中杜光庭最重视黄箓斋，后世也特

---

① 参见李永晟点校《云笈七签》卷八十五。

② 另，按《道藏尊经历代纲目》云"唐明皇御制《琼纲经目》，藏经五千七百卷"，也有说法为3477卷。

③ 陈国符. 道藏源流考［M］. 北京：中华书局，2012：125-126.

④ 福井康顺，等监修. 道教：第1卷［M］. 朱越利，等，译. 上海：上海古籍出版社，1992：75.

⑤ 窪德忠. 道教史［M］. 萧坤华，译. 上海：上海译文出版社，1987：180-181.

别看重关于黄箓斋的仪轨。① 杜光庭在醮仪方面也有很大贡献，南宋吕元素就此十分认可，认为其"因事制法，世亦罕知，常所修崇，仅有数品"②。而金允中则表示，杜光庭的斋科虽然已过去了四五百年，但"后人不可更易"。③ 故杜光庭获得如下的评价实不为过：

> 广成先生杜君光庭，于是总稽三十六部之经诠，旁及古今之典籍，极力编校，斋法大成。然其一字一法，由始及终，莫非出于经典所是，古科二十四品之斋。广成之论，谓黄箓兼总死生，人天同福，上至邦国，下及庶人，皆得修奉，隶于下元中官，统摄万灵，并关九府，功德深重，利佑存亡。于是撰集斋科四十卷，号曰《黄箓斋科》。然则坛遗典仪，朝修俯仰，莫不古今一途。而其科文严整，典式条畅，发明古则，昭示方来，斋法至此，不可有加矣。（《上清灵宝大法》卷五十四）④

杜光庭对道教的贡献还不止如此，他的道教传记涉及面广、内容丰富，而且弘道辅教色彩浓厚，在道教传播史上产生了重要的影响。另外，杜光庭在文学方面也有很高的造诣，他创作的体裁很广泛，其小说、诗词、歌赋、散文等无所不善，而且语言生动、文笔优雅、内涵丰富。故杜光庭以"博学善属文"受蜀主重视，并被赐予"金紫光禄大夫、左谏议大夫，封蔡国公，进号广成先生"，⑤ 这也为杜光庭的道教事业提供了诸多便利。

与杜光庭同时代的罗隐，虽然同样才学出众，也是屡试不举，被迫投靠镇海节度使钱镠。而当公元 907 年朱温篡唐称帝时，罗隐却力劝钱镠伐梁：

> 镇海节度判官罗隐说吴王镠兴兵讨梁，曰："纵无成功，犹可退保杭、越，自为东帝；奈何交臂事贼，为终古之羞乎！"镠始以隐为不遇于唐，必有怨心，及闻其言，虽不能用，心甚义之。（《资治通鉴·后梁纪一》）

---

① 福井康顺，等监修. 道教：第 1 卷［M］. 朱越利，等，译. 上海：上海古籍出版社，1992：176.

② 参见《道门定制》卷六，［宋］吕元素集成、胡湘龙编校，载《正统道藏》正一部。

③ 参见《上清灵宝大法》卷二十一，［宋］金允中编，载《正统道藏》正一部。

④ 《上清灵宝大法》，［宋］宁全真授、王契真纂，载《正统道藏》正一部。

⑤ 参见《资治通鉴·后梁纪三》。

罗隐虽然屡次参加科举不中，对李唐王朝却依然忠心耿耿，这受到了钱镠赞许及世人的敬慕。而杜光庭虽受到僖宗的恩宠却弃之而去，在唐王朝灭亡后随即投靠王建。其编撰的《王氏神仙传》似有献媚之嫌，被认为是对李唐的不忠。这些都违背了传统的道德观念，故除道教典籍外杜光庭很少被正史提及，以致其生平资料非常缺乏。① 我们认为，这是世人对杜光庭的误解。杜光庭追随僖宗是为了复兴道教事业，他离开僖宗还是为了道教事业，而他投靠王建同样是为了他所钟爱的道教事业。

杜光庭自咸通十一年（870 年）科举失败，后即投天台山应夷节门下修道。在其随后的岁月里，他终身都在为道教事业而奔波。依附当权者也实属无奈之举，因为只有这样才能最大限度利用各种资源来实现自己的梦想。而自投身道门之后，他一生都未能再回到那魂牵梦绕的故乡：

亡吴霸越已功全，深隐云林始学仙。

鸾鹤自飘三蜀驾，波涛犹忆五湖船。

双溪夜月明寒玉，众岭秋空敛翠烟。

也有扁舟归去兴，故乡东望思悠然。（《题鸿都观》）

后唐长兴四年（933 年），杜光庭对门人说："青城方创真宫，工未毕，昨梦朝上帝，以吾作岷峨主司，恐不久于世。"到真宫竣工之时，杜光庭身着法衣，盘腿而坐，面色红润，神态安详。而后异香满堂，人们发现杜光庭已仙化而去。② 杜光庭就这样走完了自己的一生，他带走了世人对他的赞誉与误解，也带走了对道教事业的一片赤诚！

---

① 蔡堂根. 道门领袖：杜光庭传［M］. 杭州：浙江人民出版社，2006：256.
② 参见《历世真仙体道通鉴》卷之四十。

结　语

　　中国哲学分为儒释道三家，这三大思想体系自形成之日起便相互冲突、相互影响："中国思想文化之所以能独特地传承数千年而至今生生不息，与其内部始终存在着'和而不同'的儒佛道思想家密切相关，他们的不同思想不断在冲突中融合，在融合中发展，正是在相互的取长补短、不断自我更新中，最终促成了中华文化的整体发展。"①

　　先秦老庄道家思想体系的形成与汉初黄老之学的兴盛，为道家的发展在理论与实践上均奠定了坚实的基础。而在此后的中国哲学发展史上，"就其思想的深刻和境界的高远而论，没有出现超越先秦道家（主要是老子、庄子）的进一步发展和新的理论形态；但是，先秦道家的众多的思想观念，却广泛地渗透到中国传统文化的各个层面中"②。佛教自传入中国以后，由于思辨性强、难于理解，一些佛教学者就利用《老子》《庄子》等道家经典的一些术语来解说佛教用语。所以说，佛教在中国能得以传播和繁荣，道家也是功不可没。

　　汉武帝采纳了董仲舒等儒家信徒的进谏而"罢黜百家，独尊儒术"，从此确立了儒家的官方正统地位。这是继先秦"百家争鸣"之后，中国哲学发展的又一重要的里程碑。汉末至魏晋，由于政治、经济等各种原因，传统经学遇到了危机。从王弼的"名教出于自然"，到嵇康的"越名教而任自然"，再到郭象的"名教即自然"，魏晋玄学家们"援道入儒"，企图利用"自然"挽救"名教"。儒道两家在持续了四百多年的对立之后，首

---

①　洪修平. 中国儒佛道三教关系研究［M］. 北京：中国社会科学出版社，2011：58.

②　崔大华，等. 道家与中国文化精神［M］. 郑州：河南人民出版社，2003：引言.

次出现了融通的可能。魏晋玄学家虽然最终未能挽救"名教",但魏晋玄学的思辨性对佛道两家都产生了深刻的影响,故魏晋时期称得上中国哲学发展史上第三座里程碑。

汉代神仙方术与黄老之学的结合,产生了道教。而早期的道教由于重"术"轻"道",忽视了理论建设。到魏晋南北朝时期,佛教在借鉴老庄思想的基础上又开始依附玄学,并大量译经、造经,使佛教典籍在短期内达到空前的规模。而此时的道教为了与佛教相抗衡,也开始了造经。被佛教宠爱有加的老庄思想在道教这里却遭到了冷落①,致使所造道教典籍理论基础薄弱,成为佛教徒攻击的靶子。随着社会的发展,这种弊端愈加凸显,完善道教理论构建的重任落在了隋唐重玄学者的肩上。

佛教传入中国便在贵族与士大夫阶层传播,带有官方宗教的性质。而道教作为我国土生土长的宗教则多在民间传播,后又与"造反"联系起来,处于被压制的地位。这种状况在唐代得到改变,道教被统治者奉为国教,位列三教之首。而此时的李唐王朝由于政治清明、社会稳定,经济得到了充分发展,国家也达到了空前的强盛。唐代道教学者抓住了这一历史机遇,成玄英通过注老疏庄完成了重玄学理论体系的构建。后经李荣、王玄览进一步的完善,最后由孟安排对重玄学做了总结。重玄学对此后的道家与道教产生了深刻的影响,不管是司马承祯、吴筠的修道成仙思想,还是唐玄宗的治国理念,无不留下了重玄学的烙印。最后由杜光庭对整个隋唐道家与道教做了总结,并实现了道家与道教的合一。

隋唐是佛教盛行的时代,但"俗话说'盛极必衰',隋唐佛学有如戏剧的顶点,是高潮的一刻,也正是下落的一刻"②。处于鼎盛期的佛教已无须借助他力,而把道教作为主要对手予以攻击。此时的儒家信徒们却是故步自封,盲目排斥佛道,韩愈因反对迎佛骨入京险些被杀。因而在整个唐代,儒家学者除了沉迷于诗词歌赋外,在思想上终没有什么大的建树。隋唐道教学者却抛开了门户之见,或引佛解老,或援儒入道,展现了一代宗师所应有的博大胸怀,为隋唐儒道释的融通奠定了坚实的基础。"三教合一"是隋唐思想发展的最大亮点,也使隋唐文化思想成为中国哲学发展史

---

① 葛洪在《抱朴子·释滞》中就表达了老庄思想与修道成仙相悖的观点。

② 汤用彤. 隋唐佛教史稿 [M]. 北京:北京大学出版社,2010:253.

上的第四座里程碑。

由于隋唐道教学者的勤奋与宽容，使道教在理论上得以完善，道观也遍布全国，修道成仙思想已深入人心。而且这种观念几千年来一直延续下来，所以鲁迅先生认为"中国根柢全在道教"①，我们且不论这句话的本意如何，至少说明道教思想在中国的影响力是根深蒂固的。许地山在《道家思想与道教》中认为：从我国人日常生活的习惯和宗教的信仰看来，道的成分比儒的多。我们简直可以说支配中国一般人的理想与生活的乃是道教的思想；儒不过是占伦理的一小部分而已。道教产生的渊源非常复杂，是在中华民族各种原始思想基础上形成的。他最后总结说，中国一般的思想就是道教的晶体，一切都可以从其中找出来。② 这里的"一般"是普遍的意思，即包括多数人和大部分思想领域。所以，李养正也认为："就汉族地区来说，可以说没有一个人能免于这种有形或无形的精神熏染；没有一个地域、一个朝代能免于这种迷雾的缠绕。它已成为我国传统文化乳汁中的一种成分，没有一人不曾吸吮它，不论是自觉的还是不自觉的。"③

当然，道教中不乏妖言惑众、招摇撞骗之徒，这是事实，也得到了后世的批判。但是，我们不能因为道教中存在着糟粕就对其一概否定。道教能在我国产生并存在下来，自有其内在的价值。

自老子开创道家以来，一批又一批的道家与道教学者以"道"为宗，以"人"为念，苦苦探索着自然、社会和人类和谐发展之路。庄子如此，成玄英、司马承祯、罗隐、谭峭、杜光庭等也是如此。他们本可以随波逐流而潇洒人生，但他们都忧国忧民，以天下苍生安危为己任，鞠躬尽瘁，死而后已。

康德曾经说过一段含义隽永的话：

丰特奈尔曾说，我对贵人鞠躬，但我心灵并不鞠躬。我可以补充说，对于一个我亲见其品节端正而使我自觉不如的素微平民，我的心灵鞠躬，不论我愿意与否，也不论我如何眼高于顶，使他不忽视我的优越性地位。（《实践理性批判》）

---

① 鲁迅. 鲁迅全集：第 11 卷 [M]. 北京：人民文学出版社，2005：365.
② 许地山. 道教史 [M]. 上海：上海古籍出版社，1999：141，176.
③ 李养正. 道教经史论稿 [M]. 张继禹编订. 北京：华夏出版社，1995：392.

这段话表明，在康德的心目中，实践理性和人的崇高的道德品质具有至高无上的地位。康德这样说了，也这样做了，他把自己的一生都献给了所钟爱的哲学和道德事业。

庄子身处一个动荡的时代：

凤兮凤兮，何如德之衰也！来世不可待，往世不可追也。天下有道，圣人成焉。天下无道，圣人生焉。方今之时，仅免刑焉。福轻乎羽，莫之知载；祸重乎地，莫之知避。已乎，已乎，临人以德；殆乎殆乎，画地而趋。迷阳迷阳，无伤吾行。吾行却曲，无伤吾足。（《庄子·人间世》）

庄子又如何处之？庄子说了，他也做了。虽说"来世不可待"，心中怀着对现实的强烈不满，却依然憧憬着人类的美好未来。庄子一生坚守着自己的信念，宁可"曳尾于涂中"，也不向权贵屈服，不为财富弯腰，在清贫中度过了孤独而又悲壮的一生。

一般认为，庄子的逍遥指的是一种精神上的绝对自由。其实，庄子所追求的是一种在"万物一齐"基础上的自然和谐状态。也就是说，人只有以平等的态度对待万事万物，才能真正获得心灵的绝对自由与安宁。但这只是庄子思想的一个方面，庄子思想的可贵之处是它那"逍遥背后的痛苦"，也就是他的社会担当意识。所以有学者认为，"在先秦，在整个中国哲学史上，没有哪一个思想家具有庄子这样深沉的忧患意识，也没有哪一个思想家像庄子这样对自由充满渴望。他的忧患，不仅在于现实层面，而且在于心灵深处；他的批判精神，不仅在于历史层面，而且在于生命的存在方式；他所渴望的'逍遥'，是对心灵的呼唤，而他所提倡的'齐物'，则是对于平等权利的追求。"[1]

传统认为，儒家是"入世"，而佛道则是"出世"。事实上，儒释道三家同处于现实之中，很难用"入世"或"出世"来予以界定。如果一定要予以区分的话，那儒家是在"治世"，佛家是在"安世"，而道家是在"救世"：

南海之帝为倏，北海之帝为忽，中央之帝为浑沌。倏与忽时相与遇于浑沌之地，浑沌待之甚善。倏与忽谋报浑沌之德，曰："人皆有七窍以视

① 蒙培元. 心灵超越与境界 [M]. 北京：人民出版社，1998：225.

听食息，此独无有，尝试凿之。"日凿一窍，七日而浑沌死。(《庄子·应帝王》)

浑沌因"有为"而死，庄子以此告诫人类，要避免灭亡的命运只有"无为"。宇宙是一个有机的生命整体，人为地将其分割将会使其失去生命力。当然，"无为"并不是什么都不做，"无为"是说不要违反生命的规律而去"乱为"。人类要生存和发展，就要将自身融入宇宙这个有机生命体中，也就是庄子所说的"天人合一"。

整部《庄子》就像一眼永不枯竭的智慧和生命之泉，期待着世人的汲取。"采菊东篱下，悠然见南山"，这是陶渊明的所得，即对自由而恬淡生活的陶醉。"激三千以崛起，向九万而迅征"，这是李白的体悟，即对逍遥人生的向往与超越。我们说过，庄子思想的最可贵之处是他心怀天下、以天下苍生为念的悲悯情怀。郭象感悟到了庄子的良苦用心，以"内圣外王之道"完成了时代赋予他的使命，成为魏晋玄学的集大成者。成玄英苦心研读《庄子》三十年，终于走出"重玄"的困惑，为世人开拓了脱离现实苦难的路径。司马承祯依庄子"坐忘"而作《坐忘论》，为道教徒提供了修道成仙的理论方法。经过隋唐几代道教学者的努力，终于使《庄子》真正成为一部道教经典，庄子思想也融入道教埋论灵魂之中。

《道德经》自产生之时便已受到各方的重视，而张道陵创立道教之初便奉《道德经》为圣经，老子也被太平道、五斗米道尊为教祖。至东汉末年，老子已成为道的化身，尊号为"太上老君"，老子的地位也超过了黄帝。而到魏晋南北朝时，道教徒虽然依然打着老子的旗号，但道教学者大量造经中却忽略了从《道德经》与《庄子》中汲取营养。在陶弘景的《真灵位业图》中，老子只被排在第二级偏位。而同时代的佛教，不但继续借鉴老庄思想，同时还依附玄学。许多佛教学者不但是老庄方面的专家，也是玄谈高手。魏晋南北朝道教学者虽然编写了大量的典籍，但在思想义理方面却无法与佛教相比。

至李唐统治者把老子认作自己的宗祖，使老子在唐代的地位一再提高。唐高宗乾封元年追号老子为"太上玄元皇帝"，[①] 唐玄宗天宝二年追

---

① 参见《旧唐书·高宗本纪下》。

尊老子为"大圣祖玄元皇帝"，天宝八年册尊为"圣祖大道玄元皇帝"，天宝十三年又上尊号为"大圣祖高上大道金阙玄元天皇大帝"①。道教徒在唐代与佛教徒的宫廷辩论中才逐渐认识到，唯一能与佛教义理相抗衡的只有《道德经》。道家与道教学者通过对《道德经》的注解完成了各自思想体系的建立，从成玄英的《道德经义疏》到李荣的《道德经注》，再到唐玄宗的《道德经》注疏"几为初盛唐《老子》学术之绝响"②，又至杜光庭通过《道德真经广圣义》做了总结。

隋唐道家与道教学者通过注老疏庄，实现了向先秦老庄道家思想的回归。他们在关心时事的同时，完成了三项历史使命：一、通过对魏晋玄学的扬弃，维护了道家的尊严；二、纠正了魏晋南北朝道教发展中的错误思路，完善了道教义理，提高了道教理论水平；三、真正融合了道家与道教，使中国"三教"实至名归。

---

① 参见《旧唐书·玄宗本纪》。
② 卢国龙. 中国重玄学：理想与现实的殊途同归 [M]. 北京：人民中国出版社，1993：412.

主要参考文献

一、古籍、工具书类

王明校释. 抱朴子内篇校释 [M]. 北京：中华书局，1985.

王明编. 太平经合校 [M]. 北京：中华书局，1960.

王明校注. 无能子校注 [M]. 北京：中华书局，1981.

松飞破译. 天仙金丹心法 [M]. 北京：中华书局，1990.

王沐浅解. 悟真篇浅解 [M]. 北京：中华书局，1990.

王卡点校. 老子道德经河上公章句 [M]. 北京：中华书局，1993.

王德有点校. 老子指归 [M]. 北京：中华书局，1994.

丁祯彦，李似珍点校. 化书 [M]. 北京：中华书局，1996.

曹础基，黄兰发点校. 南华真经注疏 [M]. 北京：中华书局，1998.

李永晟点校. 云笈七签 [M]. 北京：中华书局，2003.

蒋门马点校. 南华真经副墨 [M]. 北京：中华书局，2010.

胡守为校释. 神仙传校释 [M]. 北京：中华书局，2010.

董恩林点校. 广成集 [M]. 北京：中华书局，2011.

王家葵辑校. 登真隐诀辑校 [M]. 北京：中华书局，2011.

赵益点校. 真诰 [M]. 北京：中华书局，2011.

李定生，徐慧君校释. 文子校释 [M]. 上海：上海古籍出版社，2004.

陈奇猷校注. 韩非子新校注 [M]. 上海：上海古籍出版社，2000.

陈奇猷校释. 吕氏春秋校释 [M]. 上海：学林出版社，1984.

周启成校注. 庄子鬳斋口义校注 [M]. 北京：中华书局，1997.

黄曙辉点校. 老子鬳斋口义 [M]. 上海：华东师范大学出版社，2010.

王孝鱼点校. 庄子集释 [M]. 北京：中华书局，2004.

杨伯峻撰. 列子集释 [M]. 北京：中华书局，1971.

楼宇烈校释. 王弼集校释 [M]. 北京：中华书局，1980.

戴明扬校注. 嵇康集校注 [M]. 北京：人民文学出版社，1962.

李志钧等校点. 阮籍集 [M]. 上海：上海古籍出版社，1978.

潘慧惠校注. 罗隐集校注 [M]. 杭州：浙江古籍出版社，2011.

朱森溥校释. 玄珠录校释 [M]. 成都：巴蜀书社，1989.

余嘉锡笺疏. 世说新语笺疏 [M]. 北京：中华书局，2011.

王水校注. 人物志 [M]. 合肥：黄山书社，2010.

宋敏求编. 唐大诏令集 [M]. 北京：中华书局，2008.

范祖禹. 唐鉴 [M]. 上海：上海古籍出版社，1980.

朱熹撰. 四书章句集注 [M]. 北京：中华书局，1983.

胡中才译注. 道安著作译注 [M]. 北京：宗教文化出版社，2010.

董浩等编. 全唐文 [M]. 上海：上海古籍出版社，1990.

司马光编著. 资治通鉴 [M]. 点校本. 北京：中华书局，1956.

道藏 [M]. 上海：上海书店，1988.

藏外道书 [M]. 成都：巴蜀书社，1992.

大正藏 [M]. 印行本. 石家庄：河北省佛教协会，2005.

胡孚琛主编. 中华道教大辞典 [M]. 北京：中国社会科学出版社，1995.

李叔还编. 道教大辞典 [M]. 杭州：浙江古籍出版社，1987.

任继愈主编. 宗教大辞典 [M]. 上海：上海辞书出版社，1998.

二、著作类

潘雨廷. 道藏书目提要 [M]. 上海：上海古籍出版社，2003.

朱越利. 道藏分类题解 [M]. 北京：华夏出版社，1996.

朱越利. 道经总论 [M]. 沈阳：辽宁教育出版社，1995.

陈国符. 道藏源流考 [M]. 北京：中华书局，2012.

陈士强主编. 中国学术名著提要：宗教卷 [M]. 上海：复旦大学出版社，1997.

潘富恩主编. 中国学术名著提要：哲学卷 [M]. 上海：复旦大学出版社，1992.

王彩波主编. 西方政治思想史：从柏拉图到约翰·密尔 [M]. 北京：中国社会科学出版社，2004.

伯特兰·罗素. 西方的智慧 [M]. 马家驹，贺霖，译. 北京：世界知识出版社，1992.

卡尔·雅斯贝尔斯. 历史的起源与目标 [M]. 魏楚雄, 俞新天, 译. 北京: 华夏出版社, 1989.

梁启超. 论中国学术思想变迁之大势 [M]. 上海: 上海古籍出版社, 2006.

冯友兰. 三松堂全集 [M]. 郑州: 河南人民出版社, 2001.

蒙培元. 心灵超越与境界 [M]. 北京: 人民出版社, 1998.

丁原明. 黄老学论纲 [M]. 济南: 山东大学出版社, 1997.

陈鼓应注译. 黄帝四经今注今译 [M]. 北京: 商务印书馆, 2007.

熊铁基. 秦汉新道家略论稿 [M]. 上海: 上海人民出版社, 1984.

熊铁基, 马良怀, 刘韶军. 中国老学史 [M]. 福州: 福建人民出版社, 2005.

杜国庠. 杜国庠文集 [M]. 北京: 人民出版社, 1962.

任继愈主编. 中国哲学发展史: 秦汉卷 [M]. 北京: 人民出版社, 1985.

任继愈. 汉唐佛教思想论集 [M]. 北京: 人民出版社, 1998.

任继愈主编. 中国道教史 [M]. 北京: 中国社会科学出版社, 2001.

任继愈主编. 道藏提要 [M]. 北京: 中国社会科学出版社, 1991.

冯契. 冯契文集 [M]. 上海: 华东师范大学出版社, 1997.

汤用彤. 魏晋玄学论稿 [M]. 上海: 上海古籍出版社, 2001.

汤一介. 郭象与魏晋玄学 [M]. 北京: 北京大学出版社, 2009.

蒙文通. 古学甄微 [M]. 成都: 巴蜀书社, 1987.

蒙文通. 道书辑校十种 [M]. 成都: 巴蜀书社, 2001.

崔珍皙. 成玄英《庄子疏》研究 [M]. 成都: 巴蜀书社, 2010.

强昱. 成玄英评传 [M]. 南京: 南京大学出版社, 2006.

强昱. 从魏晋玄学到初唐重玄学 [M]. 上海: 上海文化出版社, 2002.

福井康顺, 等监修. 道教 [M]. 朱越利, 等, 译. 上海: 上海古籍出版社, 1992.

何建明. 道家思想的历史转折 [M]. 武汉: 华中师范大学出版社, 1997.

卿希泰主编. 中国道教史 [M]. 成都: 四川人民出版社, 1996.

卿希泰主编. 中国道教思想史 [M]. 北京: 人民出版社, 2009.

陈鼓应, 白奚. 老子评传 [M]. 南京: 南京大学出版社, 2001.

詹剑峰. 老子其人其书及其道论 [M]. 武汉: 华中师范大学出版社, 2006.

尹振环. 重识老子与《老子》：其人其书其术其演变［M］. 北京：商务印书馆，2008.

张松辉. 老子研究［M］. 北京：人民出版社，2009.

张松辉. 庄子研究［M］. 北京：人民出版社，2009.

陆永品. 老庄新论［M］. 北京：中央编译出版社，2014.

陈鼓应注译. 老子今注今译［M］. 北京：商务印书馆，2003.

古棣，关桐. 老子十讲［M］. 上海：上海人民出版社，2009.

朱晓鹏. 老子哲学研究［M］. 北京：商务印书馆，2009.

张松如. 老子说解［M］. 济南：齐鲁书社，1998.

黄瑞云. 老子本原［M］. 武汉：湖北人民出版社，2013.

任法融.《道德经》释义［M］. 北京：东方出版社，2010.

吕思勉. 秦汉史［M］. 上海：上海古籍出版社，2005.

徐梵澄. 老子臆解［M］. 北京：中华书局，1988.

张恒寿. 庄子新探［M］. 武汉：湖北人民出版社，1983.

崔大华. 庄学研究［M］. 北京：人民出版社，1992.

颜世安. 庄子评传［M］. 南京：南京大学出版社，1999.

方勇. 庄子学史［M］. 北京：人民出版社，2008.

熊铁基主编. 中国庄学史：上［M］. 福州：福建人民出版社，2013.

封思毅. 庄子诠言［M］. 合肥：安徽人民出版社，2012.

蒋锡昌编著. 庄子哲学［M］. 成都：成都古籍书店，1988.

陈鼓应. 老庄新论［M］. 北京：商务印书馆，2008.

王德有. 以道观之：庄子哲学的视角［M］. 北京：人民出版社，2012.

葛兆光. 中国思想史［M］. 上海：复旦大学出版社，2007.

章学诚. 文史通义校注［M］. 叶瑛校注. 北京：中华书局，1985.

张运华. 先秦两汉道家思想研究［M］. 长春：吉林教育出版社，1998.

龚鹏程. 龚鹏程讲道［M］. 北京：东方出版社，2015.

刘笑敢. 道教［M］. 陈静，译. 上海：上海古籍出版社，2008.

熊逸. 逍遥游：当《庄子》遭遇现实［M］. 北京：线装书局，2011.

方宁. 风雅颂：百年来百位老学人珍闻录［M］. 北京：新世界出版社，2007.

孙筱. 两汉经学与社会［M］. 北京：中国社会科学出版社，2002.

李开元. 汉帝国的建立与刘邦集团：军功受益阶层研究［M］. 北京：生活·读书·新知三联书店，2000.

汤一介. 非实非虚集［M］. 北京：华文出版社，1999.

王葆玹. 正始玄学 [M]. 济南：齐鲁书社，1987.

王晓毅. 王弼评传 [M]. 南京：南京大学出版社，1996.

康中乾. 魏晋玄学 [M]. 北京：人民出版社，2008.

康中乾. 有无之辨：魏晋玄学本体思想再解读 [M]. 北京：人民出版社，2003.

孙以楷主编. 道家与中国哲学 [M]. 北京：人民出版社，2004.

鲁迅. 鲁迅全集 [M]. 北京：人民文学出版社，2005.

汤用彤. 汉魏两晋南北朝佛教史 [M]. 北京：北京大学出版社，2011.

李养正. 道教概说 [M]. 北京：中华书局，1989.

李养正. 道教义理综论 [M]. 北京：宗教文化出版社，2009.

李养正. 道教经史论稿 [M]. 张继禹编订. 北京：华夏出版社，1995.

潘桂明. 中国佛教思想史稿：汉魏两晋南北朝卷上 [M]. 南京：江苏人民出版社，2009.

许抗生. 僧肇评传 [M]. 南京：南京大学出版社，1998.

董恩林. 唐代《老子》诠释文献研究 [M]. 济南：齐鲁书社，2003.

卢国龙. 道教哲学 [M]. 北京：华夏出版社，1997.

卢国龙. 中国重玄学：理想与现实的殊途同归 [M]. 北京：人民中国出版社，1993.

李刚. 重玄之道开启众妙之门：道教哲学论稿 [M]. 北京：巴蜀书社，2005.

汤用彤. 理学·佛学·玄学 [M]. 北京：北京大学出版社，1991.

刘笑敢. 庄子哲学及其演变 [M]. 北京：中国社会科学出版社，1988.

王宗昱.《道教义枢》研究 [M]. 上海：上海文化出版社，2001.

张广保. 道家的根本道论与道教的心性学 [M]. 成都：巴蜀书社，2008.

邓瑞全，王冠英主编. 中国伪书综考 [M]. 合肥：黄山书社，1998.

李大华，李刚，何建明. 隋唐道家与道教 [M]. 北京：人民出版社，2011.

侯外庐，等. 中国思想通史：第2卷 [M]. 北京：人民出版社，1957.

吕思勉. 中国通史 [M]. 上海：上海古籍出版社，2009.

李鸿宾. 隋唐五代诸问题研究 [M]. 北京：中央民族大学出版社，2006.

唐长孺. 魏晋南北朝隋唐史三论 [M]. 北京：中华书局，2011.

罗宗强. 玄学与魏晋士人心态 [M]. 天津：天津教育出版社，2005.

薛亚军. 江东才俊：罗隐传 [M]. 杭州：浙江人民出版社，2007.

蔡堂根. 道门领袖：杜光庭传 [M]. 杭州：浙江人民出版社，2006.

孙亦平. 杜光庭思想与唐宋道教的转型 [M]. 南京：南京大学出版社，2004.

唐明邦. 论道崇真集 [M]. 武汉：华中师范大学出版社，2006.

刘固盛. 道教老学史 [M]. 武汉：华中师范大学出版社，2008.

洪修平. 中国儒佛道三教关系研究 [M]. 北京：中国社会科学出版社，2011.

崔大华，等. 道家与中国文化精神 [M]. 郑州：河南人民出版社，2003.

汤用彤. 隋唐佛教史稿 [M]. 北京：北京大学出版社，2010.

许地山. 道教史 [M]. 上海：上海古籍出版社，1999.

吕澂. 中国佛学源流略讲 [M]. 北京：中华书局，1979.

张舜徽. 周秦道论发微 [M]. 北京：中华书局，1982.

钱宪民. 《庄子》选评 [M]. 上海：上海古籍出版社，2004.

窪德忠. 道教史 [M]. 萧坤华，译. 上海：上海译文出版社，1987.

户川芳郎. 古代中国的思想 [M]. 姜镇庆，译. 北京：北京大学出版社，1994.

三、论文类

唐兰. 马王堆出土《老子》乙本卷前古佚书的研究：兼论其与汉初儒法斗争的关系 [J]. 考古学报，1975（1）：7-38.

王明. 《道教通论——兼论道家学说》序：兼论黄帝在中华民族文化史上的地位和作用 [J]. 哲学研究，1991（7）：77-80.

李大华. 道教"重玄"哲学论 [J]. 哲学研究，1994（9）：39-44.

詹石窗. "老学重玄宗"简论 [J]. 世界宗教研究，1987（3）：18-23.

董恩林. 试论重玄学的内涵与源流 [J]. 华中师范大学学报：人文社会科学版，2002（3）：69-73.

张岱年. 道家在中国哲学史上的地位 [M]//陈鼓应主编. 道家文化研究：第6辑. 上海：上海古籍出版社，1995：5.

吴相武. 《老子》"小国寡民"新解 [M]//陈鼓应主编. 道家文化研究：第14辑. 北京：生活·读书·新知三联书店，1998：167.

蒙培元. 论自然：道家哲学的基本概念 [M]//陈鼓应主编. 道家文化研究：第14辑. 北京：生活·读书·新知三联书店，1998：21.

张军. 论《庄子》的"至德之世"[M] //老庄论集. 济南：齐鲁书社，1987：249.

郭沫若. 庄子的批判 [M] //胡道静主编. 十家论庄. 上海：上海人民出版社，2004：114，117.

若水. "老庄"并称始于《淮南子》辨正 [J]. 孔子研究，2004 (2)：100-101.

牟钟鉴.《吕氏春秋》与《淮南子》的比较分析：兼论秦汉之际的学术思潮 [J]. 哲学研究，1984 (1)：45-52.

王启才. 论刘安的命运悲剧：兼及《淮南子》浓烈的祸患意识成因 [J] 阜阳师范学院学报：社会科学版，2009 (2)：1-4

张南. 淮南王刘安与《淮南子》[J]. 历史教学，1986 (4)：24-26.

卢国龙. 庄子与道教 [M] //胡道静主编. 十家论庄. 上海：上海人民出版社，2004：120.

罗中枢. 论成玄英的重玄方法 [J]. 哲学研究，2010 (9)：63-69.

颜世安. 生命·自然·道：论庄子哲学 [M] //陈鼓应主编. 道家文化研究：第1辑. 上海：上海古籍出版社，1992：104.

黄海德. 西华法师成玄英及其重玄思想探微 [J]. 中华文化论坛，2000 (2)：100-108.

若水.《庄子》与道教重玄学 [J]. 中国道教，2001 (6)：42-46.

李养正. 顾欢《夷夏论》与"夷夏"之辩述论 [J]. 宗教学研究，1998 (3)：5-14.

胡兴荣. 李荣《老子注》的重玄思想 [M] //陈鼓应主编. 道家文化研究：第19辑. 北京：生活·读书·新知三联书店，2002：288.

王卡. 王玄览著作的一点考察：为纪念恩师王明先生百年冥诞而作 [J]. 中国哲学史，2011 (3)：5-14.

蒲震元. 说"圆照"[J]. 中国文化研究，2005 (3)：53-59.

惠联芳. 夹缝中的生存：罗隐生存状态析论 [J]. 河西学院学报，2004 (6)：45-47.

郭武. 罗隐《太平两同书》的社会政治思想 [J]. 宗教学研究，2006 (3)：10-16.